自閉症
過去・現在・未来
―50年を共にあゆんで―

一般社団法人 日本自閉症協会
編著

発刊にあたって

　一般社団法人日本自閉症協会は、本年創立50周年を迎えます。

　これもひとえに、当協会の活動を支えていただいた会員および関係者など多くの皆様のご支援、ご協力の賜物と心より感謝申し上げます。

　日本自閉症協会は、1968年（昭和43年）に、当時各地に設立されていた親の会 9 団体が集まり、自閉症児者親の会全国協議会として、第 1 回全国大会を開催したところから、その歴史が始まります。その後、1998年（平成元年）に社団法人日本自閉症協会として法人認可を受け、専門家、支援者を含めた組織となりました。2014年（平成26年）一般社団法人へと移行しました。現在、全国47都道府県および 3 政令指定都市にある自閉症協会等、51団体が会員となっています。（加盟団体を含めた会員数は約13,000（団体会員含む））

　創立当時、親の育て方や環境が問題にされ、教育、医療、福祉においても、また行政においても自閉症についての認識が十分ではありませんでした。「どこにも我が子の居場所がない。これでも自分たち親子はこの国の国民だろうか」との思いを抱えた自閉症児の親のたちが集まり、どんなに重い障害であっても子どもたちが受け容れられる住みやすい社会を目指して活動を始めました。そうした全国の親たちの思いが、日本自閉症協会の礎を築いてきたといえます。そして、その目指すところはそのまま現在にも引き継がれています。

　このたび、創立50周年を記念し、「自閉症　過去・現在・未来」として、創立期からの歩みを振り返り、そして未来を見据えて協会の役割を明確にし、未来へとつなぐために本誌を発行することといたしました。親の会設立メンバーへのインタビュー、医療、教育、福祉そして当事者による座談会、加盟団体からのメッセージ、各事業の紹介及び司法の面から自閉症と裁判についてなど、多面的な構成となっています。ご一読いただき、自閉症の理解の一助となれば幸いです。

一般社団法人日本自閉症協会

会長　市川　宏伸

自閉症　過去・現在・未来

目　次

発刊にあたって

序 —————————————————————————————————— 6

座談会１　医学の面からみた自閉症　～過去・現在・未来～ ———————— 15

　　司法：自閉症と裁判　36

座談会２　学校教育と自閉症を考える ————————————————— 45

　　インタビュー：親の会設立に関わって　～変わらぬ我が子への思い～　70

座談会３　福祉サービスの50年を振り返る　～豊かに暮らしていくために～ —— 75

日本自閉症協会の事業 ———————————————————————— 95

　　相談事業　96

　　ASJ保険事業　109

　　実施事業　115

座談会４　今を、未来を、どう生きるか　～当事者からの発信～ ——————— 119

加盟団体からのメッセージ ————————————————————— 137

資　料 ——————————————————————————————— 165

　　年表　166

　　機関誌、機関紙 50年　～協会の広報～　194

　　役員名簿　233

あとがき

序

1 設立

　1952年（昭和27年）の鷲見たえ子氏による我が国で初めて自閉症例報告してから65年超える歳月が流れ、教育では1969年（昭和44年）に自閉症児の教育が東京都杉並区立堀之内小学校で始められて50年近い時間が経過している。日本自閉症協会の活動の展開とともに振り返ってみたい。

　自閉症の子どもは、幼稚園、保育園、小学校どこにも受け入れられず、就学猶予とされ、就学を断られることも多く、かつて自閉症といえば親の育て方に原因があるという心因論が親を悩ませてもいた。その支援として相談・療育機関も大きな意味をもっていた。1955年（昭和30年）頃から、自閉症の相談を受けるところが出てきた。東京においては、石井哲夫を中心とした日本社会事業大学のなかの児童相談室で、後に1966年（昭和41年）に設立された「子どもの生活研究所」に引き継がれていく。また平井信義お茶の水女子大学教授が指導顧問をしていた「日本総合愛育研究所（愛研）」「武蔵野赤十字病院・心の相談室」などがあった。

　そうした相談機関や医療機関で出会った様々なグループの親たちが手探り、子連れ、手弁当で親の会を各地で設立していく。東京における親の会の結成が一つの契機となり、1967年（昭和42年）全国組織に向けて第1回目の会合が、当時結成されていた神戸、大阪、東京、静岡、名古屋の5つの会の代表が大阪に集まって行われた。その後、北海道、あすなろ（三重）、神奈川、仙台が加わり、1968年（昭和43年）5月19日常陸宮同妃両殿下ご臨席のもと第1回全国大会が開催され、自閉症児者親の会全国協議会（以下全国協議会）が創立された。これが現在の一般社団法人日本自閉症協会の原点である。その後、富山が加わり、岐阜、広島、京都、新潟が続いて加入。創立5年後の1973年（昭和48年）には、山形、石川、山梨、長崎、滋賀、島根、愛媛、香川、鹿児島、山口、十勝、秋田、埼玉、徳島、大分、熊本も加わり、加盟団体が30となり、全国の各地域での親の会設立にも弾みがついた。

　創立当初より、全国協議会は国会を揺り動かし、文部省（現・文部科学省）にも働きかけるなど自閉症児者の福祉と教育の向上に大きな力を発揮してきた。1968年（昭和43年）第60回国会では、教育と施設についての請願を行っているが、教育についてその内容は以下の通りである。

【教育的措置の整備に関する請願】

1、自閉症児の就学の措置の適正化

2、特殊教育の総合機関の設置

3、国立大学に情緒障害研究施設の設置と専門教職員の要請

4、自閉症児のために、普通学級のなかに自閉症実験学級の設置

5、自閉症児の教育に関する調査研究の強化、厚生省の調査研究との連携による一本化

6、自閉症児の入学している普通学級の学級定員の逓減および治療教育教員の増員

以上の請願がその後実現しているものも多い。こうした先を見据え、活動の方針を確立しての全国展開が行われてきたことがわかる。

2　成人施設の開設

先に述べた1968年（昭和43年）第60回国会では、施設の整備についても請願を行なっている。その背景として、1967年（昭和42年）重症心身障害児施設は、医療法のもとでの病院から児童福祉法に基づく施設として法的、制度的に正式に認められることになったことがある。この改正では、重症心身障害児の定義が精神薄弱および肢体不自由が重複している児童と定義され、それまで入所できていた重度の自閉症児が入所基準対象から外され、行き場を失ってしまった。

国は、自閉症対策に1967年（昭和42年）「自閉症の診断と成因に関する研究」や３つの公立精神病院児童病棟（三重、東京、大阪）への国庫補助を実施し、1969年（昭和44年）には、医学的管理に基く自閉症療育を行う病院として三重県立あすなろ学園、東京都立梅ヶ丘病院、札幌市立静療院、大阪府立松心園の４カ所を指定した。しかし、全国協議会では、こうした国の施策が整備されるなかで、思春期、成人期を迎える子どもたちの居場所としての施設の必要性に早くから関心をもち、実現を目指していた。児童施設を出た後の受け皿がないという切実な問題もあり、親たちの設立への熱心な活動により1981年（昭和56年）我が国初の自閉症成人施設「あさけ学園」が開設された。

日本自閉症協会でも施設部会を立ちあげ、検討を行ってきた。その後、各地で自閉症施設が全国に次々に開設され、1987年（昭和62年）自閉症者の人権と生きるための発達保障、自立ならびに社会参加を目標に「全国自閉症者施設協議会」（現・日本自閉症支援者協会）が設立された。

3　自閉症児教育の展開

1969年（昭和44年）に、自閉症児を主要な対象とした情緒障害学級（堀之内学級）が杉並区堀之内小学校に開設された。この学級開設の原動力のひとつが、自閉症児

のための適切な学級を要望してきた全国協議会の活動であった。また教育関係者を中心に「全国情緒障害教育研究会」も発足し、組織的な活動を展開したことで実現に結びついた。その後、情緒障害学級は全国で展開されることとなった。東京都では通級制を当初から中心としてきたが、他の道府県では、固定制の学級を中心に設置されてきた。

　1974年（昭和49年）東京都は都立特殊教育諸学校への入学希望者全員の入学許可をする方針を発表した。これを機に、重度の自閉症にも教育の機会が開かれるようになった。また同年、国立特殊教育総合研究所（現・国立特別支援教育総合研究所）が設置され、自閉症児の教育についての研究が推進されることになった。1979年（昭和54年）養護学校教育の義務制が実施された。民間でも武蔵野東学園で自閉症児教育が実践され展開された。

4　法人組織への変換

　それまで各県、各地域で活動してきた親の会の集まりであった任意団体、自閉症児者親の会全国協議会は1989年（平成元年）、それまでの20余年の活動の歴史と、障害者団体としての活動が認められ、法人としての認可を受けることになった。親だけでなく、専門家も一体となって支援を行う社団法人日本自閉症協会が誕生した。法人化により、各親の会が団体会員として参加するそれまでの形から、会員一人一人が個人会員として協会に参加することとなった。

　また、法人化を機に、現在も続いている機関誌「協会ニュース」（現・いとしご）が創刊された。協会としての大きな目的は、「法制化」であった。自閉症に関する医療、教育、福祉、労働の各分野における法制化を目指すことになる。

　法人化に伴い、事業も広く計画され、広報活動の強化とともに、1990年（平成2年）からは相談事業を新規にスタートさせ、電話による療育相談が始まった。自閉症の障害に関すること、発達に関する疑問や悩み、行動上の問題や対処の仕方、療育の仕方など自閉症全般の相談に応じている。また、1999年（平成11年）自閉症児が加入できる傷害保険や賠償責任保険を備えた保険を互助会として創設し、運用を開始した。通常の保険に加入が難しい自閉症に特化した保険として、現在はASJ保険事業に引き継がれている。

5　発達障害者支援法の成立

　厚生省（現・厚生労働省、以下厚労省）の発達障害者支援は、自閉症を背景に持

つ強度行動障害者への支援からスタートしたものである。1980年（昭和55年）知的障害児施設の種類として、新たに医療型自閉症児施設および福祉型自閉症施設が法律の中で位置付けられた。この頃より、強度行動障害児対策が話題に取り上げられてくる。1993年（平成5年）には、各都道府県が主体となって行う強度行動障害者特別処遇事業が創設された。頻繁な自傷や他害等の行動については、支援の難しさが指摘されており、1960年代より、「動く重症児」として何らかの対策が必要であるという議論が起きてきた。現在では、強度行動障害の多くは自閉症が背景にあることが知られている。自閉症の診断基準については専門家のなかでも長らく一致せず、治療や支援の現場で様々な混乱が生じていた。家族の負担や、担当する職員への負担集中の解消や、早期療育が受けられるようになることが中心におかれた。

　2002年（平成14年）、自閉症・発達障害者支援センター運営事業が開始され、地域での支援の拠点の整備が図られた。その後、2004年（平成16年）超党派の議員立法により発達障害者支援法が成立（2005年（平成17年）4月施行）、2010年（平成22年）には、発達障害が障害者に含まれることを、障害者自立支援法、児童福祉法において明確化された。平成28年（2016年）超党派の議員立法により「発達障害者支援法の一部を改正する法律」が成立し、同年8月より施行された。

　自閉症協会からみた発達障害者支援法の成立について、以下いとしご90号（2005年（平成17年））の氏田照子副会長の寄稿より引用したい。

「発達障害者支援法案が参議院本会議を全会一致で通過し、成立した。法案成立に至るまでの経緯について、議員連盟の動き、協会としての取り組みについて概略をご報告する。

　この法案は、自閉症をはじめとする発達障害者への大きく立ち遅れていた支援を一歩前進させるという方向性を明らかにするという点では大きな成果があるが、具体的な支援策はまだまだこれからである。また子どもたちの自立と社会参加のためには、サービスが整うだけではなく一般市民の理解と協力が不可欠である。

○自閉症の人たちが置かれていた状況

　1993年（平成5年）の障害者基本法改正時に、自閉症はその附帯決議においてかろうじて対応を位置づけられた。この時、政府は「IQが高くても自閉症で援助が必要な人は精神薄弱者福祉法で対応している」との見解を出した。しかし、自閉症やアスペルガー症候群などの発達障害の人たちは「知的障害」の枠の中に入れてもらうだけでは実態にあった適切な支援を受けることができず、また「知的障害」の枠の中に入らなければ（IQが高くて療育手帳が取得できなければ）支援もなく、教育においても、福祉においても制度の谷間におかれ、公的支援を受ける道を閉ざされてきた。このため、当事者と家族に高い負荷がかかっていた。知的障害を伴う自閉症の人たちについても、知的障害としての支援はなされても、自閉症に特化した支援施策は行われていなかった。

○発達障害者支援法の成立を進めた超党派による議員連盟

　2000年（平成12年）5月のアスペルガー症候群の少年が引き起こした事件を契機に、親たちのロビー活動から自民党の野田聖子議員の研究会という形で専門家を交えた関係省庁との話し合いが2001年（平成13年）より開始された。また2002（平成14年）～2003年（平成15年）、特別支援教育の開始に向けて発達障害の子どもたちの存在が大きくクローズアップされはじめる。2004年（平成16年）1月20日には、公明党内において福島豊議員を座長として「発達障害者・児支援を考えるワーキンググループ」が初会合を開き、2月3日には、厚生労働省・文部科学省合同の非公式会議「発達障害の支援に関する勉強会」が招集され、毎月2回のペースで会合が開かれた。この勉強会では、発達障害のある人たちがもつ支援ニーズと今後の課題について話し合いが進められ、未整備な支援体制の解決に向けて、法整備も含めた取り組みの必要性が提案された。

　この間、5月19日には、超党派による発達障害の支援を考える議員連盟が設立された。法案の担当が厚生労働委員会から内閣委員会へと移る中、各党内の調整も急ピッチで進められ、協会から理解推進に出向く国会議員の数も日毎に増していった。

　臨時国会という限られた時間の中での支援法成立に向けての活動は、ほんとうに困難を極めていた。

○当事者団体としての協会の取り組み

　当初、議員立法により通常国会での成立をめざした発達障害者支援法だったが、年金問題などで国会が空転し時間切れとなる中、法案提出が秋の臨時国会へと持ち越しされた。通常国会から臨時国会へと移るこの頃より、国会議員や他団体から法案に賛成しかねるとの声も大きくなり、日本障害者協議会や全日本手をつなぐ育成会などの障害者団体とも理解を求めて話し合いを重ねる一方で、協会支部に各地域での国会議員への理解推進についてさらなる協力をお願いした。中央でも、各党の国会議員たちに対する自閉症の理解推進と支援法の必要性について説明をしてまわった。各党内の法案についての調整が進む中、中央でそして全国各地で支部あるいは個人で積極的に理解推進に動いたことが12月3日の支援法成立の大きな力となった。」

　発達障害者支援法の成立のための検討に関係した日本自閉症協会をはじめとする団体や個人が中心になり、発達障害者支援法の円滑な運営を見守るためJDDnetが2005年（平成17年）に発足した。

6　大規模災害の発生〜自閉症支援ガイドブックの作成〜

　1995年（平成7年）に発生した阪神淡路大震災、2011年（平成23年）の東日本大震災、また最近頻発する豪雨被害などにより、多くの被災者が出た。そうした非日常を想定し、自閉症の人たちやその家族が備えなければいけないこと、また避難所等の利用が難しい現状があったことから、日本自閉症協会として喫緊の課題として

取り組むこととした。防災ハンドブックを作成、また改訂して実情にあった支援が行われるよう検討してきた。地震や火事や水害のとき、どうしたら自分を守ることができるのか。当事者に普段からの災害への備えと訓練が大切である。現実の生活の中で自閉症の人たちが直面する事態は、受け身にされていることが多い。できるだけ、一つずつ自分から学べるように援助することが重要である。そして日常からしっかりした地域での関係を作っておくことが望まれる。

7　理解と啓発　世界自閉症啓発デー

　2007年（平成19年）の国連総会において、カタール王国王妃の提案により、毎年4月2日を「世界自閉症啓発デー」（World Autism Awareness Day）とすることが決議され、全世界の人々に自閉症を理解してもらう取り組みが行われている。

　わが国でも、世界自閉症啓発デー・日本実行委員会が組織され、自閉症をはじめとする発達障害について、広く啓発する活動を行っている。日本自閉症協会では、毎年、厚労省、文科省および関係団体とともに、世界自閉症啓発デーの4月2日から8日を発達障害啓発週間として、シンポジウムの開催やランドマークのブルーライトアップ等の活動を行っている。また、各加盟団体でも啓発デーにあわせ、様々な取り組みを行っている。

　自閉症をはじめとする発達障害について知っていただくこと、理解をしていただくことは、発達障害のある人だけでなく、誰もが幸せに暮らすことができる社会の実現につながるものと考え、積極的に進めているところである。マスコミでのセンセーショナルになりがちな取り上げ方や、事件と障害を安易に結び付けようとすることに対し、自閉症協会として各方面に申し入れるなど正しい理解のために啓発を行っている。

8　親亡き後への思い

　日本自閉症協会では高齢期対策検討委員会を設け、2017年（平成29年）高齢期の自閉症スペクトラム障害者に関するアンケート調査を実施した。

　50年前の親の会発会時に8、9歳であった自閉症児も、今や高齢期に差し掛かり、同時に、親も80歳を超え、あるいは両親共に亡くなったケースも出てきている。親たちの立場としては、わが子の行く末の為に人間として尊厳をもって全うできるような仕組みを考えていかなければ死ぬに死ねないという思いがあり、調査を実施する大きな動機ともなった。

9 強度行動障害をめぐって

強度行動障害の多くは自閉症が背景にあることが知られている。

障害者福祉施設での虐待や自傷・他害行為により障害福祉サービス事業所等が受け入れに消極的で、サービスが利用できないといった実態がある。

一方、障害特性の理解に基づく適切な支援を行うことにより、強度行動障害が低減し、安定した日常生活を送ることができるようになることがこれまでの調査研究からも明らかになってきた。

日本自閉症協会でも適切な支援が行われるよう努めてきた。

1990年（平成2年）度からの3年間、石井哲夫元会長が主任研究者となって受託した厚生省心身障害研究『強度行動障害児（者）の処遇に関する研究』の中で、強度行動障害の障害概念について、定義の見直し、評価項目、評価尺度、受け入れ施設の要件、加算方法等について、1993年（平成5年）度からの施策に載せるべく具体的な検討が加えられた。

1993年（平成5年）、国の施策として、「強度行動障害特別処遇事業」が打ち出され、初年度は、侑愛会第二おしま学園・嬉泉袖ヶ浦ひかりの学園・旭川荘いずみ寮の3カ所が受託した。

厚生省心身障害研究としての強度行動障害研究は、1993年（平成5年）度から1997年（平成9年）度までの5年間を引き続き石井班が担った。実践事例を集めて検討しながら治療教育方法の開発的研究を行っている。

強度行動障害を自閉症児・者の不適応行動という視点でとらえ、その発生機序の解明を目的に、1998年（平成10年）度から着手したのが、江草安彦元会長（川崎医療福祉大学）を研究代表者とする厚生労働科学研究『自閉症児・者の不適応行動の評価と療育指導に関する研究』である。強度行動障害に関しては、3年間を通じ、石井哲夫氏を分担研究者として、初年度は家族へ、次年度は自閉症者本人に、そして最終年度はスタッフへの詳細な聞き取り調査を行い、強度行動障害のとらえ方・対応の仕方に関するガイドラインを試作した。

飯田雅子氏らは、1998年（平成10年）より厚生（労働）科学研究「強度行動障害を中核とする支援困難な人たちへの支援に関する研究」を9年間継続して行った。実践フィールドの弘済学園、第二おしま学園、旭川児童院での事例検討から、強度行動障害支援にとって有効な支援の洗い出しが行われた。

2006年（平成18年）度には、障害者自立支援法が施行され、身体障害、知的障害、精神障害の3障害を一元化して支援する制度となり、施策全般にわたる見直しが行われた。

序

　2013年（平成25年）度から、強度行動障害を有する者に対し適切な支援を行う従事者の人材育成を目的として「強度行動障害支援者養成研修」が実施されているが、地域の自閉症協会が協力しているところもある。今後も、利用者の立場でこうした研修に関わっていくことも必要と考えている。

　2012年（平成24年）10月、「障害者虐待の防止、障害者の養護者に対する支援等に関する法律」（障害者虐待防止法）が施行された。いまなお障害福祉サービス事業所等での受け入れが難しいこともあり、地域での受け入れ体制の整備を求めているところである。

　以上のようなこれまでの活動をふまえ、今後の協会活動として、自閉症の特性に応じた個別の支援の充実と、共生社会において自閉症児者への正しい理解をすすめていくことをそれぞれの地域の自閉症協会や関係機関と連携して推進していきたいと考えている。

『いとしご』『かがやき』『心を開く』その他、協会関係書籍および加盟団体HP等を参考に作成した。（日本自閉症協会事務局）
参考文献については巻末にまとめて記載

座 談 会 1

医学の面からみた自閉症
～過去・現在・未来～

内山登紀夫　一般社団法人日本自閉症協会常任理事
よこはま発達クリニック院長・大正大学心理社会学部臨床心理学科教授

本田　秀夫　一般社団法人日本自閉症協会理事
信州大学医学部子どものこころの発達医学教室教授・附属病院子どものこころ診療部長

今井　忠　一般社団法人日本自閉症協会副会長（保護者）

市川　宏伸　一般社団法人日本自閉症協会会長［司会］

座談会 1

医学の面からみた自閉症
~過去・現在・未来~

内山　登紀夫
一般社団法人日本自閉症協会常任理事
よこはま発達クリニック院長・
大正大学心理社会学部臨床心理学科教授

本田　秀夫
一般社団法人日本自閉症協会理事
信州大学医学部子どものこころの
発達医学教室教授・附属病院子ど
ものこころ診療部長

今井　忠
一般社団法人日本自閉症協会副会長(保護者)

市川　宏伸 [司会]
一般社団法人日本自閉症協会会長

市川（司会）　今日は医療関係者と保護者で、自閉症と医療の過去・現在・未来について考えていきたいと思います。まず、自己紹介を兼ねて、医療関係者から、自閉症との出会いについてお話しいただきたいと思います。

自閉症との出会い

市川　年齢順で私から。昭和54年（1979年）、医学部を卒業する頃から、自閉症に興味をもっていました。当時はまだ自閉症のことは小児科では診ていなくて、東京医科歯科大学の精神科に入局したのですが「子どもを診たいなんて人は何年ぶりか」と言われました。「子どもだけ診ていたら飯が食えないから、大人のほうも勉強しなきゃ駄目だ」と言われて、2～3年間はひたすら大人の精神科を勉強していました。このことは後になって、ものすごく役立ったと思います。昭和57年（1982年）から東京都立梅ヶ丘病院（以下梅ヶ丘病院）という日本で一番多く自閉症を臨床的に診ていた病院に入りました。たまたま自分の子どもも自閉症だとわかって、昼間は病院で、夜は家で、自閉症の子どもとお付き合いという日々でしたね。

　当時は、今でいう高機能自閉症の方、アスペルガー症候群の方は病院には来ていませんでした。就学前の知的障害のある自閉症の子どもで病棟はあふれかえっていました。それは、当時、自閉症児は幼稚園や保育園に入れなかったからですが、行き場がなくて病院に来てくれても、診察まで半年待ちというような状況でした。その後移った児童施設は、知的障害の子どもが150人くらいいるところでしたが、多くの子どもが自閉症を併せもつ知的障害の子どもたちでした。自閉症といってもいろいろ複雑ですけれども、このようにいろんな自閉症の方とお会いできて非常に幸せだったと思っています。

内山　私と自閉症との付き合いは、昭和62年頃、研修医3年目くらいのときからです。診察室を走り回っている小さな子どもがいて、多動かなと思って教授に聞くと、「自閉症らしい」と言われたのを覚えています。当時その子しか見ていませんでした。その子がきっかけでそのあといろいろな本を読み出して、中根晃先生の『自閉症研究』などは興味深く読みました。そんななかで研究日に梅ヶ丘病院に週1回外来に行っていましたら、おいでと言われて梅ヶ丘病院に行きました。実際に最初に持ったのは幼児病棟で、ちょっとショックを受けましたね。というのは多少ロマンティックな自閉症を想像していたのですが、走り回って、ぶつかり合って、うんちは垂れ流すし、かみつき合うし、後ろからタックルしてくるし。

なんだかすごいところに来ちゃったなと思いました。幼児がいきなり後ろからバーンと蹴飛ばしてくるので、びっくりしたのを覚えています。その子は、今は立派な成人で、引き続き外来にみえています。

　当時は、行動療法の先生が来ていて、あとは向精神薬を使う感じでしたけど、そのうちになにかのきっかけでTEACCH（Treatment and Education of Autistic and related Communication handicapped Children，以下TEACCH）の話を聞いて、TEACCHのツアーに参加して面白いなと。それでTEACCHに行ってみて、やっぱりすごく面白かったんですよね。初めてそこで自閉症がちょっとわかった気がしました。そのときに構造化ってすごい効果あるんだと実感しました。それで日本に帰って来て、しばらくTEACCHの手法を梅ヶ丘病院に導入しようとしましたが、導入はなかなか難しかったですね。でも、いろいろやっているうちにジュディス・グールド先生が来日されて、イギリスに行きたいと希望があることを伝えたところ、来ていいよと言ってくれ、今でいうローナ・ウィングセンターに留学することができました。そのときにウィング先生の考えは、TEACCHと違う部分もあって、面白いなと思いました。帰国後クリニックを開設し、大学で教え、いろいろな自閉症の子を診ている。そんな状況です。

本田　私は昭和63年（1988年）に大学を卒業して、最初に興味を持ったのは、アスペルガー症候群です。研修医1年目の後半に、初めてアスペルガー症候群らしき人を予診で診ました。その人は細かいことをよく覚えていると言うので、小学校1年生のときの担任の先生の名前を聞いたら、「いや、名前は覚えてないけれど、生年月日は覚えています」と。そんな人がいるんだと興味を持ったんです。

　研修が終わってからレジデントとして入ったところでは、統合失調症（当時は精神分裂病）と診断されているけども発病した形跡がなく、小さい頃からちょっと変わっていると言われていた人に会いました。突然暴れて入院させられていましたが、病棟に入ったらまったくけろっとしていて、部屋で1人、ものすごく細かい絵をいっぱい描いているんです。この人はアスペルガー症候群なんじゃないかなと思ったんです。（研修医時代お世話になった）清水康夫先生に相談したら、アスペルガー症候群に興味があるのだったら、小さい子から診たほうがいいと言われて、平成3年（1991年）から横浜リハビリテーションセンターに行きました。

　当時の横浜リハビリテーションセンターの外来では、知的障害の人が圧倒的に多い中、高機能自閉症の人が少しずつ増加していました。また、役割分担するなかで、知的障害のある子ども

の大半は私が主治医になっていました。同センター20年くらいの在籍期間で、最重度から軽度まで、知的障害で療育が必要なケースをとにかくいっぱい診ることになりました。今思えば、もともと興味の対象は高機能でしたが、実際に臨床で診ていたのは知的障害や行動障害が圧倒的に多かったので、とても役に立ちましたね。知的障害がないタイプだけだと、問題の本質というのが見えない部分があるような気がします。

内山 私もそう思いますね。

本田 知的障害のある自閉症の方をしっかりやってから、高機能のケースを診たので、一見軽く見える発達障害を見る目が養われた気はしますね。

市川 たしか平成10年（1998年）を境に、梅ヶ丘病院の外来受診者もいわゆる高機能の人が多くなってきました。その後もどんどん増え続けていると思います。都内の小児神経科の専門病院の外来で診ている約7割が発達障害の人という状況になっていて、正確に数えてはいないけど、その4分の3くらいの方はASD（自閉スペクトラム症。Autism Spectrum Disorder，以下ASD）の診断ができる。最近、ASDとADHD（注意欠如・多動症。Attention-Deficit/Hyperactivity Disorder，以下ADHD）、LD（学習障害。Learning Disorder，以下LD）が混じっている人が多いと思っています。

特に知的な遅れを伴う強度行動障害の自閉症の人は、梅ヶ丘病院の療育部門でもTEACCHプログラムを導入してやっていましたし、どの療育法がいいということはないと思ったので、TEACCHとABA（認知行動療法）と行動療法、それらの良いところだけ取って対応していたのは覚えています。今は民間の医療機関でも療育をやるようになっているので、病院に来るのは、対応が大変な人たちであるのかもしれない。最近は警察が介入して救急で入って来るというような状況もずいぶん出てきていると思いますね。

本田 私は、横浜リハビリテーションセンターのあと、発達支援センターに医療を付ける形のセンターを作るということで山梨県立こころの発達総合支援センターに移りました。横浜では基本的に幼児からずっと診ていくので、二次障害のケースはあまり診ていなかったんです。一部いましたが、基本的にそうならないような支援ができていました。でも山梨県立こころの発達総合支援センターに行ってから二次障害のケースをたくさん診るようになった。二次障害になるタイプの人は、むしろ知的障害が重い人でなかったり、症状的には一見それほど問題ではなかった人が、後々ですごく深刻なフラッシュバックを起こし始めたりするので、そのあたりはなんとかしないといけないと考えていました。

座談会1　医学の面からみた自閉症

医療だけでなく 多面的コーディネート が必要

市川　福祉と医療の両方に関わってきました。福祉施設の医務科長を2年間やって勉強になったのは、福祉と医療では見方がぜんぜん違うということです。福祉の人に医療は便利なものだと知ってもらうと、たいへん協力的になって一緒に仕事しようということになる。年間6回、職員を対象に夜間講座をやり、終わり頃には、いわゆる根性論で自閉症の人たちに対応していた職員も、医療を求めてくることが増えて、こうした講座も意味があったと思ったのを覚えています。

　その後、梅ヶ丘病院へ戻るのですが、病院の中に東京都立青鳥養護学校の梅ヶ丘分教室、今の特別支援学校があったんですね。僕らから見た患者さんは、学校の先生から見たら生徒なわけです。ここで教育の見方も勉強させてもらいました。このことは、文部科学省から頼まれて特別支援教育が始まる前にお手伝いをさせていただいたときにも役立ちました。自閉症といっても非常に幅が広く、医療だけでも、福祉だけでも、教育だけでも、うまくいかないということです。いろいろなところが密接にコーディネートしていかなければ

うまくいかない。そういう考えもあって、自閉症協会や当事者団体、支援者団体の連携をお手伝いしているのです。

　今考えてみると、梅ヶ丘病院のはじめの4、5年以降（昭和60年（1985年）前後）は、「自閉症の特効薬がないか？」と盛んに言われていた時代で、私も10以上の治験を手伝いましたが、ほとんどがネガティブデータでしたね。自閉症は非常に幅広いものなので、それを一律に試験にかけると、どうしてもぼやけた結果が出てきてしまう。そうすると厚生労働省（当時厚生省）から、もっと例を集めるように言われ、集めると、さらにぼけてきて、結局うまくいかない。特効薬を考えるよりは、地道に療育をやっていき、医療についてはそれを二次的にフォローアップするような体制がいいんじゃないでしょうか。薬を処方するだけが医療ではなく、医療の中でも療育を行っています。

本田　私が横浜リハビリテーションセンターにいたのは、通園施設で構造化した環境を作ることをやり始めていた時期で、そういう勉強をしながらやっていました。福祉施設のあるリハビリテーションセンターだったので、全体の流れとしては、医者は数多く診て、ほかの職種の人たちのバックアップ役みたいな位置付けでした。薬も環境調整をまずしっかりやってから、必要に応じて最小限使うというような考え方でした。あとは、カンファレンスを多

職種でやることが大事だということを
たたき込まれました。それはいまだに
役に立っていますね。

自閉症を診ることの
できる医師の育成

本田　山梨も横浜も結局、施設はあっ
たけれど医者が少なかったんです。そ
れで医者の教育もしたいと思うように
なってきました。そうしたときに、ちょ
うど信州大学から誘われて移ったんで
す。信州大学では医者を教育できる環
境にあるのですが、小児科の先生が多
いんですよね。小児科の先生が診て、
こじれちゃったら児童精神科医が診る
ということになっていました。ですか
ら、平成30年度から小児科の専門医を
取ったくらいの人たちを主な対象に、
発達障害を診られる医師を増やすカリ
キュラムを始めたところなんです。私
は地域で公的に発達障害の人たちを診
ていく医療体制をどうするべきか、と
いうことを考えるんですけど、これだ
け人数が多いと、裾野を広げないと対
応できない。だから裾野でもある程度
対応できるような部分と、裾野の人た
ちが安心して診療できるような、エビ
デンスのあるやり方や、スーパーバイ
ズする体制などを作っていかなければ
と思ってやっているところです。

　小児科の先生たちは、子どものこと
はすごく熱心に診るんだけど、大人の
精神医学はやっていないから、たとえ
ば親御さんの悩みに相談する対応がちょっ
と苦手だったり弱いかったりすること
と、子どもが成長したときに出てくる、
様々な精神的な問題に対応する力を、
もうちょっとつけてもらいたいと思っ
ています。

市川　だいたい外来の何割くらいが自
閉症でしょうか？

本田　長野県は三次医療体制で、地元
で診て、圏域の総合病院などで診て、
そこで対応しきれなくなった人が児童
精神科に来ます。

　そのような仕組みなので、今診てい
る人の7～8割は不登校です。今の私
は、どちらかというと不登校の専門家っ
て言ったほうがいいんじゃないかって
いうくらいです。その中の過半数がな
んらかの発達の問題を抱えています。
主にはASDとADHDが両方入ってい
るタイプですね。発達障害を診ている
んですけど、発達障害だけでは診てい
ないという感じになっていますね。

医療に望むこと
～東京都自閉症協会のアンケート結果から～

市川　各先生方にこれまでの歴史を話
してもらいました。今度は、自閉症の
子どもさんの保護者から、医療に対す
る要望をお聞きしたいと思います。東

座談会1　医学の面からみた自閉症

京都自閉症協会で今井会長が最近調べてくださったデータがあるので、ご説明をお願いします。

今井　精神科医療については、以前から問題がありそうだが、いったい何が問題なのかがよくわからないと思っていました。そこで、今回、問題を整理しようということで、東京都自閉症協会で2017年秋にアンケート調査を行い、1,300通くらい配って、430件くらいの回答を得ました。回答者は、自分の子どもについて回答した人がほとんどでしたが、当事者自身の回答も6.5％ありました。

　結果を見ると、現在服薬していない人は3分の1もいました。医療機関には相談や書類の作成で関わってもらっているのです。服薬をしていない人は、このアンケートは関係ないと思った可能性が高いので、診断されても服薬をしていない人はきっともっと多く、推測ですが半分以上になると思います。

　服薬については、「効いていると思う」という回答が多かったです。効いていないなら薬を変更するわけですから、ある意味、当然の回答と言えます。また、てんかんや睡眠や多動の問題のための服薬が多いと思われます。ただ、「効いている」となっていても自由記述を読むと、多くが服薬推奨というわけではないことがわかります。「そろそろ減薬できるのではないか」と思っている当事者は多かったのです。「薬

の量を減らしたい」もしくは「なくしたい」、これは親も多いのですが、当事者になるともっと多くなります。「薬を減らせない体質になったと思うか」という設問では、親のほうは「よくわからない」、当事者は「体自身がそうなっちゃうんじゃないか」と思う人が50％くらいいました。そして「一生飲み続けることが心配だ」というのは、親も当事者も多いのですが、特に当事者は非常に多いのです。なかには、「服薬は必須です。それがなければ我が家は成り立ちません」「薬で我が家は助けられました」という親御さんも一定数おられました。発達障害の場合の精神科薬、とくに抗精神病薬については、抜いてはいけないものなのか、それはなぜなのか、検討が必要だと思います。ただ、減薬や抜薬は簡単ではないと聞きます。

　次は、医者との関係です。アンケートからは医者に何を期待しているかがわかります。それは医療行為以上に、話を親身になって聞いてくれたこと、助言がありがたかった、面倒な診断書を書いてくれたことに感謝しています。ほんとうに多くの人が今かかっている医師に感謝していました。薬よりも言葉だったのです。また、児童精神科医が診察のときに、学校の先生も親と一緒に参加して、適切な方法でこういうふうに指示を出せば、パニックにならないよと先生に実際で示してくれたと

いう例もありました。そういうソーシャルワークをやってくれる医師に会えてうれしかったと。

市川 素晴らしい。

今井 そうですね。親は医者に専門家として周囲への働きかけをやってほしいという意識があるわけです。でもお医者さんのほうは、それは本来の業務じゃないという意識があり、このあたりをどう考えるかというのがこのアンケートの結果でわかったことです。

ところが、なかには、「すべてお母さんのこれまでの間違った対応のせいです」とその医師は言い、どう改善したらいいかを問うたら、即座に「そんなこと知りませんよ」と怒ったと。3人目でようやく相談できる医者に出会えたそうです。それ以外にも診察室で暴言を吐かれた経験が書かれていました。

市川 これ、医師の問題以前の問題の気がする。

今井 ある当事者は、これまで病院を変えるなどしてきたが、ろくに話を聞いてくれないどころか、生きづらさなどを訴えると、わがままだと恫喝される、こんな状況で、通院する意味はあるのかと書いています。このような問題指摘の多くが成人精神科医なんです。ただ、成人精神科医であっても、発達障害に詳しく、薬中心ではなく、話をよく聞いてくれて生き方を助言してくれる医師も少ないながらいらっしゃい

ます。アンケートから児童精神科医と成人精神科医の違いがあると感じます。一言で言うと、児童期の医師はその子の成長や発達を診て助言するのに対して、成人期の精神科医はあくまで人ではなく病気を診て治療するのが役目だと思っていると感じます。今は良い先生に出会えたけれど、それまでが大変だったということを書いている方が多いんです。良い先生に早く出会えるように、何かいい方法はないでしょうか。

要は、発達障害に関する精神科医の質的な差が大きい。特に成人期の精神科医の発達障害の理解にはかなり問題があるように見受けられます。回答を見ると、20歳を超えてもかなりの人は児童精神科医に診てもらっています。児童期から成人期まで一貫して診るほうがいいのか、児童期の医師から成人期の医師へ引き継ぐほうがいいのかどうか。特に自分の状態を自ら表現できない知的障害を伴う場合、成人を対象にしている精神科医が実際に診れるのでしょうか。発達障害は一過性のものではありません。育ちに沿って、児童期から成人期も引き続き付き合っていくものです。それを児童精神科医などが担っているというのが現状のようです。

市川 以前、厚労科研で納得いく医者に行き着くまでにかかる時間の平均を調べたんですが、2〜2年半というのが一般的だったんです。大人になった

らバトンタッチしたほうがいいと思いつつ、バトンタッチしても戻って来ちゃう人がいっぱいいます。

内山 私のクリニックではだんだん成人の比率が増えて、その分、子どもを診られなくなってきたけど、横浜の場合、子どもは療育センターで診てくれるので、そこは助かっていますね。

市川 本田先生はどうですか。

本田 今も横浜で小さいときから診ていた人をフォローアップしていますが、ほとんど大人になっています。たまに引き継いで診たり、初診を診たりしますけれど。長野県では、小児科、児童精神科、成人の精神科との間で発達障害の診療を引き継いでいくシステムを作ろうと思っているので、高校生になったら原則として成人の精神科に引き継いでいます。大学の精神科の先生や、地域の近いところで診てくれそうな先生に頼んでいますね。

市川 親御さんたちに訊くと、「今までの長い歴史があるので、まったく知らない医者のところへ行って、また最初から説明するのは大変だから、これまでをわかってくれている医者のほうがいい」とはっきりおっしゃいますね。

今井 成人入所施設に入り、そこの医者にかかるわけですけれど、しゃべらない人からは情報を取れないわけですから、医者は診察室で診てもしょうがない。心ある医者は日常の生活の様子を見て判断するしかないのですが、そ

こまでしてくれる先生は少ないですね。そうなると、結局は、施設の支援者の意向に沿った処方になってしまう。

内山 少ないでしょうね。そこまでやってくれるのは、かなり奇特な先生。

本田 今、長野県でやっているのは、一定のカリキュラムを受けた人を県で認定して、県のホームページに「この人はこういう研修を受けていますよ」と提示することです。

国が実施している「かかりつけ医等発達障害対応力向上研修」というものがあり、各自治体で研修を行って、それを受けた人は名前を載せますということですが、だいたい年に1回、通り一遍の講義を聞いておしまいくらい、という感じです。かかりつけ医が発達障害の人の身体の診察ができる、というレベルでなく、発達障害専門ではない小児科医や精神科医でも発達障害の診断や治療もある程度はできる医師を育成するシステムを作ると、多少は違うかなと思います。

今井 子どもと大人の分業については、海外ではどうなっていますか。

内山 海外でも大人を診られる医師は少ないです。難しいんです、もともと子どものときから始まっていますからね。自閉症もアスペルガー症候群も。大人の専門家が関心を持ったのは、わりと最近で、ここ10年くらいじゃないですか。

市川 統合失調症だと思っていたら発

達障害だったというように理解が進んできて、大人の精神科医が「発達障害は意外と多いな」、「発達障害も重要だな」と思い始めてくれているところなので、まだ時間がかかりますね。

本田 子どもから診ていると、発達障害だけの問題を丁寧に診ていけば、それなりに社会生活ができるけど、そういう人たちを大人の精神科の先生は診る機会があまりないからね。大変だと思われている可能性があると思うんですよ。

市川 僕ら児童精神科医が、もっとそのことを声高に言っていくべきだったでしょうね。自分で診たほうがいいと思って、抱え込んじゃったところはあったかもしれませんね。

今井 成人になって気が付いたようなタイプの場合に、統合失調症と診断されその薬が処方され、余計ややこしくなっているっていうケースがけっこうありますね。背景に発達障害があって症状が出ているのと、統合失調症で同じような症状が出ているのとでは、薬の選択や考え方が変わるのですか？

市川 変わります。もし発達障害から起きてきている二次的な問題であれば、薬は中心にならないですね。

今井 症状の背景に何があるかを診る必要性を広く医師に伝えてもらいたいです。

本田 そういう変化が出てきている病院をなんらかの形でバックアップした

り、「この病院はやっていますよ」というようなことをうまく伝えられるといいですよね。最近は若い先生のほうが詳しいです。10年前は自閉症やアスペルガー症候群という言葉は講義で初めて聞いたという人がまだいたのですが、ここ3、4年はすでに聞いたことがあるという人がほとんどです。特に小児科や精神科に興味がある人は、ある程度知っていることを前提で研修を始めているようになってきている気がしますね。

市川 小児科の先生の中にも、児童精神科に興味を持つ人がすごく増えてきていますね。それはいいことだと思っています。

親・本人が医師に期待すること

今井 それから、親がお医者さんに期待していることは、治療よりも、医学の専門家として、我が子への対応の仕方を学校などにきちっと説明してほしいということでした。親が言っても聞いてくれないからです。これは、お医者さんの本来の仕事なのでしょうか。

内山 やろうと思ってもなかなか物理的にできないんじゃないかな。

市川 患者さんが多いから難しいですね。若い頃はすぐ学校に行って、校長と話す。それが一番良いと思ったけど

患者が増えてきたら、とてもそんな時間は取れなくなってしまいました。

厚労科研の調査で、医者の側の言い分は「我々は忙しいんだから、学校の先生が医療側に来てください」、学校の先生が言うことは、「我々は忙しいんだから、医療機関側が学校に来てください」と、両方とも自分たちは忙しいと訴えていました。

今井 聞いてくれる学校の先生もいるけど、一般的には難しい気がします。

市川 お母さんに夏休みなどに学校の先生を連れて来てくださいと言って、一緒に話すけど、短時間話しただけでわかるものじゃないですよね。

内山 意見書を書いたり、電話をしたりすることはあります。でもやっぱり会って話すのが一番意思の疎通ができますね。ただ、一般の外来だと10分くらいしか時間が割けない。でも、その10分の中では説明ができないこともあります。通じない先生には何分かけても通じないということもありますね。

市川 現場の教員が頑張ってもどうしようもないこともあるから、頼んで管理職研修をやらせてもらったりしていますけど。

本田 地方は違うやり方があるかなという気がしています。たとえば長野は、発達障害の支援の中核を担う「発達障がいサポートマネージャー」を圏域ごとに1人ずつ指定するという県独自のシステムがあります。幼児期は「療育コーディネーター」がおり、学童期は、特別支援学校の特別支援教育コーディネーターの先生が地域の小中学校に出向く。この圏域だったら、この人に相談すればいいというシステムがあります。

今井 お互いに顔が見えているんですね。

本田 ええ、話が通じにくい学校でも、その人に入ってもらえば、多少の対応ができることはありますね。

今井 アンケートの内容に戻ると、薬に対して感じていることは、親と当事者ではやはりかなり違っています。当事者が言っていることは当たっている気がします。親のほうは、子どもが暴れないから助かっているっていうことになってしまいます。でも当事者のほうは長期服薬を不安に思っている。これに対しても応えてあげなければいけないんじゃないかなと思います。

市川 当事者にもちゃんと説明しないといけないが、年齢が低いとなかなか難しい。

今井 薬はいつまでも飲む必要はなくて、こういう状態になったら調整して、必要だったらまた飲めばいいということが、伝えられていないと思います。

市川 たしかに、「医者にこう言われた」とか、相談所で、「お母さん、あんたが悪いですよ」と責められたとか、そういう話は聞きますね。親を責めていい答えが出てくるとは思えないこと

は、ある程度、経験がある児童精神科医ならわかっていると思いますが。

今井 また、医療に期待することとして、小学校低学年までに行動障害が出るタイプは知的障害が伴っている場合が多いのですが、思春期頃から急に問題行動が増え、手に負えなくなったりするほうが対応が難しく、環境を変えただけでは良くならない。その対応をもっとやってほしいと思います。

市川 ずいぶん前ですが、梅ヶ丘病院にいたとき、特別支援学校にアンケートをして調べたことがあるのですが、だいたい山が二つあります。小さい頃大変で途中から落ち着くタイプと、なんともなかったのに途中から大変になるタイプ。8歳から9歳に境目がありました。

今井 結果としての行動は似ているんだけど、原因が違うんじゃないですか。

内山 問題行動の原因はみんな違いますよね。行動だけ見ていても原因はわからない。

本田 そうですね。最近とくに興味を持っているのが、発達障害の人たちの過剰適応です。一見問題なく思われていた人たちが、実は強いストレスを我慢していて、その我慢が限界に達すると一気に様々な問題が出る。

今井 思春期になるとやりたいこともはっきりしてきたり、自我が目覚めて、だからこそ引っ掛かるというか。

市川 彼ら記憶力がいいから、学校の

ときにひどい目に遭ったことを思い出して、パニック起こすんですね。ある都内の自閉症の学校の例ですと、「なんていう先生が嫌いだったの？」って訊くと、2人名前が挙がりました。2人とも激しいスパルタで、そのときは怖いから言うことを聞いているんだけど、あとで思い出してパニックを起こして、かわいそうですね。

今井 しかも、嫌で嫌でたまらなかったはずなのに、そのときは外見上そんなに異常はなかったって周囲は言うんですよ。

本田 自分をまだ客観視できない年齢のうちは理解できていないですけど、あとで見えるようになってから、その記憶を思い出して、そこにあとで意味付けしちゃう。

内山 それがフラッシュバックになる。受け身タイプの子ほど多いですよね。

今井 それは先ほど言われた成人の精神科医でも十分診てもらえることですか？

市川 いや、それがわかる成人の精神科医は、ほとんどいないと思います。いきなりパニックを起こしたりすると、"暴力的だ"とか、そういうふうに見てしまうのですね。

内山 そういう子の治療はどうしていいか、なかなかわからないですよね。

本田 難しいですよね。薬もそんなに効かないですしね。

内山 もっと過去について聞くのがい

いのか、聞かないのがいいのもよくわからない。ケースごとに手探りでやっているのが現状です。

今井 単なる行動障害ではなく、思春期頃に発生する一種のフラッシュバックについては、今後の研究がとても大事だと思っています。情報の何が本人の過去の負の体験と結びつくのか、その記録の取り方などがあるといい。原因がわからないので。

内山 しゃべらない人はわからないことが多いですね。

市川 なんかの拍子に「なんとかさんが嫌」、とか言い出しますね。いきなり。

本田 すごい記憶力だからね。

内山 難しいね、本当にそこは難しい。なかなかマニュアル化できない。

今井 その分野は、外国でも一つの分野として研究されているんですか？

市川 いや、たぶんトラウマとほとんど区別されてないですよ。

本田 外国にもそういう人たちがいるんですかね。

内山 たぶん同じだと思いますよ。そういう目で見てないだけで。

今、医師は何をすべきか

今井 今、医療は何をすべきでしょうか。

市川 何をすべきか、というよりも、医療は何ができるかということでもあるけど、若い本田先生から見て、日常の臨床で感じていることはありますか。

本田 大事なことは、予防的な観点で診療するということです。事が起こってから対応するのが通常の医療ですが、事が起こる可能性が高いという前提で予防の発想を、特に親御さんに伝えておくことが大事です。たとえば、小学校高学年くらいになってから突然、問題が出てくる人がいることを伝えておく。特に自閉症の人は、4、5歳で少しよくなるんですよね。小さいときにカンシャクばかり起こしていても、4、5歳になると、そこそこコミュニケーションがよくなってきたりとか、目が合ったりとか、友だちと遊べるようになったりする。そうすると、親御さんはこのままうまくいくんじゃないかと期待するけど、ひょっとすると、これは大人が何かの形で抑えつけているだけかもしれない。実は無理に言うことをきかせられているだけで、何かをため込んでいる可能性があるということを、確認しておく必要がある。

突然学校に行けなくなる人もいるので、学校が楽しい場所になっているかどうか、という視点を親御さんに持ってもらうよう伝える。ちょっとよくなると、親御さんも油断するんですよね。だから何も起こっていなくても、ある程度、定期的に予防検診みたいな位置

付けで、たとえば1年に1回くらいでもいいからお会いする、そういう診療がちゃんと医療経済的にも成り立つようなしくみが作れるといいんじゃないかと思っています。

今井 そのためにも、順調にいっているようなときでも、こういう点は見ておいてくださいよと言っておく必要がありますね。たとえば睡眠や笑顔とか…。

本田 そうそう。そういうことをチェックできるようなものが作れると、資するものがあるんじゃないかなと思っています。それが今、一番考えていることです。

今井 そのほうが経済的でもあるんですよね。

本田 そう。小さいときから診ている人が、今もたまに来て、「こんにちは、元気？」って言うと、「いや、この1年いろいろありました」なんて言いながらも、だいたい問題は自分で解決している。「ああ、それは大変だったね」って言いながら、「じゃあまた来年来てね」という感じでいいんですよ。ところがこじれちゃって、いろいろな問題が起こってから来ると、薬を出さなきゃいけないし、最初のうちは2週間に一度会わなきゃいけない。そのほうが医者は儲かるんですけど、それでいいのかと思いますよね。当事者のことを考えると、事が起こる前のところをきちんとやって、医療費を抑えられる人たちが増えたほうが、いいんじゃないかなと思いますよね。

今井 経過観察、成長観察ということですね。

本田 医者は全体を見渡して、方針立てを最終確認するくらいの立場になるのがいいんじゃないかと思います。

内山 医者はこれから多少増えるだろうけど、発達障害を診てくれる医者は急速には増えないから、児童精神科医だけで診るのはどう考えても無理があるんですよね。だから、成人の精神科医や小児科医に参加してもらうのも大事だし、教師、言語聴覚士、臨床心理士、そういう領域をまとめて、チームを作っていかないと追いつかないですよね。学校も理解がないところがけっこうあります。100％就労をPRしている特別支援学校もあります。生徒はそれを知っているので、プレッシャーがかかるんですよね。「少し休みなよ」と言っても、「僕のせいで100％就労が達成できないと申し訳ない」って頑張りすぎる生徒もいます。社会全体が発達障害がわかってきたのは良いことだし、さまざまな支援サービスが整備されてきたのは良いことだけど、子どもだと放課後等デイサービス、大人だと就労支援などで追い詰められちゃう人がすごく多いんですよ。自分の能力や自分の興味関心に満足していて、なんとかうまくいっている人もいます。でも大人になればお金を稼がないといけないというプレッシャーが強くて、怪

しいアルバイトや詐欺にひっかかって事件を起こしたり、極端な場合自殺を図ったりと、追い詰められている自閉症の青年や成人に出会うことが増えました。個人個人の特性や能力によって目標も違います。そういう理解を広めていきたいなと思っていますけど、なかなか理解されない。

市川 「100％就労を目指す」なんて言うから、親御さんは期待して、高校の先生もプレッシャーになってしまう。親御さんの気持ちが全面的に出てきて、本人の気持ちはどっかに飛んでしまっているのでしょう。特に知的な遅れがあまりない人については、よく考えないといけない段階にきていると思います。

感覚の問題

市川 外来をやっていて感じるのは感覚の問題です。もともとてんかんの人は気圧の変動に弱くて発作を起こすことは知られていたけど、温度が変化する、あるいは天気が良くなったり悪くなったりするだけで、調子が悪くなったりする。本当につらそうなんですよね。気象医学みたいなことを考えてあげないといけない。

内山 そうね。気圧との関係性などはわかっていないかもしれない。

市川 気圧とてんかんのことは昔から僕らも知っていたけど、温度・湿度変化とパニック症状などの関係性とか、研究している人は少ないですね。

今井 本人たちも感覚の問題は、自分から説明しやすい。幼いときにお母さんが何かを見たら、自分もそれを見ようとしたり、自分が関心があるものにお母さんの関心を引こうとするというような対人関係のことと、その感覚の問題は、どう関係しているのですか。

本田 そこは難しいですね。そのあたりを全部ひとまとまりにして、一つの症候群とかスペクトラムと考えていいのか？ という話も最近は出ています。逆に、DSM-5では、対人関係やコミュニケーションの異常だけが目立っていてこだわりが見られない一群として「社会的（語用論的）コミュニケーション症」を自閉スペクトラム症から切り離しているでしょ。果たしてそれは意味があるのかどうか。

内山 感覚の問題は、サイエンスの謎なんですよ。でも明らかに頻度が高くて、一致率も高い。

今井 就労支援、職場支援をやっていて思うのですが、感覚の問題で本人が困っていることに対しては、わりと手を打ちやすいんですよ。いっぽう、周りを疲弊させていることがあるんです。NHKの発達障害プロジェクトの投稿欄の「職場での困りごと」の中の「周囲・家族の困りごと・対処法」に、

「うちの職場にもそれと思われる人がいます、いろいろ手を打ちましたが、ぜんぜん変わりません。私たち周囲の困りも取り上げてほしい」とたくさんありました。

内山 周りが困っているんですね。

今井 でも本人からは、その話は出てこない。そういう対人の話と感覚の話とはどういう関係になるのですか？

内山 自分が迷惑かけているという話は出てこないってこと？　けっこう出てきますよ。私、今までご迷惑かけていたんでしょうか、今までも変なこと言っていたんでしょうか、と落ち込む当事者の方は決して少なくないです。

本田 リアルタイムで、その場ではピンときてない。

内山 思い出して、あのとき変だったとか。

今井 それは非常に大事なことで、僕も何例か対応していると、自覚する人は一時的に鬱的になったりするんだけど、そのうち他人からどう見られるかを常に意識するようになって、軌道修正できる人が出てくるんですよ。

内山 対人過敏になったり、視線恐怖になっちゃったり。諦めてもう発言しないことにしたとか、本人なりのいろんな対処法をとっている。痛々しいほどの努力をしている人もいます。

今井 適応しちゃう人もいる。本人も周りも慣れて。

本田 折り合いがつくという感じかな。

今井 そうそう。

本田 そういう人もいますよね。

内山 説明つけて折り合いをつける人もいるし、折り合いがついてくる人もいる。どこでどうなっているのかはわからない。

今井 医学として、感覚のこと対人との関係をどう整理して理解するか。

内山 それは検討する価値がある。

今井 みなさんはどう考えておられるのでしょうか。

市川 感覚と対人の関係って、僕はあまり直接的に結びつかないと思っていましたが。

内山 わからない。たとえば人がうるさいから、臭いから、付き合いたくないとか、そうはっきり言う人はいるけど、1歳半とかではそんなこと考えてないと思うから。

市川 自分がされて嫌なことを他人にしちゃいけないのがわからないのと同じじゃないのでしょうか？「何々されたらどう？」と言ったら、「嫌だ」って言うんで、「じゃあ、同じことほかの人にやっちゃいけないんじゃない？」と言うと、「それは別だ」って言うんだよね。自分と相手は違うんだと思っていますね。

今井 当事者社員が時々、他の人の仕事の仕方をものすごく問題指摘する。だけど、当の君はどうなんだと訊くと………。

市川 それ、本人にしてみたら別の問

題らしいよ。何人か聞いたことがあります。

今井 人のことはわかるけど、自分のことは見えないっていうことですか。

内山 けっこう周りに当たっていたりする人もいるけど、自分のことはね。

本田 周りは決して問題ないのに、理不尽に当たっているように見える。

内山 そうだね、感覚と社会性の関係はたしかに不思議なことが多いですね。データでは、別に社会性と感覚はそんなにリンクしてないと思うけど。

本田 早期発見のあたりでは、基本的に対人関係でしか見てないところがあって、こだわりや感覚に関する項目はあまり入ってない。対人関係でほぼ診断するようになっているから、感覚はあまり見ないんですよね。

今井 生きていく上で大変なのは両方重なった人と、僕は理解しているんだけど。

本田 もし脳の問題だとすれば、近いところが一致しやすいっていうのはあるでしょうね。

「グレーゾーン」の課題

今井 「グレーゾーン」って呼ばれる診断が出そうで出ないようなタイプの課題は？

内山 いろんなグレーがありますよね。

今井 多くの場合、診断を受けて、特別支援学校の高等部に行こうとするんですよ。だけど、よく考えてみれば、そういう人は過去は普通の学校に行ったり、就職したりしていたと思います。診断できるのかもしれないけれど。本人は必要性を感じていないのに精神障害者保健福祉手帳を取るのが本当の救いなのか。

市川 それは本人じゃなくて保護者の希望ですから。

今井 そう。これは医学の課題なのか、福祉の課題なのかわかりませんが。

内山 グレーっていうのは、もともと多いんですよ。高血圧だってそうだし。

市川 スペクトラムですからね。

今井 その部分は、医学が深く関わる世界ではないのですか？

内山 全部を医学化する必要はないですよね。

今井 グレーの部分は、まさにそういう世界だなと思うんです。

本田 白を基準にしてやっていると、グレーが目立つだけですよね。「100％白を目指す」ということを学校がやっていると、もうわずかでもグレーな人は排除される。だから誰でも多少黒だよね、っていう考え方で教育などが作られていれば、グレーのかなりの人たちは救われると思う。

市川 そのあたりのところは、まだまだ社会全体が理解してないしね。気がついているかどうかは別として、社会

の中にいっぱいいるわけでしょ。外来診療をやっていれば必ず、「発達障害で困っている、どうしたらいいですか?」っていう人が出てくるわけですからね。

今井 一方、努力すればできると言われても、現実には周囲は理解してくれないから自己肯定感が下がる。何らかの助けが必要なのも事実。ところで、場面緘黙についてはどうですか?

市川 DSM-5のところでも、今度抜けているんですね。「場面緘黙が神経発達症に入ってこないから、下手すると支援の対象として抜けちゃうんじゃないか」と心配している方はいます。

内山 合併で多いですよね。

今井 自閉症の人が流調にしゃべれないところについて、吃音の当事者が吃音に思えると言っていました。

市川 基本的にコミュニケーション障害は神経発達症に入っているからいいけれど、場面緘黙は入ってないからですね。だからそこのところが頭が痛いんですね。

今井 ああ、なるほど。不登校については?

本田 不登校の相談、なぜ医者が受けなきゃいけないのかと思うんですけど。「学校に行けない」と相談されても、医者が何かすれば学校に行く気になるわけでもない。一緒に「困ったね」って言うしかないからね。

今井 不登校は、どういう社会資源と結びつけるのがいいんですかね? 不

登校をまず治してから、学校に来てくださいってことだと論理矛盾です。

本田 本当は、不登校で医者に来るとしたら、担任が来るのがいいんじゃないですか。

今井 不登校には事前の兆候があるから、そのときに何かできないでしょうか。二次的、三次的に被害体験になってから関わるのはとても難しい。

本田 不登校だけは予防が難しいですね。だから不登校になっても、立ち直れるような準備をしておく。それは学校以外で参加できる場所をちゃんと持っておくとか、そういうことのほうが大事です。

今井 人生の中で学校が100%じゃなくてもいい。

本田 知的障害のある人って、わりと学校以外にいろいろな場を持っているから、むしろ立ち直れるんだけど、特に通常の学級に通っている人は、親もここで頑張って、ここのクラスに適応させたいと思うから、ほかに場所を求めないところがあるんです。

今井 あるいは自分の生活を、おもしろくするワザを持っていないというか……。

本田 持っていない。だから学校がうまくいかなくなると、本当に一気にどこにも行かなくなる。

市川 僕は不登校っていうのは、安全弁だと思っています。親に無理やり学校へ行かせられて、ひどい目に遭って、

いじめに遭って自殺しちゃうこともあると思うんです。だから僕は不登校する権利があると。

今井 そういう自分なりの時間、生活を楽しくするワザというのは、不登校になってから身に付けるのは難しい。もっと手前であったほうがいいですよね。それっていつ頃だろう。

本田 幼児期からあったほうがいいと思いますよ。幼児期に○○療法ばかりやるんじゃなくて、もう少し生活を豊かにしないとね。

内山 価値観の中で学校の割合を減らしてほしいよね、学校は行っても行かなくてもいいと思うんだけどね。

本田 そうですよね。本当、その通りですよ。

市川 いや、本人はともかく親御さんがそう思ってない人もいるしね。

内山 最近の学校の先生は医者が言ったからといっても、納得しないですよ。

今井 その人の生活全体を診るっていう人が少なくて、今の課題をどうするかっていう専門家はたくさんいるんだけど、将来のためには、今、こうあったほうがいいよ、ということを言ってくれなきゃいけないんだよね。

市川 長期的に見たら、不登校していてもちゃんとあとでうまくいっている人もいっぱいいます。

今井 思春期に、暴れるタイプと、ずっと引きこもって社会と縁を切るタイプがおられますね。前者は手立てが見つかる場合が多いと思っていますが、後者は難しい。

内山 暴れるのも表現だから。引きこもって心を閉ざしちゃうと困っちゃうよね。難しい。そうすると、時間かかりますよね。5年、10年、引きこもっていると、10年くらいしてやっと週に1回出てこられる。15年くらいかかる人もいます。

市川 僕も昔、不登校になっている子どもの親御さんだけの相談をずっと受けていました。毎月相談に来て、8年程経つと、なぜかわからないけど、卒業していったケースが多かったですね。

引きこもりの人の約3分の1は発達障害だと言われていましたが、最近はもっと多いと言われていますね。昔は不登校と言ってもよく話を聞いていくと、「積極的に治療しなければ」という方と、「経過を見ていけばいいな」と判断することが、僕らの仕事でした。自閉症については、まだ本質もわかってないし、医療ができることには限界があると思うけど、ほかのいろいろな分野と一緒に対応することについては、非常に意味があると思っているんですけど、ほかの先生方、いかがですか？

本田 はい。

今井 その通りだと思います。

市川 本日は、お忙しいなか貴重なお話をいただき、ありがとうございました。

■座談会を終えて

　自閉症を中心とする発達障害について、障害としての概念も変化しつつあり、現在は連続体（スペクトラム）との考え方が主体となっています。情報社会のなかで、「自閉症」「発達障害」の認知が高まってきたこともあり、児童精神科での受診者が増加傾向にあります。かつては、知的障害を併せ持つ自閉症児がその対象の中心でしたが、知的障害のない、教育の場では通常学級に在籍している自閉症児の受診が増加しています。しかし大学医学部には「児童精神科」を標榜する正式な講座がなく専門医師の育成の場が限られているため、専門医の絶対数が不足しています。小児科医との連携、また成人になってからの受診も多いことから、精神科医との連携も大きな課題です。自閉症児本人を中心として、家庭、教育、福祉の連携を図って省庁を越えた連携も始まったところです。幼児期から成人期までライフステージを見据えて診ることの重要性について、今後さらに認識を高めていくべきと考えています。　　　　　　　　　　　（市川　宏伸）

司   法

自閉症と裁判

日本自閉症協会副会長
弁護士 **辻川 圭乃**

1 はじめに

　判例を検索すると、「自閉症」の文字が登場するのは1965（昭和40）年、日本自閉症協会（以下「協会」）が産声を上げる3年前のことである。事案としては、小学4年生時に両親に遺棄され、養護施設・教護院に収容されたが、無断外出して窃盗・放浪の非行を重ねていた12歳の少年に対して、家庭裁判所が2年6箇月を限度として施設の部屋に外から鍵をかけるなどの強制的措置をとることを認めたというものである。同決定では、「当裁判所の調査の結果、少年は幼少から両親の不和・離別、次いで両親から遺棄されて天涯の孤独となり、従って肉親との愛情涸かつ・不信感、延いて社会性を喪失して自閉症に罹患したものと認める。」とされ、肉親の愛情不足で自閉症になるという誤った認識に立っている。その結果、「かかる少年に対しては長期間身柄を保全し、その行動に対し外的規制を加えて矯正教育を施す必要を認める。」として、厳しい措置を許したものであった[1]。

　それから50年余り、自閉症の人たちが司法の様々な場面に登場してくることとなる。本稿では、「自閉症」と裁判について、創立50周年を迎えた協会の歩みとともに概観したい。

2 自閉症と裁判（被害者編）

（1）無理心中

　自閉症児が被害者になり裁判になった例としては、障害のある我が子を遺して死ねないので心中を図るものの自分だけ助かって殺人の罪に問われた事件がある。

　1984（昭和59）年、父親が、自殺（未遂）の道連れに自閉症の長女を殺害した事件が起きた。殺人で起訴された父親に対して裁判所は、「本件は、比較的軽い自閉症等の障害を有しながらも、一歩一歩着実に成長していた何ら落度のない愛児である被害者を、本来父親として最も庇護しなければならない被告人において殺害したという悲惨な事犯であるところ、被告人は、心神耗弱にまでは至っていないまでも、判示の経緯でうつ状態に陥っており、これが結果的に、被告人が自殺の決意をした

下地をなし、ついに本件犯行にまで及んだものであって、その経過と心情には、斟酌の余地がある。」として、懲役3年、執行猶予4年の判決を出した[2]。

1989（平成元）年には、母親が、自閉症の長男をもっと重篤な病気だと思い込み、窒息死させた事件が起きている。判決は、重度の妄想性障害の精神障害のため犯行時心神喪失であったとして無罪であった[3]。

2002（平成14）年には、当時14歳の長男の将来を悲観するなどして殺害する事件が起きた。結局、「被告人は、被害者の高機能自閉症が悪化する過程において、高機能自閉症の障害を有する者に対する社会的認知度及び治療・療養施設等の公的支援体制がいずれもかなり不十分である中で、長年にわたり被害者の障害と正面から向き合い、被告人になし得る限りの監護、養育をしてきたと評価できる。そして、被告人は、被害者が毎日のようにパニック症状を起こし、その状態が目に見えて悪化しているとき、長女が交通事故で意識不明の状態になったり、妻が自殺を図っていたことを知るなどしたことから、ますますその苦悩の度合いを強め、本件は、極度に追いつめられた当時の精神状況下、発作的に被害者を苦しみから解放したいなどと考えて犯したものであると認められ、本件犯行に至る経緯、過程には同情できる点が多い。」として懲役3年、執行猶予5年の判決が言渡された。なお、判決中には、被告人の友人、知人をはじめ、自閉症協会等の障害者団体関係者、医療関係者など合計約2万名から、被告人の寛大な処分を求める嘆願書を集めたとの記載がある[4]。

（2）詐欺被害

1992（平成4）年6月、「健康を守る会泰道」という団体が、「生命の作用」によって自閉症が治癒するといって入会を勧誘し、入会金等の名目で164万円の金員を支払わせた[5]のを始め、1994（平成6）年には、気功師が超能力治療で自閉症が治るとのふれこみで50万円もの高額な治療費を詐取した事件[6]や、宗教法人法の華事件[7]が起きた。法の華は、足裏診断をしにきた者に対して、「足の裏がすごく汚れている。早死にする。先祖が地獄に近いところに落ちているのが原因」などと言い、長男の自閉症はその因縁が影響しているのだと信じた者に対して「研修を受ければ大丈夫だ。」と申し向けて、研修費等の名目で最終的に数千万円の金員を騙し取った。

いずれも、自閉症の子を持つ親の藁をもすがりたい思いに付け込んだ悪質な霊感商法であった。

（3）虐待

① 1990年代にはいると、職場や施設での障害のある人に対する虐待が相次いで明らかになった。

水戸市にある段ボール加工会社は、長年にわたり障害のある人を雇用してきて

おり、その中には自閉症の人も数多く含まれていた。優良企業とされていたが、1995（平成7）年ころから、助成金詐欺や給与をほとんど払わない経済的搾取、社長からの殴る蹴るの暴力や性的暴行などの虐待が次々と明らかになった。発覚後、多数の告訴が行われたが、結局暴行2件、傷害1件が起訴されただけで、社長には執行猶予がついた。このとき、被害者の親は、「うちの子を雇ってもらうだけでもありがたい」と社長をかばった。しかし、我が子が殴られたってかまわないと思う親がどこにいるのか。当時そう言わざるを得なかった背景があった。なお、性的虐待を受けた女性従業員3名が起こした民事訴訟では、社長に対して合計1500万円の支払が命じられた[8]。

同時期に滋賀県でサングループ事件が、福島県で白河育成園事件が発覚した。肩パット製造会社サングループに対しては、民事訴訟が起こされた。大津地裁は、社長の数々の虐待の責任を認め、国と県に対しても虐待を発見し救出することを怠った不作為に対して1億円を超える国家賠償責任を認める画期的な判決を下した[9]。また、白河育成園は知的障害者更生施設であるが、施設長兼理事長は、暴力の有効性と正当性を施設の指導方針とし、日常的に暴力を加え大人しくさせ、手のかかる入所者に対しては「薬づけ」で眠らせていた。自閉症を重複している重度の知的障害がある人たちは、まさに「手のかかる入所者」とされていたのである。白河育成園事件は裁判になることなく、「廃園」となった。

② 2003（平成15）年12月には、知的障害者更生施設「カリタスの家」の施設長が、熱湯のコーヒーが入ったカップを重度知的障害のある男性入所者の口元に押し付けてコーヒーを流し込み、唇や舌などに大やけどを負わせるという事件が起きた。施設長は、起訴され、懲役1年6月、執行猶予3年の判決を受けた。

カリタスの家は、自閉症・発達障害支援センター（当時）としても活動していたので自閉症関係者への衝撃は大きかった。折しも協会は、当時制度の谷間に置かれていた自閉症をなんとか法的に位置づけようと、懸命にロビー活動を行っていた。

2004（平成16）年12月3日、発達障害者支援法が、参議院本会議において全会一致で可決・成立した。同法は、自閉症を含む発達障害のある人やその家族たちの悲願ともいえる声を受けて、超党派による「発達障害の支援を考える議員連盟」の議員立法として策定されたもので、発達障害者支援のための法整備の第一歩となるものであった。

2006（平成18）年に障害者権利条約が成立した。同条約16条は、締約国に対して「搾取・暴力及び虐待からの自由」を義務付けている。2007（平成19）年に日本も署名したが、何より障害のある人が虐待を受けている実態を受け、日本でも

障害者虐待防止法の成立への機運が高まっていった。

③　その後も、自閉症の人に対する虐待についての刑事・民事の裁判は相次いだ[10]。2011（平成23）年6月、多くの人の尽力のうえ、ようやく障害者虐待防止法は成立した。声を上げにくく、被害が顕在化しにくい障害特性を踏まえ、同法は、児童虐待防止法と同じようにすべての人に通報義務を課した。

　しかし、2012（平成24）年10月の法施行以降も、特に知的障害を伴う自閉症の人に対する虐待が繰り返し発生している[11]。また、2015（平成27）年6月には、鹿児島市の就労支援施設の元職員が、同僚職員が自閉症のある利用者らに対して虐待をしたのを目撃したため、市に通報したところ、施設側は虐待を否定し、「事実無根の中傷で名誉を毀損された」と鹿児島簡裁に損害賠償を求めて提訴する事件もあった[12]。元職員は、このような訴訟は、通報者を委縮させるもので許されないとして反訴をした。その結果、双方は障害者虐待防止法の趣旨を尊重し、障害者虐待の防止のためには早期発見及び早期通報が極めて重要であることを改めて確認して和解が成立した[13]。

④　2017（平成29）年9月、栃木県の障害者支援施設で、入所者に暴行をはたらいた職員が逮捕された。9月15日、協会と栃木県自閉症協会は連名で、「自閉症の人たちの中には、重度の知的障害を伴い強度行動障害を有する人たちもいます。家族だけでは支えきれないこのような人たちをはじめ、すべての障害のある人たちが安心して生活できるように、私たちも、より一層関係機関との連携をはかり、虐待や差別のない社会になるよう、理解啓発活動に努めてまいりたいと思います。」との声明を出した。

（4）差別

2005（平成17）年、市が設置する小学校に就学していた自閉症的特徴を伴う広汎性発達障害のある児童が、教諭の給食指導が原因となって、保育園で発症したPTSDを再発して不登校になったことにつき、校長の児童に対する安全配慮義務違反が認められた[14]。障害者差別解消法施行の10年以上も前から、裁判上では合理的配慮という言葉こそなかったが、同様の概念が認められていた。

他方、2006（平成18）年には、知的障害を伴う自閉症である被用者が自殺したのは、職場での指導や雇用形態の変更等において過度の心理的負担をかけないように特別な配慮をすべきであったのにこれを怠ったことが原因であるとして、雇用契約上の安全配慮義務違反に基づく債務不履行責任及び不法行為責任に基づく損害の賠償を求めた裁判が提起された。雇用時間の短縮等の雇用形態の変化が自閉症を有する被用者にとって負担となったものと思われ、自殺する前日もいつものように出勤し、自殺した当日は、シフト表のところから動かずに「僕の働くところありますか。」

と言ったとされた。判決は、相当の注意義務を尽くしたとしても、自殺することまで予見するのは極めて困難であったというべきであるとして請求を退けた[15]。

しかし、同裁判の控訴審で和解が成立し、和解条項には、会社側が障害についての知識や配慮事項を周知する社員教育を行うことや、障害のある社員の家族との連絡を積極的に行うことなどが盛り込まれた。その内容は、2016（平成28）年施行の改正障害者雇用促進法の内容を先取りするものであったといえる。

（5）生命の価値（逸失利益）

不幸にして事故で亡くなった場合の損害賠償額のうち、生きていたら得られたであろう利益（逸失利益）については、一般的には被害者の従前の収入を基準として算定がなされる。しかし、年少者が被害者の場合は、従前の収入がないので、裁判例では、年少者の多様な就労可能性や就労環境の動向等を理由とし、男女の差別なく平均賃金をもとに算定することを肯定している。しかし、被害児に自閉症がある場合は、死亡時の状況を基準として、平均賃金よりはるかに低い額をもとに算定がなされてきた。つまり、自閉症児と障害のない児との間でいわば「生命の価値」に差が存在しているということである。

1987（昭和62）年、養護学校に在学中の自閉症の男児（当時16歳）が体育の水泳授業中に溺死した事故に関し、同男児が卒業後も地域作業所に入所する可能性が高いとし、同作業所の年収（約7万円）を基礎として逸失利益は約120万円であるとされた[16]。この判決は、「障害者死して…なお差別」[17]などとして、メディアからも大きく問題提起された。

なお、控訴審では、「人間一人の生命の価値を金額ではかるには、この作業所による収入をもって基礎とするのでは余りにも人間一人（障害児であろうと健康児であろうと）の生命の価値をはかる基礎としては低き水準の基礎となり適切ではない（極言すれば、不法行為により生命を失われても、その時点で働く能力のない重度の障害児や重病人であれば、その者の価値を全く無価値と評価されてしまうことになりかねないからである）。」とされたが、それでも最低賃金等を参照し、逸失利益は1800万円であると算定された[18]。

知的障害児施設に入所していた自閉症児（当時16歳）が浴室で溺死した事故に関しても、児童の逸失利益について、最低賃金額を基礎として算定された[19]。

（6）その他の被害

2007（平成19）年9月25日、佐賀市内の路上で知的障害と自閉症のある男性（当時25歳）が、警察官5人に押さつけられ、直後に死亡するという事件が起きた。男性は、突発的事項への対応がことのほか苦手であった。ルーティーンにこだわって、毎日、カバンにいろいろなものを詰め込んで、それを自転車の前かごに乗せて作業

所に通っていた。そのために自転車が蛇行し、それで警察官に不審者と疑われた。感覚過敏もあり、特に急に身体を触られると飛び上がるくらい嫌がった。それを警察官はいきなり男性の首筋をつかまえた。そのために驚いてパニックになった男性を警察官は5人かかりでやみくもに押さえつけたのである。

同事件では、起訴に相当する付審判請求による決定を受け、警察官が特別公務員暴行陵虐致傷罪に問われていたが、2011（平成23）年3月29日、佐賀地裁は無罪を言渡し、福岡高裁もこれを支持した[20]。また、遺族が民事事件で損害賠償請求を起こしたが、認められなかった[21]。

3　自閉症と裁判（被疑者・被告人編）

（1）少年事件

2000（平成12）年5月、愛知県豊川市で当時63歳の女性が殺害された事件で、17歳の高校生が逮捕された。「人を殺してみたかった」と供述したとされるこの青年は、高機能広汎性発達障害（あるいはアスペルガー症候群）と診断された。その後、2003（平成15）年7月に長崎市園児殺害事件が、2004（平成16）年6月には佐世保市同級生殺害事件が起きた。

いずれの事件もマスコミは、少年に自閉症があることを書きたて、あたかも自閉症と事件とに関係があるかのような見出しをつけた。特に長崎市の事件では、当時の防災担当大臣は記者会見で、「厳しい罰則をつくるべきだ。（罪を犯した少年の）親は市中引き回しのうえ打ち首にすればいい」などと発言した[22]。協会としては、猛烈に抗議をしたが、マスコミ報道や大臣の発言が与えた影響は大きかった。会員は、自閉症が少年事件を引き起こしているのではといういわれのない不安に苦しめられた。また、世間からは、偏見や誤解にさらされ、過度に危険視されたり、厳罰や多額の賠償を求められるといった過剰な対応をされたりした。

しかし、実際には、事件を起こす少年の中に占める自閉症の人の割合は極めて少なく、むしろ被害に遭う方が圧倒的に多いのが現実である。そこで、協会は、2005（平成17）年3月に、「メディア・ガイド（報道機関で働く皆さんへ）」と題する冊子を作成し、自閉症を正しく伝えて、自閉症の理解が深まるような働きかけを行った。

（2）成人の事件

2001（平成13）年4月、浅草でレッサーパンダの帽子をかぶった青年が女子大生を刺殺した事件が起き[23]、2007（平成19）年1月には、作業所に通所している男性が大阪八尾の歩道橋から男児を落とすという事件が起きた[24]。テレビのキャスターやコメンテーターは、「野放しにするな。」と、あたかもモンスターのような扱いを

司　法

した。しかし、事件の裏には、壮絶ないじめや、自閉症の障害への無理解からくる不適切な支援があったことが、裁判の過程で明らかになっていった。

　以降、刑務所を出所後の福祉的支援のなさが、結果的に再犯につながっていたことや、自閉症の人が抱えるさまざまな生きづらさゆえにトラブルが生じることなどがだんだんとわかってきて、刑事司法手続におけるいわゆる出口支援や入口支援、そして、発達障害者地域生活安心サポーターなどの活動へとつながっていくことになる。

（3）大阪アスペルガー事件

　2011（平成23）年7月、30年間引きこもっていた男性が、男性のことを心配して訪れた実姉を刺殺した事件が起こった。男性は、精神鑑定の結果、アスペルガー症候群と診断され、二次障害として強迫性障害及び恐怖症性不安障害を有していた。その男性に対する裁判員裁判で、裁判所は検察官の求刑を超える重い刑を言渡したが、世間に衝撃を与えたのは、その量刑理由であった。まず、「健全な社会常識という観点からは」として、「いかに精神障害の影響があるとはいえ、十分な反省のないまま被告人が社会に復帰すれば、そのころ被告人と接点を持つ者の中で、被告人の意に沿わない者に対して、被告人が本件と同様の犯行に及ぶことが心配される。」とした。これは、科学的・統計的な根拠を欠いた漠然とした不安感・危惧感に過ぎず、障害に対する無知・無理解による偏見に基づくと言わざるを得ない。そのうえで、「社会内で被告人のアスペルガー症候群という精神障害に対応できる受け皿が何ら用意されていないし、その見込みもないという現状の下では、再犯のおそれが更に強く心配されているといわざるを得ず、（中略）被告人に対しては、許される限り長期間刑務所に収容することで内省を深めさせる必要があり、そうすることが社会秩序の維持に資する。」としたのである[25]。

　この判決は、大きな反響を巻き起こした。もちろん、協会も抗議の声明を出したが、それ以上にマスコミ各紙が一斉に判決の量刑理由を非難する社説を書いてくれた。ようやくマスコミに対する働きかけが身を結び、自閉症が世間的にも認知されてきたと思えた一瞬でもあった。

　控訴審では、障害があることを犯情の被告人に有利な酌量事由とすべきであり、被告人が反省をしていない点と受け皿がない点に事実誤認があるとして、原審判決が破棄され、減刑された[26]。

　発達障害者支援法施行から10年を迎え、協会としても「発達障害の支援を考える議員連盟」に対して法の見直しに向けての働きかけを行い、「司法における権利擁護・合理的配慮を確保すること」を含んだ要望書を提出した。その結果、12条の2（司法手続における配慮）が新設されたほか、上記判決のこともあり、23条（専門

司　法

的知識を有する人材の確保）の中に、「捜査及び裁判に関する業務に従事する者」が加えられた。

5　むすび

　「自閉症」を裁判上にたどっていくと、いかにたくさんの自閉症の人がさまざまな被害を受けていたかがわかる。霊感商法の被害に遭い、数多くの虐待や差別を受けてきた。また、自閉症の少年はすぐキレるとか、何を考えているのかわからないモンスターだと誹謗され、保護者に対しては、親の愛情不足が自閉症の原因であるとの中傷を受け、加害者の親は市中引き回しだとかと揶揄されてきた。その度に、協会は抗議をし、意見表明を行ってきた。理解を深めるための冊子の作成も行った。

　その間、多くの理解ある人々や団体のおかげで、発達障害者支援法ができ、障害者権利条約の成立を受けて、障害者虐待防止法、障害者差別解消法などの法整備もなされてきた。障害者権利条約も批准された。

　自閉症が日本で初めて紹介されたころからみると、自閉症への理解は格段に進んできており、自閉症を取り巻く環境も整備されてきたといえる。しかし、まだまだ自閉症に対する偏見はあるし、心ない誹謗中傷も消えない。障害に対する無知・無理解ゆえの差別や虐待も後を絶たない。

　また、本稿では触れることができなかったが、このほかにも障害年金や福祉的給付の支給量に関する裁判や労働裁判などで、たくさんの自閉症の人たちは闘ってきている。

　司法分野における日本自閉症協会50年の歴史は、自閉症への偏見、無理解との闘いの歴史であったといえるかもしれない。これからも、自閉症の人が安心して、安全に、尊厳をもって暮らすことができる共生社会を実現するために、先人たちが並々ならぬ苦労をして築きあげてきた道を、未来へとつないでいかなければならない。

1　昭和40年 1 月11日福島家裁平支部決定、家庭裁判月報17巻 9 号104頁
2　昭和60年 7 月29日大阪地裁判決、判例時報1167号160頁他
3　平成 2 年10月15日千葉地裁判決、判例タイムズ771号283頁
4　平成15年 5 月15日神戸地裁判決、裁判所ウェブサイト掲載判例
5　平成14年 9 月11日福岡地裁判決、判例タイムズ1148号222頁
6　平成 9 年 5 月27日東京地裁判決、判例時報1636号78頁
7　平成12年 4 月28日福岡地裁判決、判例時報1730号89頁
8　平成16年 3 月31日水戸地裁判決、判例時報1858号118頁
9　平成15年 3 月24日大津地裁判決、判例時報1831号 3 頁
10　札幌三丁目食堂事件：民事事件平成20年 2 月13日札幌地裁に提訴（2008年 2 月14日毎日新聞）、奈良大橋製作所事件：刑事事件平成20年 7 月22日奈良地裁判決（2008年 7 月22日毎日新聞）、民事事件平成23年12月28日奈良地裁判決（2011年12月29日毎日新聞）
11　千葉県袖ケ浦市の虐待事件（2014年 8 月 8 日産経新聞）、秋田県湯沢市の虐待事件（2014年11月19日河北新報）、高知県南国市の虐待事件（2014年11月 6 日高知新聞）、山口県下関市の虐待

司　法

　　事件（2015年6月11日J-castニュース）
12　2015年11月23日東京新聞
13　2017年12月5日朝日新聞
14　平成17年11月4日大阪地裁判決、判例時報1936号106頁
15　平成20年9月30日東京地裁判決、労働判例977号59頁
16　平成4年3月5日横浜地裁判決、判例時報1451号147頁
17　1992年3月6日東京新聞
18　平成6年11月29日判決、判例時報1516号78頁
19　平成21年12月25日青森地裁判決、判例時報2074号113頁
20　平成24年1月10日福岡高裁判決、裁判所ウェブサイト掲載判例
21　平成27年12月21日福岡高裁判決、賃金と社会保障1658号60頁
22　2003年7月12日朝日新聞
23　平成16年11月26日東京地方裁判所判決、裁判所ウェブサイト掲載判例
24　平成20年12月10日大阪地裁判決、裁判所ウェブサイト掲載判例
25　平成24年7月30日大阪地裁判決、D1-Law.com判例体系
26　平成25年2月26日大阪高裁判決、判例タイムズ1390号375頁

座談会 2

学校教育と自閉症を考える

竹内　嘉恵　東京都立臨海青海特別支援学校教諭

黒田　紀子　北区立西浮間小学校教諭

相馬　雅幸　東久留米市立神宝小学校教諭

末石　忠史　東京都立立川国際中等教育学校教諭

松村　裕美　両国発達支援センターあんと・臨床発達心理士

川瀬　綾子　保護者

徳田　愛子　保護者

立原麻里子　保護者

市川　裕二　東京都立あきる野学園校長　[司会]

宮﨑　英憲　東洋大学名誉教授　[座長]

座談会 2 学校教育と自閉症を考える

竹内　嘉恵
東京都立臨海青海特別支援学校
教諭

黒田　紀子
北区立西浮間小学校教諭

相馬　雅幸
東久留米市立神宝小学校教諭

末石　忠史
東京都立立川国際中等教育学校
教諭

松村　裕美
両国発達支援センターあんと
臨床発達心理士

川瀬　綾子
保護者

德田　愛子
保護者

立原麻里子
保護者

市川　裕二［司会］
東京都立あきる野学園校長

宮﨑　英憲［座長］
東洋大学名誉教授

自閉症との出会い

宮﨑 文部科学省の協力者会議が平成13年（2001年）1月の「21世紀の特殊教育の在り方について（最終報告）」、平成15年（2003年）3月の「今後の特別支援教育の在り方について（最終報告）」において、自閉症の教育について様々な提言がされ、本格的な自閉症に対する教育実践がされ始めました。それから現在に至るわけですが、こうした経過を踏まえて今回の座談会で、学校の教員の立場から、専門家の立場から、保護者の立場から自閉症の教育についてのご意見をいただければと思います。

市川 まず自己紹介として、先生方には自閉症との出会い、そのとき感じられたことや保護者の方とのやりとりで感じたことなど、保護者の皆様は自閉症のお子さんを育ててきて感じていること、また、学校との関係について、お話をしていただければと思います。

竹内 知的障害特別支援学校小学部の教員をしています。昨年度まで自閉症学級の担任をしていました。

自閉症の子どもたちとの関わりで難しいと思うことは、子どもたちが混乱したり、困っているときに、どうしてなのだろうと戸惑いながら対応してし

まうことです。ただ、その原因がわかったときや、子どもたちと笑い合えたときは、とてもうれしく思います。

親御さんとのやりとりで良かったと思うことは、「社会性の学習」の目的や意味は、言葉で説明することが難しいのですが、実際に授業を見ていただくなかで、社会性の発達を一緒に共有できるととても良かったなと思います。

黒田 東京都で特別支援教室に関わっています。初めて自閉症の方に会ったのは、大学時代ボランティアサークルに参加したときです。教員として、どうすることが本人にとっていいのかが、なかなか見つからなかったとき、難しいと感じます。逆に、子どもたちの笑顔だったり、成長が見られたとき、保護者の方とそういうことを共有できたときにやりがいを感じます。

相馬 現在は自閉症・情緒障害特別支援学級（固定）の担任をしています。自閉症の子どもとの出会いは、以前勤めていた特別支援学校です。子どもが石けんを半分にするというこだわりがあり、半分にしても使えるので、まあいいやと思っていたのですが、実は石けんというのは大きいままより半分だとすごく手が洗いやすいのですよね。この子がやっていることは結構いいことだと思ったりしました。また、私が、休み時間に教室にあったオルガンで練習をしていたら、自閉症のお子さんが、「僕もやっていいですか？」と言うの

で、練習させてみたら、私よりうまくなってしまって、結局朝の会では、その子がオルガンを弾くことになりました。自閉症の子どもは、すごいものをもっているのだなというのが最初の印象でした。

末石 私は、自閉症の人たちと会ったことがなくて、特別支援学校に勤務して初めて自閉症の子どもに出会いました。その子どもはとても明るい子どもで、そういう子もいるんだということを知りました。

その後、昼夜間定時制にチャレンジ枠のある高等学校（以下、高校）に異動し、教育相談室を担当していました。大変なことを一言で申し上げると、ほかの先生に自閉症のことを理解してもらうことが難しいということです。私は、親御さんから、気持ちとか、その生徒さんの様子について直接お聞きすることができるのですけれども、それを校内の先生たちにうまく伝えられないというところが悩みです。

一番うれしかったことは、3部制でチャレンジ枠のある学校というのは本当に特殊な学校ですが、「この学校があったからうちの子は高校を卒業できました」と親御さんに言ってもらえると、少しはお手伝いができたのかなと思います。

松村 心理士の松村です。自閉症の方との出会いは、学生時代に公立幼稚園で事務のアルバイトをしたときです。

幼稚園の先生方が、上履きを脱がないようにする、集団に参加させることに苦労されている様子を見て、心理学で何かやれるかもしれないと思いました。その頃、まだ早稲田にあった自閉症協会をお訪ねし、療育について質問した覚えがあります。

その後は、民間の療育機関を中心に療育をしてきました。民間の場合、幼児から中学生くらいまで担当することが可能です。親御さんとも長くご縁があるので、問題行動について相談を受け、うまく解決したときや、お子さんたちを育てながら、「本当にこの子がいて自分は幸せだ」と親御さんから聞いたときが、一番うれしいです。

市川 では、保護者の皆様にも自己紹介をしていただきます。

川瀬 私の子どもは、小学校2年生と小学校1年生で、特別支援学校小学部に通っています。

自閉症という言葉も知らないまま子どもを産んで、1歳半健診の内容を調べたとき、我が子はそれができなくて、心配になり調べたところ自閉症という言葉に行きつき、それからは、自閉症について検索する日々がつづきました。一番つらかったのはその時期だと思います。その後、自閉症の診断が付いてからはすごく気持ちも楽になったということを覚えています。

その当時は、なぜ自閉症の子どものくじを自分が引いてしまったのだろう

と思ったこともありましたが、今すごく特別支援学校に満足していて、本当に世の中に自閉症とか障害者の数がもし決まっているのだったら、うちに来たらいいよと思えるぐらいにはなりました。

まだ子どもたちが小さいので、ちょっときれいごとかもしれないのですけれども、できないことをできるようにしたいという時期、健常者っぽく生きることを目指していた時期を経て、今は、彼ららしく生きてほしいということが一番にあります。よくインクルーシブとか共に生きるということを言われますが、障害者が通常学級に行って、物理的に一緒の場所にいるということがインクルーシブだとは私は思っていません。それぞれがそれぞれ適した場所で過ごしながらも、お互いに認め合える中で、共に生きる世の中にしたいということが、私の信念です。

徳田 3人の子どものうち2番目の長男が自閉症、いま中学校3年生で小学校、中学校ともに特別支援学級です。中学校1年生の次男はADHDと知的ボーダーで、小学校6年間は通常学級、中学ではやはり学習面で厳しくなるだろうと支援学級に進みました。

長男は幼児期、一時期から言葉が減っていき、二語文が出ない。2歳になったら、3歳になったら出るだろうかと、普通ならうれしいはずの誕生日がくるのが怖い、というような気持ちでした。

当時、どこに相談に行ったらいいのかわからない宙ぶらりんな状態がすごく辛かったように思います。

その後はいわゆる「療育ジプシー」になっていろんなことをやりました。家庭内療育を一生懸命やっても息子はちっともできるようにならない。思うようにいかないいらだちで息子に手を上げてしまうこともありました。あるとき怒りが抑えきれず息子をひどくたたいてしまって、私を見る彼の本当に悲しい目を見て、「私は一体何をやっているんだろう？」と我に返りました。そこが一つ自分にとって分岐点だったと思います。同時にその時期、地域の親の会に入り、先輩お母さん方にお話を聞く中で、普通に近づけようとがんばらなくていい、障害があっても幸せな大人になれる、そういうふうに育てようと気持ちが変わっていきました。

特に公立小中学校の現場ではいまだに自閉症児を普通に近づけること、集団に適応させることが正義という価値観が根強くあると思います。矯正ではなく、ありのままのその子の特性を尊重してほしいということを、どう言えば先生方にわかってもらえるのだろうという歯がゆさは常に感じています。

長男が入学するとき、市内の特別支援学級をすべて見て回りました。通常学級の授業をただレベルを低くしただけのような授業が多く失望しました。幸いなことに、うちの学区の支援学級

は主任の先生が素晴らしく、感覚統合や視覚支援など特性に配慮した創意工夫のある授業をされていたので、ここであれば、無理して通常学級に入れるより本人が伸びる確信がもて、入学させました。特別支援学級は先生の質に本当に左右されると思います。専門性があり、障害のある子を教えることを楽しめる先生をもっと育ててほしいと強く思います。

立原 私は、皆さんに比べてだいぶ先輩になります。うちは子どもが3人おりまして、一番上の子が今26歳。真ん中の子が24歳で、重度の知的障害で自閉症です。一番下の子が今21歳ですが、知的障害のない自閉症スペクトラムです。その子は、支援が必要か、必要でないかのところで、ゆらゆらしている。

真ん中の子は、小学校は地域の特別支援学級に入学しました。その学級では、個別指導計画を立てて、音楽とか体育はみんなでやって、その他は一人一人のプログラムを立てていました。行事は通常学級と一緒にやってとてもいい経験になりました。その後転居があり、特別支援学校に転学しました。その学校は、ちょうど自閉症学級が始まるというときでよかったのですが、その頃からてんかんが出たり、情緒的に不安定になったりと体調の変化がありました。

中学部、高等部と進み、卒業後は生活介護の施設に通所しました。今は、入所施設で生活しています。

一番下の子は通常学級に入学しました。でも、入学後3日で教室にいられなくなり、通級指導教室に通うことになりました。その後、高校受験、数学はできたので高等専門学校に進学しました。2年生になったら授業に出られなくなって、結局そこは辞めて、通信制高校に行きまして、今は専門学校へ行っています。もう卒業なのですけれど、本人は就職しなければいけないという気持ちはあるけれども、何をしていいかわからないという感じです。今それをどう盛り立てるかというのが私の課題です。

市川 最後に私からも。自閉症のお子さんとの付き合いは、大学に入ったときからで、38年前になります。大学の自閉症のお子さんをキャンプに連れて行くというボランティアサークルの事務局長でした。

特別支援学校の教員を経て、教育委員会で、特別支援学校の自閉症学級の設置、自閉症の社会性の学習の開発、小学校の自閉症・情緒障害学級（固定）の教育課程の開発、特別支援教室の設置、高校の発達障害のある生徒の支援と自閉症に関わる様々な施策に関わらせていただきました。

今は特別支援学校の校長ですが、15年前に比べると特別支援学校の自閉症教育は、変わってきていると思っています。特別支援学校も含めて、小学校、

中学校、高校、今は大学もそうですが、自閉症の方たちの教育や支援のますますの充実が必要だと思います。

自閉症を取り巻く学校教育はどう変わっていったか

市川 我が国の自閉症スペクトラムの支援の変遷を振り返ってみます。

平成13年文部科学省の「21世紀の特殊教育の在り方について（最終報告）」において、「知的障害と自閉症を併せ有する自閉の生徒に対する二つの障害の違いを考慮して、障害の特性に応じた対応について今後も研究が必要になる」が示され、さらに、平成15年の「今後の特別支援教育の在り方」、平成17年の「特別支援教育を推進するための制度の在り方」においても、自閉症の児童生徒に対する「障害の特性に応じた教育の推進」が示されています。

こうした流れの中で、全国的に自閉症教育の推進に取り組んできましたが、一つの例として、東京都の取り組みを紹介します。

東京都では、知的障害特別支援学校において、自閉症の児童生徒で編成する自閉症学級の設置を行いました。自閉症学級では、構造化などの環境整備の他の「社会性の学習」という新しい授業を実施しています。「社会性の学習」は、スケジュールの理解とか、他人との協調性、対人関係のマナーと日常生活のマナーを学ぶ特設の授業です。

また、平成21年改訂の特別支援学校の学習指導要領では、自立活動に「人間関係の形成」が新設されました。ここでは、他者との関わりの基礎とか、他者の意図や感情の基礎に関することが加えられました。

小中学校で、知的障害を併せ有しない自閉症の児童生徒の指導は、自閉症・情緒障害特別支援学級になります。東京都では、こうした子どもたちの教育を充実させるため、自閉症・情緒学級の教育課程開発も行っていました。

高等学校段階になりますと、平成28年12月に国は法律改正を行い、高等学校における通級の指導の制度化を実施しました。この対象となる子どもは、自閉症者、情緒障害者、学習障害、注意欠陥多動性障害者が該当することになりますが、自閉症の生徒の高校における通級が始まりました。

こうしたことを踏まえて、各先生、保護者の皆さんからも、どうぞ忌憚のないところで、ご意見を伺いたいと思います。最初に、特別支援学校の立場として、竹内先生からお話をしていただきたいと思います。

●「社会性の学習」で対人関係を伸ばす
竹内 「社会性の学習」の目標は、対人関係や社会生活に関わる行動に対応

できるように、必要な知識・技能等を養うということです。授業では、場面を切り取って、構造化された指導環境で、「こんなときには、こうするよ」というところを具体的に、たくさん教え、子どもたちがその場面に出会ったら、覚えたことを活用して生活に役立てていこうという指導です。

自閉症の方が苦手としている対人関係にターゲットを当てるということは、私にとってもとても勇気がいることでした。子どもたちの成長や発達を意識して授業の中に仕掛けを作っていくということは、教員にとってもやりがいのあることであり、私自身挑戦してきたことでした。例えば「社会性の学習」で、綱引きを取り上げたとします。これは綱引きができることをねらっているのではなくて、その行動の中で、発達を意識し、どうしたら対人関係が伸びていくのかということを必ず考えた上で実践をするようにしていました。

こうした対人関係を築く上で、「楽しいね」とか「うれしいね」という感情を共有していくことも、発達にとってとても大切だと思います。

ですから保護者の方から、「一緒にテレビを観ていて、一緒に笑うことができました」というようなエピソードを聞くと、大変うれしく思います。小学部段階では、そういった対人関係の部分をすごく大事にしていきたいと思っています。

●特別支援学校のイメージアップを

市川 川瀬さんは特別支援学校にお子さんが通っているということですが、いかがですか。

川瀬 特別支援学校は、一人一人の子どもを本当によく見てくださっている印象です。それが親にとってはすごく心強いのと、先生方の知識が豊富なので、親に対してのケアも行き届いていると思います。また保護者は大変な子育てをしているということを理解してくださっていることが、本当に心強いと思います。

子どもを小学校に入学させるまでの段階の就学相談では、私自身は、かなり戦々恐々という感じでしたが、いざ特別支援学校に入学してみてからは、子どもに対して怒ったりすることがなくて、イライラすることももうほとんどないです。それは、たぶん私の中にも余裕ができたからだと思っています。

今は、特別支援学校に行けて良かったと思っています。ですから、私は、もっと特別支援学校のイメージアップを図る必要があると思います。先ほど話した就学相談の頃は、特別支援学校に行ってしまうと、もう片道切符ではないかと、特別支援学校は暗闇みたいなイメージがどうしても親の中であると思います。でも、行ってみると全然違います。

障害が重度のお子さんが、保護者の方が特別支援学校にはどうしても入れ

たくなくて特別支援学級に行かれた話も聞いたことがあります。そのお子さんの対応に先生の手が取られて支障が出てしまうのは、その子にとっても、ミスマッチではないかと思います。ですから、保護者の方がもっと喜んで特別支援学校に通えるようなイメージ作りがあれば、そういうミスマッチも随分減るのではないかなと思っています。私は、結局つらい思いをするのは子どもだと思うのです。

●教員の専門性

立原 卒業してずいぶん経ちますが、小学部に関しては本当に先進的な取り組みをしていてとても良かったと思います。特別支援学校では、複数の先生がチームで子どもの指導をしてくれますし、今、子どもが生活する中で一番役に立っているのは、小学部のときに身に付けたことです。例えば、刺繍ができるようになって、現在、生活介護施設で刺繍をやっています。それが製品になって販売されたりしてうれしく思います。

しかしながら、高等部では正直言って、専門性に欠けてしまうというところがあったと思います。先生方の人手はあるけれども、中身がちょっと物足りないと思いました。例えば、作業学習で封入作業をやっていて、袋に入れるカードの数と袋の数が合わず、最後にどちらかが余ってしまうのです。自閉症の子どもの場合は、終わりが明確なことが大切なのにしっかり終わらないため混乱すると思うのです。そうした配慮の徹底がなかったと思います。

また、卒業後の進路を決めるにあたって、こうした作業がある程度できるので、先生は、もしかしたらB型の作業所でもいけるのではないかと思ってくださった。それはありがたいのですが、情緒面が安定すればよいということで、お薬を勧められました。でも、お薬を飲んで逆に調子が悪くなってしまいました。もちろん、親の判断でもあったのですけれど、学校と医療との連携も重要なことだと思いました。でも、特別支援学校は進路指導をしっかりやってくれました。現場実習に行って、そのときの写真を使って、言葉の理解が難しい本人にもどうしたいか確認し、保護者にも希望を聞いてくれて、進路選択を進めてくれました。

自閉症の子どもたちにとって、こうした細かい障害特性についての対応は絶対必要だと思います。私の知っている療育の先生は、「なぜ自閉症学校を作らないのだ」「自閉症協会頑張れよ」といつも言います。自閉症協会も頑張らないといけないと思います。

●特別支援学級の自立活動の指導

市川 特別支援学校では構造化や視覚支援、コミュニケーション指導、社会性の指導が普通に行われる時代になっ

たと思います。ここまでは、特別支援学校のお話でしたが、特別支援学級ではどうでしょうか。

相馬 特別支援学級は、学級によって在籍している児童生徒の障害の程度や実態、さらに各教員の障害理解や専門性などがまちまちなので、一概に特別支援学級はこうした学級であるとは言いにくいのは事実です。

以前と比べて、若い先生方は大学等で特別支援教育を学んできているので、自閉症をまったく知らないということはなく、最低限の入門程度の知識はもっているようになりました。

しかし、自閉症という言葉を知っていても、「障害の三つ組み」や「心の理論」などを知らないという先生たちも多く、また、実践力もまちまちだと思います。先生によっては、自閉症の児童生徒に対して、「君がした行動について、相手はどう思うか考えなさい」という指導をしてしまいます。自閉症のお子さんの場合、「考えてごらんよ」というのは「考えなければ駄目だよ」ということですから、指導や支援にはなりません。

私は今、自閉症・情緒障害特別支援学級の担任をしています。この学級は知的障害のない自閉症の児童のための学級なので、教育課程は、通常学級と同じような教科の指導に加えて自立活動の授業を行います。

対人関係を学ぶ場面として、自閉症のお子さんだけで学び合うことは難しいと思います。私は、知的障害のない自閉症のお子さんの場合は、通常学級のお子さんとの関係の中で、対人関係を学ぶ必要があると思います。実際、私の学級では、通常学級に参加する機会を持っています。でも、ただ参加させればいいというわけではなく、対人関係を作るためには、十分な配慮が必要です。具体的には、障害のある子どもと上手に対応できるような、感覚的なことですが、「優しそう」「気を利かせてくれそう」な児童とペアを組ませるという配慮は絶対必要です。自閉症のお子さんは「そこまで言わなくてもいいのに」と思うような対応をしてしまうこともあります。そのとき、嫌な関係にならないで、自然に、上手に正しい対応が学べるような相手と教師の支援が必要だと思います。

●障害特性に配慮した教科指導

市川 自閉症・情緒障害特別支援学級の場合、自閉症の障害特性に配慮した教科指導のあり方についてもっと検討しないとならないと思っていますが、そのあたりはどうですか。

相馬 私の学級の教育課程は、通常学級と同じ教科の指導に自立活動の指導が週に2時間行われます。その2時間分の教科の指導時間が少なくなるだけでなく、自閉症のお子さんに何を、どうやって教えていったらいいかという

課題もあります。各教科で、最低限何を教えるべきかという指導内容の精選も必要になります。例えば、2年生の音楽で鍵盤ハーモニカだったら、最低限、指くぐり、指またぎは教えないといけない。算数では、デシリットルという単位は生活ではほとんど使わないと考え、あまり多くの時間はかけないという感じです。自閉症のお子さんが十分理解をするためには、丁寧な指導で指導時間がかかる。限られた授業時間では、教え終わらない場合もあり得ると思います。

もう一つ大きな課題が、私の学級のある市では、中学校に自閉症・情緒障害特別支援学級がないことです。このため、卒業したら中学校の知的障害学級か、通常学級に進学するしかなく、通常学級で勉強についていくためには、小学校のうちにしっかりと教科を教えないとならないのです。

●特別支援学級は教科教育の基準を

徳田 相馬先生がおっしゃった自閉症・情緒障害特別支援学級はどの区市町村にもあるわけではないですよね。私の地域もないので、知的には高いけれども通常学級ではきついという場合の適した場がなく、仕方なく知的障害特別支援学級に来ている子もいる。在籍する子の知的レベルに幅があるなかで教科学習をどうするかは本当に問題だと思います。

知的障害、情緒障害ともに、特別支援学級の教育課程のガイドラインをもっとしっかり定めてほしいと思います。例えば、算数は積み上げ教科であるはずなのに、去年は九九を丸暗記させられて、今年の先生は一年中時計の読み方をやっているなど、系統性がない。本来教わっているべきことが未学習のままになることが一番問題です。特別支援学級の子の多くは、高等部を卒業したら就労し、社会に出て行かねばなりません。だからこそ小中学校の学習は大切だと思います。それなのに学ぶ内容が先生やそのときのクラス編成によって違ってしまうのは大きな課題です。文科省、あるいは教育委員会で基準やガイドラインを作るべきと思います。

話は変わりますが知的障害特別支援学級についてですが、先ほどは子どもの知的レベルに幅があることの難しさの面だけを申し上げましたが、逆に言えば、知能や障害種が様々な子がいることによる良さもあると思います。例えば、ダウン症は大変コミュニケーション力が高いお子さんが多いですが、そういう子と自閉症の子が共に活動することで互いに良い影響を与える、ということもあると思います。

市川 知的障害のない自閉症の子どもたちだけを対象にしている自閉症・情緒障害特別支援学級を設置している区市も多くなっていると聞いています。

こうした学級がいいかどうかは、お子さんの障害特性、本人の気持ち、保護者の方の希望を総合的に判断する必要があると思いますが、選択できる教育の場は確保しないと、子どもたちが学習する教育課程の幅を狭めることになると思います。

また、障害特性に応じた教科学習は今後研究や実践が必要だと思います。ある研究者から聞いた話ですが、自閉症の子どもたちの情緒的な部分を成長させるために、低学年の教科書に出てくる気持ちを表現した言葉、「うれしい」「悲しい」「怖い」など多くの種類を学習させた方が良いのではということです。また、班を作ってみんなで話し合おうとか、考えようという場面への適切な参加が難しい。こうしたことは、知的障害のない自閉症の人が大学に行って、例えば、ゼミ等への参加の難しさにつながると思います。

●通常学級から関わる

市川 東京の場合は特別支援教室になりますが、通級指導や通常学級の支援等についていかがですか。

黒田 通級指導を担当していたとき、ある子どもは、通常学級にいるときパニックを起こして荒れてしまう。例えば体育のドッジボールで、自分のチームのあの子のせいで負けてしまったというのが発火点になって、相手を追いかけ回してしまう。でも、そういう子

どもたちも通級に来るととても穏やかでした。通級では、トラブルになる引き金がないのですね。これは、通常学級、その子のクラスに関わっていく必要があると思いました。

その頃、東京では特別支援教室が試行され、通常学級を巡回支援することになりました。その子がいる場所で、どういう状況になるから、その子は理解ができなかったり納得ができなかったりするのか、そして、荒れてしまうのか、教室に入らなくなってしまうのか、ということがよく見えました。また、担任の先生方に、「では、次回はこうしてみたらどうですか？」とか「勝ち負けがあると荒れることがありますが、本人に『今日は勝ち負けがある活動だけど、参加する？』というように選ばせてもいいじゃないですか」など、直な提案ができました。

ただ、こうした巡回は、通常学級の先生に理解をしてもらうまでが大変です。初めて行く学校では、私たちのことを、なんで教室の授業を見ているのかと思っている先生も多かったです。でも、このシステムを理解してもらえると通常学級の先生方からも多くの相談を受けることになり、気になる子どもの支援が充実すると思います。

ただし、通級の指導や特別支援教室の担当の教員の専門性については課題です。通級指導の専門性として、特別支援教室での指導力をつけることです。

通ってくる子どもの個別の指導と小集団の指導方法を学ばないとなりません。もう一つの大きな要素は、通常学級への支援です。例えば、通常学級の指導での構造化や視覚化、そういうノウハウを学んでおくことも必要ですし、なんといっても、通常の教室の先生とのやりとりがうまくできなくてはなりません。

通常学級の先生方の理解は、進んできていると思います。良いことなのですが、今、支援が必要な子どもに多くの先生が気づいてくれるようになりました。支援が必要な子どもは増えています。子どもの中には、診断を受けている子どももいますし、そうでない子どももいます。同様に、障害を理解している保護者も、そうでない保護者もおり、先生方の対応が難しいです。

●学校と保護者の間に立つ

松村 心理士が学校と徐々に連携ができるようになり、学校での取り組みを直接見る機会をいただくと、親御さんが誤解して受け止めていると思うことが出てきました。そこで、学校と親御さんの間に立つことをしています。例えば、保護者から「先生方は夏休み中は一体何をしているのだろう」と質問されることがあります。家族は見えない所を誤解しやすいです。学校の指導方法や内容の意図が見えないため、親御さんは不安になるので、しっかり説明する必要があると思います。

授業の観察をすると、とても上手に進行され、児童生徒の課題をよく理解し、計画的に行っていると思うのですが、取り組みの目的・理由は十分に説明していない場合もあることがわかりました。先生方は、集団に対して授業を進めることはとても上手ですが、一人一人の子どもの特性を的確にとらえることは難しいようです。このため、アセスメントが必要になります。このお子さんには、こういう特徴があるので、この課題は向いているが、このお子さんには、このような理由で、こう変更したらよい、と提案していくことが、自分の役割かと思っています。

●ハードルが高い高校

市川 チャレンジ枠の高校には、発達障害とか自閉症のお子さんも多く在籍しているのではないですか？

末石 小中学校や特別支援学校に比べて高校はハードルが高いと言えると思います。高校は、必ず履修しなければならない教科、選択する教科があり、また、卒業までに必要単位数を取らないとなりません。必要な教科は成績も2以上を取らないと卒業できなくなります。

また、高校に求められているそのミッションは、大学への「進学率」という学校もあります。「ゆっくり学びましょう」とか「できないことをゆっくり見

極めましょう」ではなくて、「あなた課題をやってきたの？」とか、「できないの？」とか、できないのはやる気がないからと言われてしまうところもあるかもしれません。

私は、教育相談担当をしていて、担任の先生と本人・保護者の間に入っていました。本人・保護者には「高校を卒業するならこういうことが必要ですよ」、担任の先生には「彼たちはここで苦しんでいるから、こんなサポートできないでしょうか」というような感じでした。高校の三者面談は、担任の先生と保護者・本人で行われますが、その内容は、どうしたら成績が取れるかとか、卒業できるかという視点が多いのは確かです。

高校に入学した保護者の方の願いも、「入学できたのだから、卒業させてください」と進むべき道が限定されてきます。また、高校に入ると、支援ある学びをしていた方が突然、支援を受けなくなるということがあります。極端な例を申し上げますけれど、高校に入ると急に医療機関に行くのをやめる、薬を飲むことをやめるということがあるのです。合格したのだからもう普通ですよね、という感じです。

また、児童期の支援機関から成人期の支援機関に切り替わる難しさがあります。例えば、医療も小児科から内科に変わり、福祉も、児童相談所や子ども家庭支援センターは対象ではなくなります。こうした支援機関の切り替えも本人にとってはすごいストレスになるということです。

特別支援教育がスタートしてから高校が変わったことは、まず、相談する窓口が作られるようになったこと、これは大きな点だろうと思います。

高校における通級指導ですが、実は、高校の中には、自閉症や発達障害の生徒の向きの指導内容として、学校設定科目として、コミュニケーションスキルを扱う授業を設けているところもあります。こうした授業を行う学校が増えたり、通級指導が始まったりすると、自閉症等の生徒への対応も進むと思います。

高校は様々なタイプがありますので、私の話がすべての学校に当てはまらないことをご了承ください。

●高校生の難しいところ

松村 私は高校において、校内研修を依頼された際には、幼児期から思春期に至る成長の過程を具体的に伝えます。また、そこで、「支援する」という意味も伝えています。先生方は、「できないところは、直してやりたい」と考えます。「直すのではなく、支援してください」ということを理解していただくのが難しいと思います。

特に、高校で難しいのは、お子さんの「夢」です。進路希望や将来なりたい職業を自分の「夢」としてもつよう

になります。このとき、お子さん自身がご自分のことをよくわかっていないと、自分の苦手なものを「夢」にしてしまう場合があります。また、苦手なものだから、立ち向かいたいと思いこむ場合もあります。さらに心配なのが、夢は語るけれども、夢に向かうまでのステップを本人が計画することができない場合、夢に向けて努力していないようにみえます。学校としては、このような本人の行動が気になり、指導することになります。大学入学、就職など、本人の夢につながるように支えたいのに、うまく進めることができません。この部分は、親御さんからのアドバイスも大切になります。

　私は、高校の入学前に、生徒と保護者の個別相談に立ち会う機会をいただくことがあります。まず親御さんが先に、これまでの経緯や入学後、心配な内容を説明し、本人に「これでいい」と同意をとる親子もいますし、お子さんに「あなたが説明してごらん」と先に話す機会を作り、終わった後に足りないと思う部分を親御さんが補足する親子もいます。親御さんがお子さんに対して、「自立に向けて自分で対応する力を育てたい」と思っていらっしゃることが伝わります。お子さんに自分の得意・不得意を意識してもらい、対応を考える力を育てることができます。このような協力をいただき、高校も得意不得意を考慮して支援する、という

関係を作ることができると、よい進路に結びつくと思います。

●高校の生活指導について

市川　自閉症や発達障害の生徒への高校の対応ということで、対人関係やコミュニケーション、アンガーマネージメントなどの指導を取り入れている学校があるということは全国的に聞いています。またグループ編成を工夫して、基本的な段階の教科学習を丁寧に指導している学校もあります。高校における生活指導はどうでしょうか。

末石　高校に在籍する支援の必要な生徒は、ときには、学校の中で乱暴をしたり、パニックを起こしたりして、生活指導の対象になることもあります。でも、「悪いから反省しなさい」だけだと、「一体何だったのだろう？」となるので、カウンセラーの方や心理職の方も一緒に、対応策を検討するようになってきました。

　もう１点言い忘れたのですけれど、これは東京都の事業ですが、学校の教育課程外での特別な指導、支援として、土曜日に学校以外の場所で、発達障害等の生徒のために、対人関係などを学べる塾のような支援場面を提供しています。

宮﨑　高校の動きについて、付け加えると、入学試験でパソコンの使用が許可されるなど、大きく変わってきています。

59

また、県によっては、高等学校指導課や特別支援教育指導課という部署ではなく、インクルーシブ教育推進課という部署を設置して、高校におけるインクルーシブの体制を作ろうとしているところもあります。

このように、全国でいろいろな動きが始まっているということだけ少しご紹介させていただきました。

市川 現行の学習指導要領に比べて、公示された新学習指導要領は、自閉症に関する配慮点が多く、非常に細かく記述されています。具体的に言うと、環境等の整備、情緒の安定、感覚過敏のことについても触れています。

これからの自閉症教育に期待すること

市川 こうしたことも踏まえて、皆さんから、夢や希望を含めて、今後はどういう方向へ進んでいくべきか、お話をしていただきます。

●学校で実現すべきこと

竹内 新学習指導要領では自閉症のお子さんに対する具体的な対応が、ずいぶん細かく記載されていて、そうなると今後は、これを学校の中で実現していかなければいけないということになります。自立活動では、快の刺激は何

かとか、「楽しいね」とか「うれしいね」とか、その良さみたいなものをよく観察しましょうなどの記述があるようですが、子どもたちとの関係性を作る上で、とても大事なことなので、今後学校の中で実現していけばいいと思っています。

市川 特別支援学校の自立活動の指導の在り方が問われてくると思います。

●落ち着いて過ごせる仕組みが大切

黒田 先生方もどうしたらいいかわからないから、今までの自分のやり方で子どもたちに関わっていき、結局は、それがうまくいかずに、子どもは教室が嫌な場所になってしまうことも結構あります。だけど、やり方を変えれば、子どもにとっても、先生方にとっても、楽しい教室になったりします。

私が今関わっているお子さんは、自分がわからないことを先生がわかりやすく説明してくれるのがうれしいと言ってくれています。特別支援教室に来て、「今日こういうことがあったんだけど、どうしたらいいかな？」と相談する子どももいます。すべて生活がうまくいっているわけではないのですけれど、教室で困ったときとか、何かうまくいかなかったときに、相談できる場所、相談できる相手がいることで、落ち着いて日々が過ごせていけるような仕組みを本人がもてることが大事だと思っています。

一方で、私たちがまだ関われていない通常学級のお子さんも多くいます。例えば、漢字が覚えられなくて困っているとか、手助けをしてもらえる場所がないとか、保護者の方も通常学級の担任との面談で泣いてしまったとか、こうした情報を聞くと、なるべく多く困っている子どもたちに、私たちの手助けを提供できるようにする方法も考えなくてはならないと思います。

●特別支援ではなく、その子に応じた支援を

相馬 私は、通常学級の先生の理解を進めることが重要だと思っています。

例えば、通常学級の担任の先生が読むべき学習指導要領に、支援が必要なお子さんには具体的にこんな支援があると書いてある。これはもうその子に応じた視点になっていると思いますので、もう特別支援教育という言葉はやめたほうがいいと思います。

また、私は、特別支援学校でも、特別支援学級でも、知的、自閉症・情緒障害学級でも、特別支援教室でも、どこも大事なところだと思っているので、その子に合った進路がいろいろ用意されていて、保護者とお子さんで、その子にはここが一番いいと納得できるところに入学するようになるといいと思うし、通常学級も含めて、それらの学校・学級などに、転学や転級などがしやすい制度を作っていくことが大切だと思っています。

あと、障害のある子どもと障害のない子どもの交流についてですが、これも、今までの話と同じように、周りが変わるという意味を含めてとても大切なことだと思います。私は、通常学級の子どもと一緒に、特別支援学校との交流に行ったことがあり、交流している通常学級の子どもたちは、「特別支援学校は給食あるの？」といった子どもなりの疑問があります。こうした子どもの視点に答えることで、特別支援学校の子どもたちの例えば、奇声とか、飛び跳ねることとかも、普通に受け止められるようになるのではないかと思います。

また、自閉症の子どもたちが、しっかり聞ける話し方は、通常学級の子どもたちにとってもしっかり聞ける話し方なので、そういうことを大切にしたらいいと思います。

最後に、我々が、自閉症のお子さんを理解するということは、逆に言うと自閉症のお子さんからすると、「この先生は、結構、わかってくれている」という感じになり、「自分をわかってくれる先生の言うことはちょっと聞いてみるか」となると思うので、我々がもっともっと理解していくと、自閉症のお子さんの良さが知れて、生活が楽しくなるなと日々思っています。

●担任を専門職の一つに

末石 担任というのは人の学びとか、人の生きていく方向とか、日々の困ったことへの助言とかとか、そういった相談も含めた支援をする専門職ではないか思っています。教科指導と分けて、担任を一つの専門職として位置づけてくれないかと思っています。高校では、授業の担当はその授業のことしかわからないのです。その子が学級でどうかとか、他の授業でどうかはわかりません。ですから、担任という仕事と、教科の指導をする仕事と分けることで、保護者も担任の先生と話すことで、学校生活のすべてに関われることになります。

また、高校レベルの授業は、結構高度な内容です。そのため、特別支援のこと、自閉症教育のことは、知らないといけないことだと思いますが、そこまで勉強することは正直言って難しい人もいると思います。これだけITが進んだのだから、先生が話したことを文字化するものがどんどん開発され、学校に導入されるとよいと思います。IT等でできることは、ITに任せて教員の仕事を軽減しないと、特別支援教育は進まないと思います。

話は飛びますが、部活動もそろそろ自分の学校が勝ったり、負けたりすることだけが重要という意識をかえるべきだと思います。スポーツでも、芸術でも高校の活動に（学校ごとの部活動の枠組みがなくなれば）特別支援学校の生徒も参加できると思うのです。そうした楽しい活動を通して一緒に生活してみれば、障害の理解も進むと思います。

●外部専門家としてできること

松村 先生方は適切に対応しているのですが、その根拠に自信がないところがあります。そこで、心理職は児童生徒をアセスメントし、原因と対応、その根拠を伝えることが必要です。

しかし、心理職は、学校ができる範囲、できない範囲がよくわかりません。このため、「療育の立場としては、このようなことができると思いますが、学校で可能ですか？」「どの授業の枠組みであれば、できますか？」と確認しながら行うこともあります。学校を知ることが心理職にとって、必要なところだと思います。

親御さんが誤解しやすく、不安になりやすいことを理解し、学校側が事前に説明することは信頼関係を育てるために大切だと思います。例えば、連絡帳で質問をしたが、その日のうちに返事をもらえなかった、というお話を親御さんから聞いたことがあります。こんなことが不信感をもつことにつながります。「授業もあるので返事は翌日以降になる」と事前に伝えておけば、親御さんの誤解を防ぐことができました。

特に幼児期に個別療育を受けてきた場合、個別指導に慣れているため、特

別支援学校に対しても、「個別に対応してくれない」という不満につながります。学校において、集団で教育することのメリット、幼児教育と学校教育の違いなどを伝えていく必要があると思います。

●特別支援教育をスタンダードに

市川 今後10年ぐらいの日本の教育の方向を目指して、保護者の願いをお話していただきます。

川瀬 先ほど、現実的ではない夢を追いかけるという話がありましたが、それって、苦手に立ち向かうことが強調されすぎているのではないかと思うのです。小さい頃から苦手を克服することばかりが強調され、「苦手克服」それ自体が彼らの目標みたいなところまできているということです。それは親としての反省の部分でもありますし、学校教育に対しても、子どもたちが夢や進路を実現するため、苦手なことをクローズアップして、それをどんどん克服させることばかりではなく、より得意なことを伸ばしてくれるような教育であってほしいなと思います。もちろん、必要な苦手克服はあって、それは社会に出るためのマナーであったりすると思います。

自分として、これからの不安の一つなのですけれど、高等部がはたして、今の時代に合っているのかなということです。

例えば、私の上の子どもは、手帳でいうと2度で、知的にも重度です。でも、ニンテンドーラボの画像で手順が理解できると、段ボールを切り貼りして、ロボットのようなものを作れちゃうのです。自分で朝早く起きて、大人でも3、4時間かかる作業を1人で朝からやって全部完成させたのです。動画で、これはこうして、これはこうしてと、わかるようにどんどん解説していってくれます。それを見て、大人の力を一つも借りずに、知的重度といわれる子どもが大人でも3、4時間かかる作業を1人できるのです。

この子たちが、封筒にひたすらチラシを入れるという単純作業に向いていると考える時代ではないはずです。特別支援教育の指導は、ポケベルより前の黒電話の状態で止まっている気がしてならないのです。ちゃんと時代に合わせて、IT等を導入して、また、うちの子が使ったような子どもにわかる動画等の説明方法を導入して、進化してほしいのです。そうしないと、本当にそこの差は広がっていくばかりなので、時代に即した子どもに合う支援をどんどんアップデートしていってほしいなと思います。

特別支援教育というのはレベルの低い教育ではないはずなのです。

何か社会として成熟していってほしいし、そのためには大人がまず、保護者が成熟し、その子どもたちが成熟し、

という中で、特別支援教育というのを特別ではなくてスタンダードになっていってほしいなと思います。お勉強ができる子が特進クラスに行くように、魔法ができる子が魔法学校に行くように、特別な支援が必要な子は特別支援学校に行くということがフラットに受け入れられる世の中にもなってほしいなと思います。

あまり特別支援教育に興味のない先生方に教えたいのは、私たちの子どもは決して矯正されるべき子どもでもなければ、直してあげなければいけない子どもでもなくて、何かを克服させるべき子どもでもなくて、大切な子どもだということです。障害のないお子さんと家族が、映画一本のようにわーっと駆け抜けて行くところを、私たちと私たちの自閉症の子どもは、フィルムを一枚一枚確認しながら見進めているような、本当にゆっくりゆっくり、ぱらぱら漫画を一枚一枚見ているような毎日なのかもしれませんが、それでも、うれしかったりすることは多いのです。例えばうちの次男は、ほとんどおしゃべりがないのですけれど、「ママ、お絵かきしよう」と昨日初めて言ったのです。「お絵かきしよう」と。「お絵かきしたいの？ 私と？」と問い直す私には、すごい喜びがあって、たぶんこの喜びは通常のお子さんをお育ての方にはない喜びなのだなと思ったら、すごく喜びの多い子育てをしているのだ

なというふうにも思ったのです。なので、決して修正すべき子どもでも、大変ではあるけれどもかわいそうな子育てでもありません。ですから、私は、学校の先生に、「この子たちを大事にしてください」と申し上げたいとすごく思っています。

●ありのままの姿を受け止めて

徳田　私は、まず、子どもの自己肯定感を損なわないように、二次障害を絶対起こさせない、ということが基本だと思います。自閉症の人の「自閉症らしさ」ということをある程度許容できる社会、学校になってほしい。ある当事者の方が、自分たちは宇宙人が地球人スーツを着て生活しているようなもの、とうまいことを言っていました。多数派の社会で暮らしやすくするために、最低限のマナーは習得したほうがいいけれど、本人の特性は変わらないし、また変わらなくていい、という発想をそろそろ学校現場にももってもらいたいなと思います。

今、高校は選択肢が増え、以前よりその子に合った場が選べるようになってきたと思います。問題なのは幼児期や小学校、育ちや学びの最初の段階でつぶされてしまう子や保護者が多いことです。子どもが通った幼稚園は少人数で大変温かい園で、どの子もそれぞれかけがえのない価値がある、という考え方が徹底していて、うちのような

手のかかる子も常に褒めてくれました。子どもだけでなく保護者である私も、この園のお陰で自己肯定感の土台ができたと思っています。親の会などで活動していると、幼児期に周囲の対応で傷ついてしまっている保護者がとても多いと感じます。特に知的に高くわかりにくいお子さんの場合、園や先生に、育て方のせいやお子さんの性格のせいにされてしまう。そこから先生や学校にすでに不信感をもってしまい、就学後に何かあっても、なかなかうまく相談や連携ができない。そしてどんどんこじれてしまう、という事例が少なからずあるように思います。

それから小学校で言えば、「特別支援教育の専門性」ということをしきりに言われますが、知識の前にまず子ども自身を見るという当たり前のことがおろそかにされている気がします。通常学級に就学した次男の事例ですが、小学校１年のときの先生は支援学校での研修経験もあるベテランの先生でしたが、全く合わず、本人はチックが出てしまいました。次に替わった若い先生は特別支援のこともよくご存じない方でしたが、とても上手に支援してくださいました。前任の先生からの引継ぎにそれは大変な子どものように書かれていたのでどんな子だろうと心配だったが、実際に会ったら全然違って、素直でいい子でびっくりした、と後日教えてくれました。前任の先生はたぶん次男を「発達障害」という先入観でしか見ていなかったのでしょう。専門性というのはどういうことなのか。自閉症だからこうなんだとか、絵カードを見せれば行動できるとか、短絡的に考えないでほしいです。子どもは、やることがおもしろくなかったらカードを見せたって動きません。そういう普通の感覚に立ち戻っていただいて、その子のありのままの姿を受け止め、よさややる気を引き出せる先生が増えてほしいと思います。

●自閉症教育の保証

立原 私の、徳田さんの、川瀬さんの子どもも自閉症ですが、みんな違うと思うのです。もともとその子が持っているキャラクターもあるし、自閉症の特性の出方とかも違っていて、そのへんをやはり大事にしていただきたいなというのが一番にあります。

小学校なりに、中学校なりに、特別支援学校なりに、「この学校ではこのくらいのことをやる」ということを、保証することは教育委員会の仕事だと思うのです。その中で「こういうことを大事にする」とか、「こういうことを配慮する」を一律にやれば、どの子も良くなるわけでは決してないと思うので、一人一人の子どもに対してどう合わせていくかとか、クラスに中でそれをどうアレンジしていくか、というところは、やはり先生方の力が試され

るのかなというように感じます。私は、絶対一人一人に合わせていただきたいなと思っています。

自己肯定感の話が出ましたが、私の子どもが暮らしている入所施設のモットーは「目の前のあなたを大切にします」です。このことは教育でもとても大切な考えだと思います。先ほど、特別支援という言葉を使うのはやめようという話がありましたが、どの子も大事にすること、自閉症だからこうとか、ダウン症だからこうなどととらわれずに、一人一人の子どもを大事にしていただきたいと思います。

あとは、今まであまり話題に出てこなかったのですけれど、強度行動障害といわれる人たちが少なからずいます。てんかんがあったりとか、精神症状がひどかったりとかいうことで、どうしても医療の介入が必要な人はいるけれども、いい支援があれば、強度行動障害が起こってしまって、家で暮らせなくなることはなかったということはあると思うのです。二次障害と同じで、中学校から高等学校にかけて、思春期という変わり目の時期をどう支援して、行動障害が起こらないようにするか、しっかり考えてほしいし、研究もしていただきたいなと思います。

私の子は重度です。最近、LGBTの方に対して生産性がないと言う人がいました。国や都や県などが作っている特別支援教育に関する計画でも、社会に貢献できる人に育成するということが出てきます。社会に貢献できる人とはどういうことなのかなあと思います。生産性がないと言われてしまうと、確かに手当とか年金とかをいただいて暮らしているわけですけれど、だからこの人たちには価値がないかというと、決してそんなことはないと思います。私にとっては、私の子どもは本当に宝物です。大変で、もう憎たらしいときもありますけれど、でも本当に宝物の子どもです。私が、今こうしてあるのも彼女がいてくれたおかげだと思っています。差別や偏見を全くなくすということは本当に難しいと思うし、内なる差別は私の中にもあると思っているのですけれど、でも、やっぱり、この子たちのことを、周りの人みんなが穏やかに、温かい目で見守っていけるような社会になることがとても大切だと思います。そのために教育にも頑張ってほしいなと思います。

最後に、私たちの親の立場でやっていくこととしては、行政に対して、要望していくことがあります。また、自閉症に関する理解啓発を十分にやっていく活動が重要で、その中で、私たちの子どもは大変な子だけれど、でも、生きている価値があるということ、子どもも、保護者も決して不幸ではないということを大きい声で言っていかなければならないと思います。

保護者の中には特別支援学校にはど

うしても行かせたくないとか、作業所はB型でなければ嫌だ、生活介護に行かせたくないという方もいます。こういった親の中の何か一線を引くという思いをなくして、みんなで仲良く、そうなれる社会になってほしいと思っています。

市川 本日は皆様ありがとうございました。

座談会 2　学校教育と自閉症を考える

■まとめにかえて

　座談会のまとめとして自閉症などの障害のある子どもたちをとりまく教育制度や連携の
あり方など、3点お話をします。

1．本人・保護者の意向を尊重する仕組みづくり

　今、実は非常に柔軟な教育制度が実現しつつあります。平成24年に、文部科学省は「共
生社会の形成に向けたインクルーシブ教育システム構築のための特別支援教育の推進」の
報告を出しました。その中では、できるだけ今ある仕組みを柔軟にしていくために、二つ
のツールが検討されています。一つはカスケードという考えです。これは小さな滝という
意味ですが、特別支援学校、特別支援学級、通級による指導など段階ごとそれぞれの整備
を進め、必要に応じてその子たちが学べる仕組みを用意する。もう一つはスクールクラス
ターという考え方で、地域の学校を活用していくという考えです。

　こうした中で、就学相談が、非常に柔軟になっています。例えば困難なケースでもまず
通常学級に就学させ、その後、必要に応じて検討していけばよいという感じです。ただし、
学校と担任が担当できるかどうか、ここがきちんとしないと、いくら保護者の方が要望し
てもうまくいかない。本人、保護者の意向を尊重するという仕組みは作っていかなければ
いけないので、その折り合いをどうしていくか、それぞれ努力する必要があると思います。

2．教育課程の課題について

　2番目は、教育課程に関することです。新学習指導要領の自立活動を見ただけで随分進
んだなと思います。

　さらに、小学校、中学校の学習指導要領では各教科について、障害のある児童への配慮
についての事項（障害のある児童への指導）が明記されています。このあたりを特別支援
学校でも読み込み、学校内でしっかり研修をやらなければいけない時代だと思います。こ
れは自閉症についての指導でも同じだと思いますが、教科をどのように指導していくかを
検討をする必要があります。

　併せて、ICTの活用については、かなり進んでいると思います。実は、特別支援教育に
よって何が変わったかと言うと、これはあまり知られていないのですが、小学校、中学校
の特別支援教育に対して、多くの予算がついています。ですから、学校におけるICTの活
用は、積極的に活用していかなければいけないと思っています。教育の充実やICTの活用
の充実を図るためには、専門家との連携が重要になると思います。専門家に学校教育に参

加してもらう仕組みをどのように作るかということが課題です。今まで、学校には、教員と事務系の方と給食の担当者ぐらいしかいなかったのですが、今後は、スクールソーシャルワーカーや臨床心理士、OT、PTの方々などが学校に入り、いろいろな職種の方がチームとして働く仕組みを作るということが大切だと思います。こうしたことは、協会も要望を出していかなければならないことです。

　また、教員養成については、今、大体800の大学が教員養成を行っているのですが、平成32年（2020年）度から特別支援教育に関する授業科目をすべての教員免許課程に導入する必要があるため、教員養成課程の再編をしなければなりません。こうしたことで、教員の質の改革も求められて、変わっていくのだろうなと思います。今後、教員免許状をどうするかということが大きな課題になっているのですが、学校教育法の第72条に視覚障害、聴覚障害、肢体不自由、知的障害、病弱・虚弱の５つの障害種があって、それに従って、それごとに免許状が出ています。これに発達障害とか自閉症というのを入れることはできないかということがあります。新たな障害種の導入によって、自閉症・発達障害の専門性を担保する免許状ができます。さらに、どういう学校にするべきかについては議論があると思いますが、自閉症の学校もできます。ここはこれから先にぜひ検討してほしい大きな課題になると思います。

3．子どもの主体性を尊重した連携を

　３番目に、本人も含めて、教員、専門家、保護者が一緒になって子どもたちを育てていくという連携が大切だと思います。そのとき、一番大事なことは、子どもの主体性を尊重するということ、そして子どもの人権を大切にすること、子どもの多様性の尊重ということ、それが大事だと思います。

　また、学校は、子どもの成長のために、確かな指導と支援をしていく必要があります。そのためには、教員だけでなく、教育委員会や校長も努力していかないとならないと思いますし、また、自閉症協会もそのための要望を出したり、自閉症児・者のことを世の中にわかってもらえるよう取り組みを進めることが必要だと思います。

　これから、自閉症の本人たち自らが語ってくれるような時代に早くしていきたいと思います。その芽はたくさん出ているので、ぜひ本人たちの意向を尊重しながら学校教育が進んでいけばいいと思っています。

（宮﨑　英憲）

インタビュー

親の会設立に関わって
～変わらぬ我が子への思い～

お話：**森　晶子**
（「自閉症児親の会」設立メンバー）
（インタビューを再構成しました）

1人が2人となり、仲間を得て

　「自閉症児・者親の会全国協議会」が、昭和43年（1968年）創立され、その後社団法人日本自閉症協会、そして一般社団法人日本自閉症協会として形は変わってきたものの、その源流となった昭和42年2月26日の「自閉症児親の会」の設立メンバーの一人として、50年の歳月がたったことに、大変感慨深いものがあります。我が子も、そして私自身も年齢を重ねましたが、残念ながら親の会設立メンバーでご逝去された方達も多く、残された者として、思い出すままに会設立の頃のことを少しでも皆様にお伝えできればと思います。

　なぜ親の会を作ろうと思ったのか、そしてその原動力は何だったのかと振り返ってみますと、もちろんまずは親たちが声を挙げ、力を集って運動しなければ、何も生まれない時代であったということがあります。私はそれに加え、価値観が太平洋戦争の敗戦前後で大きく変わったことがあるのではないかと思っています。親の会を立ち上げようとした頃は、日米安全保障条約いわゆる安保の闘争などを経て、自らの主張は自ら運動として行なわなければ、自分たちが声を挙げなければ何も変わらない、全国の同じ思いの人と一緒に立ちあがっていかなければという、時代の勢いがあったようにも思います。社会にも一人一人の人権を守るという意識がようやく出てきた頃でした。戦前、戦中は、障害者の人権への理解など全くない時代でしたが、それが全部壊れて、多くの人が、すべて新しくなるというイメージをもっていたと思います。

　そうはいっても、まだまだ今のようにネットで情報が取れる時代でも、メールでやりとりが簡単にできる時代ではありませんので、訳の分からない我が子の様子にどうしていいのか分からない、誰に何を相談していいのかも分からないとひとりで大変心細い思いをしていました。息子はなかなか言葉が出ず、目を離すとすぐどこかに行ってしまいます。あちこち聞き回っていましたが、そうした状況は設立メンバー皆同じだったと思います。どういう障害で、どうしたらいいのか、自閉症と診

70

断されるまで3～4年かかり、6歳のときにやっとお茶の水女子大学（当時）の平井信義先生に、「小児自閉症」と診断を受けました。

　そのころ愛育研究所に通っていて、そこで顔見知りのお母さんができ、居場所もなければ、家庭でどうすればいいのか分からないという親が1人、2人と集まり、愛育研究所のグループとなり、石井哲夫先生のなさっていた子どもの生活研究所でもそういうグループができていて、同じようなグループが他にもあると分かってきました。当時、自閉症の原因は、母親の育て方が悪かったからだとか、本の読ませすぎだとか、テレビの見すぎだとか、さまざま言われており、そのような中で目を離せない子どもを抱えて、みんな途方に暮れている状態でした。みんなと話していたのは、自分たちの子の居場所がこの国のどこにもないということでした。養護学校の義務化なんて思いもつかない時代でしたから、全く居場所がなかったのです。自分が産んだ子どもの居場所がないということは、本当に何とも言えないものです。

親の会の立ち上げ

　設立メンバーの自宅で集まりながら、これは自閉症親の会を立ち上げなければならないということになっていきました。私の記憶で忘れているところもありますので、いとしご創刊号に高信敏枝さんが「親の会ができるまで」として東京の親の会のできるまでをまとめて下さっているので、原文を参考に文意をお伝えするかたちで引用させていただくことにしたいと思います。

>　（高信さんのお子さんが通っていた）療育グループの親3人が顔を合せ、毎週たまった思いをお互いに吐き出し、同じ親同士ならこんなにも理解し合えるという嬉しさが繰り返されていました。しかし学校問題をはじめとして、悩みもしだいに大きくなり、自閉症児の親の会がぜひ欲しいという願いに、3人の気持ちが込められていきます。この話合いが進められていくうちに、子どもの生活研究所を通じて愛育研究所の母親の間でもこのような動きがあることを知りました。偶然昭和41年（1966年）12月11日にそれぞれで会合がもたれ、その日のうちに2つが合流するという記念すべきものになったのでした。・・・まず何をはじめにすべきか話し合い、会員をひとりでも多く集めることを当面の目標におき、昭和42年1月に準備会をもつことになりました。すでに結成されていた大阪と神戸の自閉症児親の会の規約、趣意書を読み上げながら、検討していきました。準備会は85名の会員を得て、新聞、テレビにも報道され予想以上の反響を得ます。大会を昭和42年2月26日に開催するに至るまで、勢いは大きくふくらんでいきましたが、会員の縁故を含めた社会的に

いとしご創刊号

インタビュー

知名の方々のお力添えに負うところが大きかったことに感謝を申し上げなければなりません。わずかの間に社会的な盛り上がりがなされ、今までほとんど問題にされなかった私どもの子どもの将来にとって非常に大きなプラスになったと信じます。足手まといになる子どもをあるときは引きつれて、ともかく必死だったのです。文部省、厚生省、都教育庁、全社協（全国社会協議会）、東社協（東京都社会協議会）と、この子どもたちに関係のありそうな政府機関をはじめ各方面に足を運び、それぞれの機関に適した実情の訴えとご挨拶をしてまいりました。そしていよいよ常陸宮殿下、同妃殿下をお迎えしての大会が開催されたのです。

　具体的な活動として、まず自閉症という障害のある子どもがいるということを訴えて、自閉症の子どもたちに適切な場を作ってほしいということを叫ばなければならないと思いました。とにかく親たちは一緒になって、声をあげようということになってきました。ちょうどいろいろな障害の親の会ができ始めていた時期でもあり、それも刺激になりました。

　世の中に自閉症のことを知ってもらうために、一生懸命PRしました。評論家の秋山ちえ子さんもラジオでお伝えしてくださったり、NHKでも番組ができたり、それを見聞きして、御自分のお子さんが自閉症と分かったという方も多かったようです。

我が子には間に合わずとも、次代の子どもたちのために

　息子は普通の小学校に入れたものの、すぐ教室から飛び出してしまいますので、息子にはずっと親が付いていなければいけないということになりました。その後教室から外に出るようなことはなくなったのですが、教室の後ろで授業に参加しないで好きな絵ばかり描いておりましたら、他の子どもの保護者から「ああいう子がいるのは学習の妨げになる」と言われてしまいました。学校からも、しかるべきところに移すよう言われたのです。

　その頃、渋谷区立大和田小学校で情緒障害教育のような取り組みをしていました。そこは理解があるからそちらに移ろうということで、夫を九州に置いて、息子と2人で東京に出てきました。しかし息子は、大和田小学校でもやはり授業には参加しないお客様状態で、卒業アルバムには載せてもらえず、卒業式にも呼ばれませんでした。それでも卒業だけはさせてもらいました。中学校に入るのはやはり難しいということで、村田保太郎先生が渋谷の教育研究所に引き取ってくれ、そこで1年間訓練しようということになりました。就学猶予となったのです。

　その頃にちょうど、自閉症親の会の設立の動きがあったのではないかと思います。村田先生のところに息子をときどき預けながら親の会をつくる準備をしていました。

インタビュー

学校で障害児が全員教育を受けられる、いわゆる全入の制度は昭和54年にできましたが、すでにその頃には、運動をしていたメンバーの子どもたちは就学期を過ぎていました。自分の子どもたちには間に合わなくても、続く自閉症の子たちの居場所をつくり、親たちが同じ辛い思いをしないよう運動をすすめてきました。そうした、我が子には間に合わなかったということがその後もずっと続いていたように思います。

全国への広がり、支援者とのつながり

　親の会ができたからそれで天国が来たわけではありませんが、とにかく扉は開いた感じでした。最初は東京の親の会に関東近県から集まっていましたが、徐々に関東以外の全国での活動の情報が入ってくるようになります。そうした他地域の親の会との連携が深まってきました。

> 　昭和43年の全国協議会としての創立にいたるまでに、前年の昭和42年から、当時結成されていた5つの会（神戸、大阪、名古屋、静岡、東京）の代表が大阪に集まった。その後、仙台、北海道、あすなろ、神奈川も加わり、全国組織発足の準備が進められた。そして第1回全国大会昭和43年5月19日開催（常陸宮殿下、同妃殿下ご臨席）によって、全国協議会、つまり現在の日本自閉症協会の創立となった。大会後富山の会が加わり、少しずつ全国に自閉症児者親の会ができてきた。（「いとしご」3号を参照に整理：事務局注）

　私と同じような人が全国にたくさんいました。やはり同じ悩みを話し合える仲間がいるというのは、とても大事なことです。お互いにしゃべって、しゃべって、この人だったら全部分かる、分かってもらえる、そういう友だちばかりでした。親の会がなかったら、そうした仲間がいなかったら、私などはたぶん生きていなかったのではと今でも思うほどです。そういう経緯で、とにかく親の会をつくれたことは本当にうれしかったです。なぜなら、元気でいればずっと友だちでいられる人ばかりでしたから。

　祖父たちも孫の行く末を思い、周囲への働きかけをずいぶんとしてくれました。石丸敬次さん（元厚生省、元学研書籍社長：事務局注）や私の父（故・茅誠司・元東大学長：事務局注）にもずいぶん助けてもらいながら、みんなで文部省、議員会館をはじめどこにでも乗り込んでいきました。そこで自閉症の子どもたちに何が必要かを説明しました。それが分かってもらえないと、"変な子ども"で片付けられてしまいますし、自分の産んだ子の行き場がなくなってしまうということで、本当にみんな一生懸命でした。

73

インタビュー

　そして、創立のときには相談役として、平井信義先生などが後押ししてくださった多くの専門家の方たちも加わってくださいました。医療や研究に携わっていた方たちも、親の会ができたことで、一つにまとまったということです。お互いに知識を伝え合い、医師の知らない部分を親が伝えて医師としてさらに成長していただきたいとの期待もありましたし、学校の先生方も情報の少ない時代でしたのでお役に立ちそうなことをお伝えしたりしました。そのように自閉症の子どもの親から、それぞれへの働きかけをしていくことも大切なことだったと思います。親の会をつくったことで自閉症の子どもを抱えて困っている親と支援者のグループが、いろいろなところでつながることができました。良い医師と指導者に出会えることは一番の幸せです。

仲間と共にあることの大切さ

　私自身のことになりますが、高齢となった息子が、その一生を少しでもいい人生だと彼が思えるようにしたいのです。難しいことです。自分の人生だって大変なのに、あらゆる場合を想定して、自閉症のある人の人生の計画を立てないといけません。私が今一番悩んでいるのは、私がいなくなったとき息子がどんなに動揺するかという心配と、そしてそれを、どうしたら少しでも軽くできるかということです。長い年月親子であっても、私は今も自閉症の息子のことを分かっていないのではと思ってしまいます。彼の持っている世界を十分理解しないまま、ここまで来てしまったようにも思います。でも、これしかできなかったのです。全力投球でやってきたこと、とにかくそれだけは分かってくれるかなということと、そして、これからどうしていけばいいかという部分に、残りの時間を全力投球しようと思っているところです。

　親の会ができ、協会となって50年がたちましたが、私にとっては何十年という歳月を数えるより、毎日毎日を大切に過ごし、その積み重ねの人生だった思います。親の会設立メンバーやその後仲間に加わった親たちが、我が子や仲間、そしてその周囲の人までふくめ、仲よく、お互いを大事にしながら、そして身近なところから少しずつ自分のできることを、自分のまわりの人たちに助けてもらいながらきたことが、今こうして大きな形となったのだと思います。子を思う親の気持ちは、50年前も今も変わらないものでしょう。制度ができてもやはり、仲間と共にあることの大切さ、そしてそれが希望につながるということも変わらないのではないでしょうか。

（了）

（インタビュー協力：阿部　叔子氏

聞き手・文責：日本自閉症協会事務局）

座談会 3

福祉サービスの50年を振り返る
～豊かに暮らしていくために～

松上　利男　全日本自閉症支援者協会会長・社会福祉法人北摂杉の子会理事長

水野佐知子　岐阜県自閉症協会会長（保護者）

中尾　佑次　東京都自閉症協会（保護者）

阿部　叔子　埼玉県自閉症協会（保護者）・社会福祉法人けやきの郷理事長・元日本自閉症協会出版部委員

石井　　啓　一般社団法人日本自閉症協会常任理事・社会福祉法人嬉泉常務理事　［司会］

座談会 3

福祉サービスの50年を振り返る
～豊かに暮らしていくために～

松上　利男
全日本自閉症支援者協会会長
社会福祉法人北摂杉の子会理事長

水野　佐知子
岐阜県自閉症協会会長（保護者）

中尾　佑次
東京都自閉症協会（保護者）

阿部　叔子
埼玉県自閉症協会（保護者）
社会福祉法人けやきの郷理事長
元日本自閉症協会出版部委員

石井　啓［司会］
一般社団法人日本自閉症協会常任理事
社会福祉法人嬉泉常務理事

座談会3　福祉サービスの50年を振り返る

石井（司会）　自閉症のみなさんが豊かに暮らしていく、その暮らしをつくっていくための大きな要素として福祉サービスが不可欠であるということに異論はないかと思います。自閉症協会としても、これまで利用者である立場から、サービス自体をつくってきたという歴史もあると思いますし、それがいろいろな制度の改正、あるいは世の中の情勢によって相当様変わりしてきているというところで、歴史を振り返りながら、これからのことを展望したいと思います。

　大きな流れとして「わが国の障害者関係政策は、基本的に身体障害から始まり、ついで知的障害、そして精神障害という三障害へと分割されていきました。自閉症は知的障害を伴う場合には、『知的障害』に含められていましたが、実情は、その中でも疎外されていたのです。たとえば学校教育という公教育からも締め出されがちでした。そして知的障害を伴う自閉症児を持つ親たちを中心に社会的活動としての親の会が結成され、子どもたちの受け入れ先として、教育の場であり、…生活支援施設として入所施設を設立せざるを得ない…」ということがあるかと思います。長くなりましたが、これは「かがやき10号」に掲載された石井哲夫元会長の寄稿からの抜粋ですが、福祉サービスをつくってきたその前提としてご紹介したいと思いました。

まずは、この流れの基点となったところについて、水野さん、阿部さんからお話いただければと思います。

何もないところから
つくる

水野　私自身の経験からの話になりますが、50年前は、この子、どういう子でしょうと尋ねても、どこもわからない。夢中で相談できるところを探しました。三重県のあすなろ学園（現三重県立小児心身発達医療センター「あすなろ学園」）で十亀史郎先生に出会えたことで、家族だけではとても子どもの面倒をみられない、市役所や教育委員会にわかってもらわなきゃいけないというように考えが広がっていきました。同じ思いの有志5人が集まり（中心は、故押尾玲子氏）、昭和44年（1969年）8月21日、「岐阜県自閉症児親の会」を立ち上げました。

阿部　行動障害をともなう自閉症をもつわが子たちは、どの学級・学校からも閉め出され、それに代わる教育、受け入れる機関はなかった。どこへも行き場がなかったんです。須田初枝元協会副会長の言葉を借りれば、「自閉症という障害にどのような教育をしていけばよいのか分からず、…そのために入学を許可されず、拒否されている時代であり、…会設立の主な目的は、教

育をうけさせるための文部行政活動が最大の目的」として、日本自閉症協会の前身である自閉症児親の会全国協議会（以下全国協議会）を結成し、第1回全国大会を開催したのが昭和43年（1968年）5月です。同年、親たちの必死の動きで、厚生省特別研究助成「自閉症の診断と成因に関する研究班」が発足、教育面でも、全国情緒障害教育研究会（全情研。以下同）が発足しました。44年（1969年）には、東京都にわが国初の情緒障害学級ができました。同じ年に、福祉・医療関係では、三重県に医療型施設・あすなろ学園、大阪に松心薗、東京に梅ヶ丘病院の自閉症病棟ができたという歴史があります。全国協議会の活動もまた専門家の方たちにとっても、すべて手探りの状況からの出発でした。専門家の方々による専門委員会を立ち上げ、全情研の先生方とも共に歩んできました。昭和46年（1971年）年、厚生省事務次官通知「自閉症の療育について」があり、昭和53年度（1978年）の「自閉症診断のための手引き（試案）」は、私も参加しましたが、尾村国立小児病院院長が班長、十亀史郎先生、中根晃先生、山崎晃資先生など20名の専門家の先生が参加、「これからの自閉症対策・行政の基盤の一つとして役に立つ事を願って」まとめられました。世界的に、自閉症についての模索が続いている中、専門家の方々を巻き込みながら活動し

ていきました。

石井 親御さんたちの思いと、支える専門家の方々のお力で、少しずつ教育分野や医療分野が開拓されていったということですが、福祉分野の施設づくりの始まりはどのようなものだったのでしょうか。

水野 それは昭和56年（1981年）の「あさけ学園」（三重県）の設立がスタートですね。昭和40年代のあすなろ学園では、自閉症の人たちは適切な支援の仕方によって人を愛することもできるという考えのもと、専門家によるチームで子どもたちを育てていました。私たちは署名活動をして、県会へあすなろ学園分校を設置してほしいという運動をしました。同時に、昭和53年（1978年）くらいから、この子どもたちが大きくなったとき、人間としての生活の場が必要だということに親たちが気づいたんです。それが、あさけ学園設立につながっていったのです。

　十亀史郎先生のもと、石丸晃子あさけ学園前理事長を中心に、全国で初めての自閉症者を支援する入所施設をつくったのです。制度としては、精神薄弱者更生施設の制度の中でした。今考えても、施設の創設は大変なことです。

阿部 あさけ学園設立に力を得て、次々と親たちが発起人となった施設づくりが始まっていきました。当時、入所施設（精神薄弱者更生施設、同授産施設）はあることはありましたが、知的障害

をもった人たちが対象の施設であって、行動障害をもつ自閉症の人たちを受け入れてくれる入所施設はほとんどなかった。自閉症に対する支援・療育のあり方、対応がわからなかったという状況がありました。でも、当時は施設をつくることに対しての地元の反対運動はつきものでしたよね。

水野 あさけ学園も現在の場所に決まるまで土地探しには労力を費やし、やっと5回目で決まりました。あすなろ学園には東京、大阪、富山など県外から自閉症児が入所していましたが、働き、人として生きていくという理念の下に石丸さんを中心に発起人会を結成しました。資金は参加者の自己資金と、バザー等の活動から集めました。施設のあり方（運営）、書類作成にと準備をしてやっと初めての自閉症施設が実現したわけです。

ここから全国協議会の運動として自閉症者施設創設が展開されました。その後法人化された日本自閉症協会でも施設部会が設けられ、毎年1回、1泊2日の施設についての研修会が開催されていました。

平成4年（1992年）に岐阜県でも社会福祉法人との話し合いを重ね、発起人の資金提供と行政との折衝の結果、伊自良苑（自閉症者棟30名定員）を開設しました。協会は外側から応援しています。各県の事情によって、施設の設立はさまざまですが、親たちはそれ

ぞれの地域で頑張ってきました。

石井 嬉泉の袖ケ浦のびろ学園の開設のときには、まわりにほとんど民家もないですから、地域の表立った反対はないものの無理解というのはあって、それこそ入所児へ差別的な言い方をされたりしました。

阿部 親が発起人となって設立した成人施設として、その次に設立されたのが、いすみ学園（千葉県）です。けやきの郷は昭和54年（1979）年に発起人会を結成しました。私たちが目指したのは、自閉症の人たちが「当たり前の人として、幸せに、豊かに、責任をもって生きる」ことのできる施設でした。でも、地域住民から「自閉症はキケンだ」「障害者施設はゴミ焼き場と一緒だ。土地の値段が下がり、自分たちの財産価値が減る」と反対され、設立まで7年かかりました。石井哲夫先生はじめ、専門家の先生に執筆していただいた説明書を配布したり、野村東助先生などにも説明会に来ていただき理解を求めました。マスコミに取り上げられたほどの猛反対でしたが、障害者の人権問題が、一般の人たちを巻き込んで議論されたのは、おそらくこれが初めてではなかったかと思います。この反対にあったことで、私たちは「障害者の人権」を強く意識し、それが理念となり、その後の施設運営の根幹となっています。

石井 年代的に少し違いますが、中尾

さんは、今までのお話を伺っていかがですか？

中尾　自閉症の子どもの父親です。今のお話をお聞きして、先輩方がそうやって礎を作ってくれたから、我々はそこまで苦労をせずにこられたのだなと思いました。現在26歳の息子は、平成13年（2001年）に弘済学園（神奈川県）に入所して、そちらに11年いまして、その後、グループホームに入って5年くらいになります。やはり段階を経てみると、施設は息子に合っていたと思います。そして、グループホームに入ってから、また違った人たちからの刺激は多いと思うのですが、そういう中でできることが増え、コミュニケーション能力や自覚みたいなものも育ってきたと思います。僕も不勉強でしたので、施設に入るまでは、子どもを施設に入れたら終わりじゃないかというイメージを持っていました。それは、我々世代の親の一般的なイメージだったと思いますが。

阿部　施設に入られたとき、息子さんはおいくつでしたか？

中尾　施設に入ったのは、僕が42歳で、息子は9歳のときでした。うちは妻が亡くなったということもあったのでそれほどでもありませんでしたが、「入所したとたん、それまでの養護学校の親仲間からは、挨拶しても無視されるようになった」というお母さん方がかなりいたのに驚きました。必死でぎりぎりまで頑張って家庭ではもうどうしようもなくなって施設に入れたのに「子どもを捨てた」と仲間はずれにされる。ひどい話だと思いますが、それだけ特に母親は「施設に入れたら終わり」という想いで毎日必死にがんばっている、そんな戦友だと思っていたのに、裏切られたという気持ちになるのでしょうね。うちもそうだったので。

しかし、構造化された施設で生活して息子も伸びたし、親も学びの機会や心の余裕ができたので、弘済学園に入ってよかったなと思っています。

そして、新しい親仲間ができることも、特に父親としては大きかったですね。仲間がいて、一般社会と違って、ここではそういうことを話していいんだ、わかってもらえるんだという場ができて、頑張ればもう少し良くなるのかなという希望もできました。僕らのときは、それぞれ違った方針かもしれないですけども、かなりいい施設もありました。預けっぱなしではなく、家庭との連携が大前提ですが、ステージに合った変化が必要だと思います。

水野　施設に預けて終わりではなく、親も一緒に育ちながらですよね。

全自者協の立ち上げ

石井　そういう親御さんのお気持ちで

つくられたところが出発点にあったわけですね。「自閉症協会＝（イコール）自閉症児者施設」のような一体感のあるところから始まっていたんだと思います。全自者協（全国自閉症者施設協議会。現・全日本自閉症支援者協会。以下、全自者協）の設立のあたりについてはいかがでしょうか。

水野 全自者協は、十亀先生が入所以外の通所の人たちにも声をかけてつくりましょうとおっしゃって、スタートしたんです。自閉症と関わる施設に全自者協の設立を働きかけました。

松上 その当時、施設はどんなところがあったのですか？

水野 川崎市の増田直子さんが中心となって設立した水星社。仙台の中野さんが中心になって設立した南材ホーム。埼玉のけやきの郷。昭和52年（1977年）設立の袖ケ浦のびろ学園、昭和53年（1978年）開園のともえ学園（広島県）などです。昭和62年（1987年）に今の全自者協の前身である全国自閉症者施設協議会が発足し、自閉症協会の加盟団体の一つでした。自閉症協会と当初は直接つながっていたんです。

松上 全自者協の松上です。当時、自閉症は障害としてまだ制度が整っていなかったわけですから、親御さんたちは知的障害者福祉制度の枠組みの中で入所施設を作られてきました。当時、私は通所施設にいて、京北やまぐにの郷（京都市）ができるという話を聞い

ていて、職員の専門性も必要だし、これは大変だろうなって思っていたら、私が施設長として行くことになりました。それが38歳のときです。行動的に課題がある利用者と職員が向き合いながら、どのように支援したらいいかというところも試行錯誤でした。

水野 私たちの場合は、制度にないものをつくりましょうという発想でした。現状の制度に縛られたのでは、自閉症の人たちを人間として処遇できないということで始めたわけです。

阿部 当時の全自者協奥野会長が、制度の間に取り残されている自閉症の人たちを一生支える「自閉症児者総合援助センター」構想を打ち出しました。この構想では、「地域」に、「共生社会」に目を向け、一生を支えるための総合援助センターの必要性を打ち出しています。幼児からの療育にはじまり、通所施設の役割、地域で生活することへの支援、短期入所サービス、相談支援の重要さも視野に入れたものです。この先見性はすぐれて、その後の各施設構想に示唆をあたえたと思っています。

豊かさを目指して

石井 果たして目指してきた豊かさには近づいているのかという点はどうでしょうか。

入所施設というと、先ほどの中尾さんのお話にもありましたが、どうしても隔離というイメージや大きな誤解がある。居場所づくりや専門的な療育・支援を受けることで、豊かな生活の中で生きていくことを目指してつくられたものであり、むしろ積極的に地域で暮らしていくということなんですよね。

阿部　その通りです。先ほどの反対運動から学んだ理念の具現化として、地域社会で働く、どんなに障害が重くても地域で自立していくということを実践してきました。地域で反対されたのは、地域の人が自閉症を知らないからで、知ってもらうために開所当初から地域に働く場所を見つけ、こちらから出ていきました。県からは、「そんな危ないことをするな」とお叱りを受けましたけれどね。働くことで、生活の幅もぐんと広がってきました。職員を媒介として働くスキルを覚えていく中で、職員との信頼関係がついていきました。「働く」ことの意味の中で、このことが一番大きかったと思います。

水野　生活の中で子どもは必ず伸びることが、わかってきましたからね。

阿部　豊かさということは、人間として、当たり前に生きることだと思っています。「働く」ということは自分のもっている力に沿って、生産活動の中で、充実した時間を過ごすことだと思います。

水野　十亀先生も、自閉症の療育で一番大切なことは「生きること　愛すること　働くこと」とおっしゃっていました。あすなろ学園では15歳以上の子どもたちは「働くこと」を療育プログラムの中心に入れ、その結果、行動も安定し、生活の幅が広がっていきました。

松上　阿部さんは働くということを本当に大事にされて取り組んでおられるし、早くにグループホームも立ち上げられていますね。

阿部　入所施設を開所してすぐの半年後に、当時の施設長が保護者会でグループホーム設立の構想を打ち出しました。その頃まだ、グループホームは制度にはありませんでしたけど。

松上　それは少数意見だったんじゃないですか？

阿部　けやきの郷の中でも、そうでしたよ。でも根気強く毎月通信を出し続けて、それで保護者も職員も「グループホームをつくろう」となったのが、設立から5年目のことです。以来働いて自立する場とグループホームをセットでつくってきました。先駆的に走ってきた分、経営的には大変でしたし、今も大変ですが。

水野　これからの展望を考えたときに、施設は各県でそこの人たちが使えるような、親が遠くまで通わなくても済むところが必要だと思います。特に、親の高齢化、死亡は当然の事実ですから。

発達障害者支援法の成立

石井 ないないづくしだったところから、親御さんたちが協会という形で運動して、発達障害者支援法というところに結実したと思うんです。

阿部 自閉症と知的障害の人は特性が違います。そのため、全国協議会のときも、協会になってからも、自閉症単独立法を目指して運動をしてきました。でも、結局、単独立法はできなかった。できなかった理由は、自閉症の診断基準が統一されていないという理由だったと思います。その代わりに、昭和63年（1988年）から平成元年（1989年）にかけて「強度行動障害児（者）の行動改善及び処遇の在り方に関する研究」が始まり、平成元年（1989年）に、強度行動障害事業ができたわけです。

一方、2001年に世界保健機関（WHO）のICF（国際生活機能分類）が日本でも採択されて、障害は環境によってつくられるものだという流れになり、発達障害者支援法が平成17年（2005年）に施行されました。それらがつながって、大転換していったと思うんですね。

松上 具体的にどのように動かれたのですか？ 発達障害者の支援を考える議員連盟は今や180数名、すごい数です。それだけの議員さんに関心を持っ

て集まっていただけるようになったんですね。

水野 日本自閉症協会が中心になって動いていました。

他県に行かなければ自閉症児者の支援が受けられない状況を解消し、施設の受け皿や、何よりも一人一人の特性の異なる自閉症児者を理解して支援する機関を切望していました。発達障害者支援センターも発達障害者対策の中に位置づけてほしいと、生の声を代議員に聴いてもらいました。家族の苦しみは大きく、毎日暮らす中で積もり積もっており、母親が追いつめられるといった事態も起きていました。

施行されると決まったときは、これから変わっていくんだとうれしかったですね。

阿部 発達障害者支援法ができる前に、平成5年（1993年）の障害者基本法の改定のときに、自閉症を付帯決議に付けてもらったことが、大きかったと思います。再び須田元副会長の言葉を借りますが、「厚生省運動の中で発達障害者支援法の重要な基礎となったのは、1993年の障害者基本法改定の時、付帯決議で、自閉症障害を明記させたことです。日本自閉症協会が社団法人になって間もなくの平成5年、この時も夏の炎天下、国会に日参して議員さんに陳情を繰り返し」、全国から署名を集め、雨の中、協会関係者が全国から140人、もちろん私も参加しましたが、議員会

館に集まり、何としてでも、自閉症を付帯決議にと頑張りました。そのときに議員連盟もつくったのです。

松上 そうですよね。発達障害者支援法ができる前に、国会議員の先生たちと、文部科学省と厚生労働省がずっと勉強会を開いていました。大阪・高槻市の福祉と教育の連携や全国の先駆的な取り組みを学んでいこうと、議員さん、厚生労働省、文部科学省も含めて、熱心に勉強された中で法律ができました。しかし、やはり議員立法は理念法なのですよね。

石井 平成17年（2005年）に施行された発達障害者支援法には、「発達障害者支援センター」が明記されていますが、施行前の平成14年（2002年）に、モデル事業として「自閉症・発達障害支援センター」が、全国で12箇所誕生しました。平成14年当時は、名称に「自閉症」が付いていたんですね。

水野 発達障害者支援法に支援センターの設立を入れないと、やるところとやらないところがあるから、これは絶対に入れてくれと。

松上 あのとき質か量かという議論があって、やはり量的、とにかく支援センターをつくらないといけないということになりました。

水野 まずつくらなきゃ何も始まらないですからね。

松上 とにかくつくって、質の問題はあとからという話だったのです。発達

障害者支援センターの職員の質をどう上げるかが、今、大きな課題になっているのですけどね。

水野 発達障害者支援センターは、それまでの親たちがいろいろ苦労したことをきちんと受けて、交通整理をしてくれるところであってほしいですね。

阿部 高齢化の問題など、今の制度で対応しきれないところについても課題ですね。

ニーズに向き合う

水野 今度、発達障害者支援法が約10年ぶりに改正されましたね。

松上 私は北摂杉の子会の理事長をしていますが、大事にしていることは、制度に向き合うのではなくて、ニーズに向き合っていくということ。そして困難なことであっても、制度、サービスをつくっていく視点を持っていることです。改正発達障害者支援法でも、要は身近な場所でサービスが受けられる、切れ目ない支援が重要なポイントですが、発達障害者支援の体制整備の課題は、都道府県の課題から市町村の課題だというところにきているのですね。

水野 日本自閉症協会も、地域と連携を取りながら進めていかないといけないと思います。

松上 親御さんたちが切り開いて施設ができて、その母体で全自者協ができて、全自者協としてニーズに向き合いながら、必要なサービスはまだまだ足りないのでつくっていく。

水野 この頃、親は、やってもらえるものという受け身の意識が強いようにも思うんだけど。

中尾 それはサービスが増えたからだと思います。以前は何もないところから、特にお母さん方が頑張って、多方面の先生方と一緒につくり上げてきたけど、今はたくさんのサービスがあるので選べる状態です。となると、そのサービスを活用すると子どものためにどうなるのかを考えなくても、とりあえず使えますよね。しかし、息子のいた弘済学園は昭和30年代には、親と近江学園から来た先生と、当時、国鉄の総裁だった十河信二さんたちが何もないところから職員全員住み込んで手探りで始めたということを聞いています。近江学園の昭和25年（1950年）の出版物を読んでも、この時代にこんな進歩した考え方があったのかと思いました。ニーズが強かったというか、逆に何もない時代だったから、優れた人たちが先のことまで見通してやってきてくれたから、ここまでサービスができたのだと思います。でも、我々の時代になってくると、徐々に理念よりも先達がつくったカリキュラムを守ることが大事になってきて、それが利用者や時代の

ニーズに合っているのかどうか、必ずしもそうではない人たちはこのカリキュラムで大丈夫かな？　というズレも感じるようになりました。

松上 46年ぐらい前、私が大学生のころに近江学園の向かい側の落穂寮で夏休みにボランティアをしていたんです。当時、職員さんは職員寮に住んでおられて、休みの職員さんも一日中寮生さんと過ごしておられました。一種の生活共同体ですね。誰が勤務か勤務でないかわからないという状況があったわけです。ある日寮長が「労働基準法を守らなければならないので、8時間労働での交代勤務制にしたい」と職員にお願いしたら、職員から「それでは子どもをみられないからと反対だ」との意見があがったんです。今だったら信じられない状況ですね。子どもたちを中心に据えて、みんなで豊かな暮らしを創ろうという気概がありましたね。

中尾 目的意識がしっかりしていて、初期の人たちはそういう共通観念でつながっていて、これは当たり前というものがあったと思うんです。しかし、時代が進んできて、今は職員の確保がとても難しいんだろうなと感じています。

水野 そこですよね、問題は。

松上 明確な理念があるいうことですよね。ミッションがあるから、親も職員もみんながそこに向かってやれるわけですよね。

阿部　その通りだと思います。理念、ミッションを、どのように具現化し、継承していくか、ということが大きいです。

中尾　息子が施設に入所したのが平成13年（2001年）でしたが、地域の区立の施設や養護学校とは全く違って、とても勉強になりました。親に対してもいろいろ講義してくださるし、仕組みがしっかりしていました。1年のうち2週間帰省が3回、1週間帰省が2〜3回あり、息子を迎えに行ったとき、送り届けたときに1時間〜2時間の個別面談がありました。学園ではこういう様子でした、家庭ではこういう課題に取り組みましょうというようなやりとりをじっくりしました。そういうところがしっかりしていました。ただ、職員さんがなぜこんなに辞めるんだろうとも思っていました。その分、補充はされるのですが、正直言ってちょっとレベルの低い職員さんがいるなあというのは感じていたんです。子どもが施設にいることで、自分に時間ができ、心の余裕もできるので、いろいろなセミナーなどで勉強すると、あれ？　職員さんはこういうことわかってないなとか、思うことがだんだん出てくるわけです。この子にはこういう支援が必要だという原点がだんだん薄れてきて、形骸化しているけど、先輩からこう言われたからやっているという職員さんと、有能な職員さんと両方いたので、

どうして同じ施設の職員なのに、こんなにレベルが違うのだろうと正直思いました。

別に悪い人ではなく、とても真面目でいい人なんですけど、その人の頭の中では、そこで止まってしまっている気がします。このタイプの人は根本的に変わらないだろうなというのが、11年も通うとわかってきてしまいます。この障害特性はこうだと決めつけるのではなく、ちゃんと勉強して、この子がもっと幸せに暮らすにはどうしたらいいかなという発想があれば、本人も家族も職員さんももっと楽になるんじゃないかと思うんです。

福祉サービス充実のために

松上　全自者協のなかでも、親の高齢化、利用者の高齢化、ターミナルケア、それから財産の管理をどのようにすればよいのかという共通した課題がありますね。

水野　一つの理念で集まったところでは、そこをなくさないように、一生懸命大事にして、親も協力をしましょうという形になっています。歳を取ってくると、50歳の子どもを80歳の親が面倒をみている問題は、引きこもりだけでなく、施設の問題でもあるんです。家へ連れて帰れないということもたく

さん出てきて、職員がその分、加重負担になります。新しい施設でも、利用者が50人いる中で20人くらい家に帰れないというところも出てきたりしています。親も、子どもを連れて帰りたくても、パートナーが死んだり、認知症になったり、施設に入っていたりするし、1人で帰らせるわけにはいかない。障害のある子どもを授かったから、2人目の子どもは産まないという選択をする親もいて、意外と一人っ子が多いんですよ。ですから、これからの入所施設は、非常に難しい問題を抱えています。

成年後見人制度のこともあります。

松上 これは共通している問題ですね。それと職員の教育の問題。人材確保、育成の問題。サービスの質の向上に関連した共通の課題としてあります。

石井 話を戻しますと、さっき中尾さんがおっしゃった職員の質という問題は、たしかに人材確保というところから始まり、育成の問題というところにつながっていきます。松上さんがおっしゃったような、どのように職員教育をしていくかは、大きな課題になってきています。それは創設期の、施設づくりから主体的に関わっていた職員集団が代替わりしてくる中で、労働者としての職員が入ってきている。これは私のところも紛れもなくそうなんです。ミッションがあるからなんとかなっている部分はあるのですが、それをどう継承していくかが人材育成の問題だと思います。そのあたりは、いかがですか？

松上 理念とミッションとビジョンは、すごく重要なことだと思います。明確なビジョンを示していく。北摂杉の子会では30代の職員を中心に、中期計画のビジョンづくりをしたんですね。自分たちで考えてビジョンづくりをするというような、そんな仕組みづくりも必要ではないかと思いますね。それから、人材の確保、人材育成と事業計画がリンクしていかないといけません。質を担保しようと思ったら、人材を確保して育成して、その中で次の事業と考えていく。事業だけ先に出てきて、人がついてこないというようなこともあるんじゃないかな。

全自者協でもスーパーバイザー（以下ＳＶ）養成研修を行っていますけど、スーパービジョンの仕組みがない。人材育成をしていく上で一番大きい問題はそこかと思います。アセスメントができないから個別の支援がなかなかできない。そして、職員自身のベースになるものがないから、統一した支援ができない。チームとして支援できない。アセスメントの力をどうつけるかという部分が本当に弱いですね。これからの課題として、全自者協もＳＶの養成に力を入れて、国と連携していかなければなりません。

先ほどもふれましたが、発達障害者

支援センターは質の問題になってきていて、その質をどう担保するのか。厚生労働省も全自者協とは一致するところがあって、連携してやっていきましょうという話になっています。全自者協加盟法人は、発達障害者支援センター事業を受けているところが多いので、どう人材を育成しながら、法人として地域に根ざした支援を展開していくのかということを私は考えています。ですから、センター事業を受けている全自者協加盟法人は、一つの社会的使命として、相談・ニーズ把握をしながら必要なサービスをつくっていく。発達障害者支援センターを受けるのは、法人として覚悟を決めなければできないことです。それなりの職員を配置して良いサービス提供しようと思ったら覚悟が必要です。そこで出てきたニーズをどのようなサービスとしてつくっていくかということです。私どもの法人では、発達障害のある大学生の就労に向けた支援を在学中から大学と連携して取り組んでいますが、発達障害のある大学生への支援を行う上での課題の一つが制度が十分に使えない、制約があるんですね。

水野 移行支援事業などは使えませんか？

松上 使えるけれど、非常に限定的になります。制度はなくてもそこにニーズがあるわけで、受ける法人もそこを覚悟しないといけないですね。

水野 途切れない支援、ライフステージといいながら、なぜ高齢期が抜けているのか。親がいない、身寄りが誰もいなくなったら、1人で生活できない人たちは、受け皿がないんですよ。

中尾 在宅の人のことですか？

水野 そうです。よほど制度が整備されて、人材がきちんとしてないと。

松上 全自者協はそこをリードしていく社会的な役割があると思っています。

問題を共有して政策提言を

石井 話が変わりますが、平成28年（2016年）に全自者協が自閉症協会傘下を離れましたが、そのあたりのところはいかがでしょうか。

松上 全自者協としては、具体的な実践を通して政策提言をしていかないと駄目なので、これからの課題です。自閉症、発達障害に特化しているから、まとまりやすいし、提言しやすい。そこは強みで、全自者協は焦点がはっきりしている分、発信がしやすいかなと思っています。全自者協と自閉症協会でコミュニケーションをとっていきましょうということになっています。

水野 自閉症協会でも、全国の加盟団体が集まる機会が少なくなって1年に1回です。そういうことを親御さんたちにもきちんと情報提供してかないと

いけないですよね。全自者協は、親から出発したとしても、独立して政策提言までできる集団になっても、自閉症協会とつながっていかなければいけないのではないでしょうか。

松上 全自者協も地域化、ブロック活動を強めようと言っているんです。ブロックごとに地域の自閉症協会と地域でつながる、事業でもつながる。そういう連携が重要だと思いますね。

阿部 高齢化に関して言えば、日本自閉症協会で高齢期対策委員会（石井啓委員長）をつくって、政策提言として議員さんのところに持って行っているんです。重度の人たちへの訪問看護、入院した病院への派遣なども、そういった提言が活かされているのだと思います。その上で、やはり、高齢化対応については、まだまだ、提言していかなければならない点がたくさんあると思っています。たとえば、入所施設にしても、入院したときの人的問題・財源の問題など事業所にも利用者にも負担がかかっている等の状況があります。

石井 そういったケースを集め、医療的ケアを受けるにあたって困ったことや、どんな支援、サービス、制度が必要か等を高齢期対策委員会で検討していこうということになっています。

阿部 やはり機能的に身体機能の不具合を持っている人は早く高齢化していきます。また、障害が最重度の人は、本当にギリギリの状態になるまで訴えられない。

松上 重度訪問介護も議論があって、財源の問題を踏まえた具体的な提案をしないと、なかなか政策が進みません。それから入院時のコミュニケーション支援のこと、ターミナルケアの問題も出てきます。

阿部 地域に暮らすということで、グループホームの対応と高齢化対応は、今後、すごく重要になってくると思います。2年後には、グループホームの入居者が、入所施設の利用者を抜き、12万人以上になると言われています。これから先、グループホームが生活の主体になってくるとすると、そこでの医療体制・看護体制をしっかり保障することが求められます。

訪問看護なども制度化されてきましたが、制度化されてはいても、実際に機能しにくい面があり、人手の問題、つまり、需要に対して供給が追いつかないということもあります。

松上 施設入所に比べると、グループホームのほうが在宅の人と同じようなサービスが使えるんですね。訪問看護を使えたりします。私共も「行動的課題」のある人たちのグループホームを開設していますが、ホームヘルパー、ガイドヘルパーや訪問看護を使って支援したりすることで経営します。職員の問題で言うと、仕組みとして教育、訓練も含めてどう人材育成するかということを考えないと進まない。グルー

プホームの場合、特にパートの人たちをどう活用するかが軸になります。職員にいかに専門性があって、スーパーバイズできるかということ、ここにかかってくるのです。

石井 よく同一労働同一賃金と言いますが、労働の質に踏み込んだ話になっていないわけで、そこを評価していかないと本来的な意味での公平感は担保できないし、一番難しいところですよね。そこをどうしていくかが課題だと思います。

松上 私のところは、「行動的課題」のあるの人を中心に支援するグループホームのほうが世話人さんの定着率がいいんです。ですからこれも様々です。充実感と魅力があるのでしょうね。たしかに人手不足ということはあるけど、反面、そこに生きがい持って、意欲を持って働いておられる人もいるわけですね。

水野 そう、それが大事ね。

阿部 自閉症の人たちの生真面目さ。寸分違わず釘を打つ、少しでも曲がっていれば、釘を抜いて打ち直すという几帳面さ。そういうところを学ばなくてはと、職員がまず思ってくれる。そうすると、それがパートさんにも伝わっていくんです。利用者から学び、生かされているのだという意識が職員の中に育ってきている。

松上 そこがものすごく大事なことで、基本だと私も思うわけですね。利用者の人たちが抱えているいろいろな問題・課題は自分たちの問題・課題でもあり、そういう視点をどういうふうに持てるかとか、この仕事の楽しさというか、それは本当に新しい自分との出会いなんですよね。利用者支援を通しての自分自身の気づきです。自分が学んで成長するという部分がないと、やっぱり続かないと思う。

支援の振り返りを通して、支援者として、そして人として生きていくパワーを利用者からもらっているんですよ。ロールプレイで私が支援した利用者の役割を演じたときに気づいたことがあります。それは、支援者以上に利用者のほうが、気を遣っているというか、支援者に合わさなきゃとか、これだけ一生懸命してくれているんだから何とかしようというエネルギーを支援者以上に使っているということです。彼らは私たち支援者が思っている以上にパワーをどれだけ内的に使っているかという気づきを得ることができました。そのことが支援者としての成長につながっていく。そういうトレーニングも必要であると思うんですよ。

阿部 その通りだと思います。障害の重い人ほど感性が豊かです。自分を安心させ、信頼させてくれる人でなかったら、それをすぐ行動にあらわします。だから、障害が一番重いと思われている人が、実は一番感性が豊かで、すばらしんだ、そこから学んでほしいと職

員に言っているんですよ。

石井　その感覚を感じ取れるまでたどり着ければ、やりがいというところにつながっていくので、単純に仕事が大変だとか、待遇が悪いからというだけで離れていくことはほぼなくなる。それこそ職員の質の確保でもありますけど、定着して、自分でつかみ取っていくということがまさに質の向上につながり、そこまでたどり着くような施設運営でないといけないと思います。施設運営の中での人材育成に力を入れてくことが課題と思いますね。

阿部　ですから、研修にしても、座って聴いているだけの受け身の研修ではなく、どんどん現場に出る。そして言語化です。自分自身の感じたこと、疑問に思ったこと、やりたいことなどを言語化し、発信していく、その過程が実は研修の中で重要だと思っています。

松上　そういう質の高い研修をしないといけないですね。

水野　岐阜県の場合、今度、県が施設長を別の施設へ実地派遣するということになったんですよ。自閉症施設以外の人にも理解してもらわないといけない。

教育と福祉の連携

中尾　いまだに自閉症というのは、ま

あ、昔に比べれば理解されていると思うのですが、本質的なことはやっぱりわからない。

松上　いや、わかってないと思いますよ、本当に。

中尾　学校教育で、子どものときから障害についてのある程度のことは教えておかないと。たとえば、親にしても、自分の子どもが自閉症だと診断されたとき、まず障害者の親になったことのショックのほうが強いと思うんですよ。

　親によって分かれると思いますが、これからどうすればいいんだろうと思って勉強して、自閉症協会に入ろうかとか、父母の会入ろうかという人もいれば、いや、うちの子は障害じゃないという人もいるじゃないですか。それは親のバックグラウンドや家庭環境によってずいぶん違うなと感じました。高学歴、大金持ちもいれば、生活保護を受けている人もいました。障害があると診断されたときに同じように受容することは、どうしても無理だと思うんですよね。

　ですから、子どものときに学校で、こういう障害もありますよと障害を理解させることができないでしょうか。そういうものを文部科学省のほうで推進させてくれないでしょうか。

水野　学力重視の教育観を変えなきゃいけない。ずいぶん親も子どもも被害を受けています。

阿部　中学になると、実習として、障

害者施設の現場実習に行きますよね。感受性の高い時期に、そのようなふれあいの場を持つことは、すごく大事で、それを経験したことが、共生社会につながっていくと思います。小学校でも、ふれあいの時間・機会を作っていくようになると、こういう人もいる、ああいう人もいる、多様な価値観が生まれ、ひいては、福祉の分野に目が向いてくるのではないかと思うのですけどね。

水野 教員にも福祉施設での実習をしてもらい、障害者を人間として見ていくようにしてほしい。アメリカなどでは単位を取るために1年か2年施設で働いたりしているそうです。

石井 袖ヶ浦のびろ学園の場合、東京都立しいの木特別支援学校から訪問学級で先生がずっと来ていたんです。授業といっても、重度の子が多いので、プレイセラピーのような内容が多いんですけど。そこには、施設の職員は直接絡まないのですが、利用者の情報交換みたいな形で定期的に先生方と職員とで連絡会を持ったり、何かあったときには相談し合ったりしました。しいの木特別支援学校は都立なので、先生は都内のほかの学校に転勤していくんですよ。そうすると、転勤先ではもう自閉症のスペシャリストなんですよね。自然にそういう教員の教育ができているという感じでした。そういう環境の中で先生が実際、身を置いてやることの意味というのがすごくあると感じま

した。これ以上は人員配置ができないからということで、（訪問学級は）今はなくなってしまったのですが、それは自閉症の子どもの教育の上で損失じゃないかなと思っています。

松上 療育のところはずいぶん充実してきて、大阪は健康福祉圏域に一つの療育拠点をつくって療育の効果が出ています。あとは教育と福祉をどう連携するかということが、非常に重要です。教育と福祉がつながったらそれが成人期につながっていくので、そこはずっと課題だと言われているんです。

水野 療育をやる人は、ある程度の経験があることも大事ですね。

松上 成人期の支援をして、それから療育の担当になるというのが理想ですよね。そうすると、今支援していることが将来にどのようにつながるという見通しを持って療育ができるし、親御さんに対しても、今の支援が将来のこういうことにつながるんですよ、ときちんと説明することができます。

石井 あるいは、思春期の大変な時期を乗り越えれば、という見通しを持てるとかね。

阿部 今の話から、私は、親の会を作ってよかった、50年運動してきてよかった、全自者協ができてよかった、と実感します。というのも、私が自閉症親の会に入会した年に全国協議会の全国大会が東京であったのですが、そのときの最年長者が12歳か13歳くらいだっ

たんですね。大人になったイメージがつかないわけです。

石井 まだそういう人がいなかったんですね。

阿部 10歳くらいの子どもたちがみんなピョンピョン跳ねているわけ。そんな子ばかりで。

中尾 大きくなったらどうなるんだろうって思いますもんね。

阿部 大人になったらピョンピョンしないよねとか、どうしたらピョンピョンしなくなるんだろうとか…。そういう状況下で発会した親の会でしたが、今は、このような支援をしていったら、大人になってこうなっていくかもというモデルがある。けやきの郷には、国立特別支援教育総合研究所から毎年2回ずつ先生方が研修にいらっしゃっていますが、「施設側から見て、児童期にどういう教育をやったらいいと思いますか？」と必ず聞かれます。自閉症協会が50年継続してきた意味がわかりますよね。

石井 そうですね、まさに。

自閉症協会の役割とは

松上 歴史を振り返るというのはすごく大事ですね。どのように制度ができてきたのか、その底流にあるものを見つめ直すということですね。

水野 みなさんが頑張って、心ある方たちが背中を押してくれたわけでしょ。親だけじゃ絶対にできませんよ。

阿部 教育、医療、そして福祉の力が結集して出来上がったということを、もう一度確認したい。わが子に、どこも行き場がないって思った、その原点から始まったということを再確認することが必要と思います。

この50年、何もないところから作り上げてきたその核は、「私」と「あなた」であり、自閉症協会であり、全自者協であり、それぞれの各地域のブロックなんです、と私は言いたい。

水野 そして日本自閉症協会として、今後の福祉サービスを考えていくときに大切なことは、自閉症児者がどこでも一人の人間として生を全うできるよう、皆の力を集めて大きな波となって働きかけていかなければいけないということですね。そして何より、重度の人たちのことを忘れずにということです。

阿部 そのために、自閉症協会の役割として、1つは各ブロック、各施設、専門家から吸い上げたニーズを整理し、制度化に向けて力を結集していく。2つ目は啓発・発信です。私は、自閉症協会で広報を主として担当してきましたが、災害時のハンドブックは大きな反響をよび、東日本大震災のときは2万回ほどダウンロードされました。ま

さに必要な情報を発信、啓発につなげられたと思います。そして、世界自閉症啓発デーを中心に、共生社会へ向けて啓発活動をする。そうした外への働きかけとともに、親たちに向けて「あなたは、ひとりではないんだよ。ここは、駆け込み寺の大本山だよ」ということを証明するための活動・家族支援・相談事業をさらに充実していくことも大切だと思います。もう一つ私が感じていることとして、親自身、子どもとの時間を大切にしてほしいということがあります。

石井 親御さん、サービスの提供者、専門性を持った人材がお互いを支え合い、福祉の充実を図っていくためには、人づくりというところがポイントなのかなというのが、今日の話の中ですごく印象に残ったところです。

阿部 手を取り合っていくということですね。

石井 同じ源流から枝分かれした自閉症協会と全自者協というところでみると、サービスの提供者側である全自者協としては専門職としての人づくりをテーマとして、今後もそこを充実させる一方、自閉症協会としても「ユーザー目線」での支援者育成を考えて実践していくことが求められていると思います。クレーマーのように、ただサービスに対してダメだしをするというのではなく、自閉症の人にとって本当に必要な支援は何かということを発信し、それを実現するために必要な人材像を提示していくということこそが求められていることではないでしょうか。

　本日はお忙しいなか、ありがとうございました。

■座談会を終えて

　今回の座談会は、創立の経緯を振り返りつつ、自閉症の親たちが我が子の将来を思い、続く子どもたちが安心して生活できるようにと施設開設に至り、そして現在の様々な支援に続く、その根底の思いが込められているものになりました。日本自閉症協会の50年のあゆみが、自閉症を中心とする福祉サービスの充実にとって大きな礎となったことを感じていただければと思います。

　今後の自閉症協会の役割として、あらためてニーズを整理していくことが必要になってきます。様々なサービスがありながら、そこにつながらない方たちもいます。また、これまで未知であった自閉症の方たちご自身の高齢化や、情報化社会の急速な進化への対応も大きな課題となっています。全国組織として力を結集し、全自者協（全日本自閉症支援者協会）をはじめとする関係団体とも協力して、さらなる制度の充実のため活動していくことがさらに大切になってきています。福祉サービスの本来の目的と支援の質の向上である地域で安心して安全に、安定した生活ができること、そしてその生活の質の充実を目指していくこと、そして自閉症児者の保護者を支えていくことが、これまでも今後も協会の大きな役割であることを改めて認識できた座談会でした。　　　（石井）

日本自閉症協会の事業

■相談事業　相談事業のあゆみ

武藤　直子　前専門相談員（臨床心理士・心の発達研究所）

■ASJ 保険事業　ASJ 保険事業の振り返り
「自閉症スペクトラムのための総合保障」

内田　照雄　一般社団法人日本自閉症協会ASJ保険事務局
　　　　　　保険事業運営委員会委員長

大久保尚洋　一般社団法人日本自閉症協会ASJ保険事務局
　　　　　　保険事業運営委員会副委員長

■実施事業

相談事業のあゆみ

前専門相談員　**武藤　直子**
（臨床心理士・心の発達研究所）

1　相談事業の開始と体制整備

（1）相談事業の開始

　日本自閉症協会の相談事業は、1990年（平成2年）4月に、定款に則った新事業として開始された。自閉症児者の家族を支援することが主なねらいであった。現在の定款では「本事業は、会員だけでなく自閉スペクトラム症（ASD）の本人やその家族の支援のために、支援者も含めた相談に関する事業を行う」としている。

　相談事業が協会の事業として開始された背景として、一つには、自閉症は親の育て方が原因ではなく、脳機能障害による発達障害ということが次第に明らかになってきても、その原因に働きかける決定的な治療がないこと、また、自閉症は発達に不均衡があるため、家族の間でもコミュニケーションが成立しにくいことやしばしばパニックや常同行動、自傷行為などの激しい行動の問題を伴うために家族の負担が大きいことが続いていたということがある。

　もう一つには、自閉症児の対人関係の希薄さや行動の問題への対応が、専門家によって治療や指導の方針が大きく違うことが親の不安や混乱を招く結果になっていたことがある。

　以上のような状況の中で、治療法に対する家族の疑問、自閉症の障害や発達に関する疑問や悩み、不適応行動、日常での接し方、家族間の問題などに専門的な立場から答えることによって、家族の荷重な負担を少しでも軽くし、家族に明日への活力を感じることができるように助言をすることを目的として開始された。

　当初、相談員は1名で、当時東京大学医学部附属病院精神神経科に勤務していた永井洋子氏が月に2回予約制で行っていた。その後、協会職員1名がケースワーカーを兼任しながら相談にも応じていた。医療的な問題があった時にアドバイスしてくれる精神科医師がいるという体制で始められた。知的な遅れが中度や重度の方からの相談が多かった。

（2）相談事業体制の整備

　初期には電話、面接、手紙の3形態で行っていたが、手紙の相談に応じきれなく

なり、電話、面接の２形態となった。1998年から武藤が加わり専門相談員２名、週１回体制になった。

　ケースが増えたことと、予約なしで相談できるサービスやピアカウンセリングとして親同士による支援のニーズに対し、一般相談と家族相談が順次開設された。

　一般相談は、2004年（平成16年）７月から開始された。週２回臨床心理士を配置し、予約不要、相談時間15分、会員・非会員を問わず利用可、無料とした。

　更に家族相談（当初の名称「ペアレントメンター相談」）が2006年（平成18年）５月より開始された。ペアレントメンター養成講座[注1]を受講した、自閉症のお子さんを育ててきた経験のある保護者による家族相談である。

　相談員がふえたので、2004年（平成16年）より年２回相談員・事務局によるカンファレンスを行っている。

　専門相談については、申し込みが少なくなってきたため、2011年（平成23年）８月から隔週に行うことになった。

注１）ペアレントメンター事業について：日本自閉症協会では2005年（平成17年）４月から日本財団の助成を受けて、ペアレントメンター養成講座を開始。各地域の自閉症協会と共催して講座を行った。現在当協会での養成講座は終了し、インストラクター養成に主眼を置いた事業を行っている。ペアレントメンター事業を自治体が地域の機関、発達障害者支援センターなどに委託して、養成や研修講座を行っているところが多く、そのサポートの役割を担っている。

２　相談事業体制

　現在、相談の形は３つある。一般相談、家族相談、専門相談である。

【専門相談】

　月１回、事前予約制にて実施。初回相談の前に相談基礎票（相談したい内容および子どもの発達の状態や経過などについて）を記入、送付いただく。電話（30分）2,000円、面接（１時間）5,000円の有料での相談。

【一般相談】

　電話による相談。各相談日を１名の相談員で対応。３名の臨床心理士により交代制で担当。相談時間は原則15分である。最大１日10件の相談に応じている。電話をいただいた順に、時間を決めて後ほどかけ直していただくシステムとなっている。相談料無料。

【家族相談】

　親たちによる親への支援として家族相談を月３回行っている。ペアレントメンター養成講座を受講した、自閉症のお子さんを育ててきた経験のある３人の保護者による交代制での相談。原則15分、相談料無料。

相談事業

3　初期 9 年間の相談事業のまとめ

　相談事業開始後、2 回の相談票のまとめを通して自閉症の相談事業の現状と解決方法を探った研究を行った。

　第 1 回は、1995年（平成 7 年）に初めの 4 年間の相談票をまとめた。第 2 回は、1999年（平成11年）に同じく相談票のまとめを行い、第 1 回分と合わせて 9 年分の相談票から見えるものをまとめ冊子にしている。当時の専門相談員の永井洋子氏が代表で行ったものである。（自閉症児・者および家族に対する相談事業に関連した諸問題とその解決方法に関する研究　研究代表者　永井洋子（県立静岡大学看護学部）（1999年 3 月））

　この研究のねらいは、日本自閉症協会の相談開始から 9 年間の初回相談（776事例）の「相談基礎票」を集計解析し、①自閉症児の年齢段階、知能発達の観点から現状を明らかにし問題点をまとめる　②家族のニーズに応えるために今後の相談事業を充実させる方向性を探ると同時に、広く社会的な援助体制の在り方を検討すること、③最近注目を集めている高機能児あるいはアスペルガー症候群についての援助法を深めるため、相談の中の知的に遅れのないケースについて問題点と社会適応の在り方を整理することであった。

（1）対象と方法

対象：0 歳から37歳。最も多いのは 2 歳から 4 歳で、合わせて約 3 割であった。初期 4 年間では幼児期の他に思春期にもう一つのピークがあったが、9 年目のまとめではその山は見られなかった。男女比は 4：1。

診断：低年齢では確定診断が出ていないケースもある。成人期の知的に遅れのないケースでは自閉症以外の診断を受けていたと考えられる人もいたが、自閉症が66％で残りの方々も自閉症症状をはっきりと訴えていて大部分の人が自閉症と考えられた。

方法：相談基礎票の 9 項目を①年齢段階別（6 歳ごと）、②男女別、③知的発達の重症度、④年度別（3 年ごと）、の 4 つの観点から検討。

（2）結果と考察

ⅰ．基礎事項について

初回相談の形態：電話相談が80％、面接が20％であった。知的発達段階を親の回答から見ると、「遅れなし」の相談は数％だったのが98年度には10％に増えている。高機能の方たちの相談がこのあたりから見られていた。母親からの相談が多く（86.0％）、両親を含む父親からが12％、その他（2 ％）は指導員、保健婦（当時）、学校担任、知人などであった。

会員割合：会員の利用者は約半数で、地域別では関東地方が57.5％。

相談事業の情報源：協会関係の出版物が最も多かったが、幼児の家族では少なく、医学書や家庭医学書など、また、インターネットによる情報からの方が増え始めた頃でもあった。

ⅱ．主訴の概略

主訴は様々であるが、年齢別で共通点が見られた。

幼児期前期では障害を疑い、自閉症とはどんな障害か等の親の不安と苦悩。幼児期後期は障害に取り組むための情報を求め、治療法・専門機関のことや日常での具体的な接し方、学校選択のことを知りたい。学齢期は学校教育への疑問や先生の無理解、学校集団への適応の難しさが内容として目立った。思春期・青年期は体が大きくなって異常行動への対処が大きな事柄になり、服薬の検討、所属している場での不適応の問題などもあった。親も疲弊し、家族の危機に繋がりやすい時期でもある。成人期は就労したい、社会に適応できないという訴えであった。

全年齢で対人関係がうまくできないという訴えがあり、親からは兄弟関係での悩みが相談されていた。

ⅲ．発達的観点から（知的発達、言葉の理解、話し言葉の発達、読み書きの程度）

知的発達は、約6割が重度・中度の遅れであった。重度の遅れを年齢段階別に見ると19歳〜24歳で39％を占めてもっとも多く、7歳以上18歳までの学齢期段階では30％前後で高かった。幼児期と31歳以上では10％未満で少なかった。学齢期と学校卒業後の青年期で重度の方が適切な対応を受けられないでいることが考えられた。また、会話はできなくても読み書きの方が優位な結果で、一般の発達とは逆転し視覚優位の自閉症の特徴が見られ、教育にもこの特徴が生かされる対応が必要であることを示していた。

身辺処理は年齢とともにほとんどの者が自立していた。一方、相互的な会話など社会面での発達に関しては、どの年齢のどの発達段階においても、対人関係がうまくいかないとの訴えが高かった。知的に発達すればするほどより広くより高度な対人関係が求められる。集団への適応については、知的な遅れのない群で「全く適応できていない」の割合が高い傾向にあり、高機能の人たちが社会適応の難しさで悩んでいることが示された。

ⅳ．行動上の観点から

くせ・決まり・パニックなどは成人期に至るまで高い割合で訴えられていて、くの異常行動はかなり年齢が高いところまで続くことが示されていた。最も多彩で訴えの高い時期は青年期（19〜24歳）であり、その割合を見ると、強い癖・決まりは66％、常同行動は40％、他害は33％、器物破損は25％（重複回答可）であった。異

常行動が高まるとされる思春期よりも、ピークは遅れて青年期にあるという結果であった。多動と質問の繰り返しはこれとは違い、多動は幼児期が明確に高く、質問の繰り返しは成人前期に高い値（55％）を示した。子どもが成人期に至っても家族には困難が続くことが推察された。

ⅴ．医療・相談機関

通院率：幼児・学童・思春期ともに50％、青年期で最も高く70％近くを占めていた。服薬：幼児では低く（13％）年齢段階とともに高くなり青年期がピーク。通院している人のほとんどが服薬しており、服薬のために通院していることが考えられた。相談療育：幼児期62％、思春期以降では10数％台。医療機関においても家族の相談に応じるというニーズには十分応えられていない。治療・相談機関の不足が強く指摘される。

ⅵ．（知的）「遅れのない」ケース

　4年目までのまとめでは、「遅れがない」10人（4％）だったが、その10人も含めたこの9年間では7％になった。社会的にも神戸児童殺傷事件がおき、高機能自閉症、アスペルガー症候群のケースが知られるようになり、遅れのない方の相談が増えてきた。13歳以上で遅れのない23人のケースでは低年齢のうちは本人の記憶力の良さで成績を保ち周囲の評価を保ってきたが、中学世代以降に混乱して異常行動や精神症状が増強し、社会的不適応状態を訴える。教師や友人の障害に対する理解が乏しく、いじめの対象にされるなどの不適切な対応が本人の混乱を一層大きくし、破綻をきたす危険性が高まることがわかった。

4　相談事業の現状について

　児童発達支援事業などの福祉政策の発展により受け皿が増えたため、最近は成人期の高機能の方や当事者の相談が多くなってきた。また、マスコミで報道の影響を受けて一時的に相談数が急に増えることもある。どこにも繋がりにくい高機能の方々からの繰り返しの相談が最近の相談事業の特徴になっている。19歳以上の成人の相談が7割である。

　相談事業が始まってから13年経った頃に高機能の人の相談が3割になり、最近では5割を超えた。幼児期や学齢期の方は少なくなり、成人、なかでも20代後半から3、40歳台の方が増えた。

【一般相談】

　マスコミで日本自閉症協会の相談が紹介された後や、事件後には件数が増える。2005年ごろは「光とともに」（マンガ。戸部けいこ著）の本を読んで電話をかけてくる人もいた。

相談内容は多岐にわたる。小さい子どもから成人の方までの日常的な関わりについての相談、医療や相談機関に関する問い合わせ、「もしかしたら自閉症ではないか」「様子を見ようと言われてもどうしたらいいか・どう関わったらいいか」「誰かに聞いてもらいたい」「将来のことが不安」、自閉症の子どもさんの不登校や思春期以降のひきこもりの相談など。また時期により、2学期になって行事で混乱する学童期の相談、年度末には進路に関する悩みや不安を抱える親からの相談などがある。

相談者は母（60%）と本人（約20%）父は約5％、配偶者、祖父母・親戚からの電話も全体の10%以上である。本人からの相談は全体相談数の約半分である。相談対象者の年齢も0歳から60代まで。

一般相談では時間に限りがあり、複雑な事例やご本人の気持ちを整理するためなどの必要に応じ専門相談をすすめている。また、カンファレンスでケースについて話し合いをもつこともある。

【家族相談】

昨今、自閉症に関する情報量、相談や療育機関は格段に増え、世の中の理解も進んできている。しかし、親、家族の心配や悩みは、あまり変わっておらず、そうした思いを受け止め、ケアしてもらえるところは未だ少ない。「親自身のことを相談できる場がない」との声を受け止めている。親も孤立しやすい今の社会なので、親が安心して話を聞いてもらえる、話ができる場は大切である。一般相談や専門相談に比べ、父親からの電話も割合が高い。

幼児期・学齢期の相談が多く、発達障害全般の相談もある。「将来の不安」「問題行動」については、家族相談員の子育て体験を参考にして具体的な話になることも多い。

【専門相談】

知的に遅れのない方の相談は事業開始時期は数％から10%程度だったが、最近では5割を超えている。相談形態は面接が約4割で、電話相談が6割である。面接だけを繰り返す方は少なく、面接後は電話で一定期間繋がっていくことが多い。

特定の人の多数回の相談の増大がしている。

【カンファレンス】

相談員の数も増えてきたので情報を共有する必要性と困難ケースに対しての助言を受け、ケース検討をするために年に2回程度のカンファレンスを行っている。

相談事業

5 相談での対応について

（1）相談への対応

　対応としては、情報提供と、話の受けとめがあるが、情報提供としては、必要に応じてお住まいの地域の自閉症協会、発達障害支援センター等を紹介している。地域の医療・相談機関を案内し、緊急を要する場合等専門相談に繋ぐこともある。

　日中支援の場で行動の問題が大きくなってしまい、職員の対応に納得できない方などからの相談がある。卒業校には頼れず、親身になって相談に応じてくれる場がなく困ってのご相談である。実際の窓口となる各地区の相談支援の担当者が発達障害のことを理解していない人だった場合、満足できない対応になってしまう。ASDの方は感覚過敏などの特性からも相性の悪い人との対人関係を調整しにくい。親身になってもらえない場合、今は自分で施設を探さなければならず、施設のリストを与えられるだけで途方にくれてしまっての相談もある。

　発達段階に合った毎日の生活がとても重要で、その人の発達以上の期待をしてしまうために親御さんが悩んで相談をくださる場合もある。会話にならない、同じことを繰り返し質問してくる、最近こだわりが強くなったなど。お会いしていない電話ででも発達についてのポイントを問うと対象者の方の発達をおおよそ推量でき、「だいたい○歳くらいの発達だと思うがどうでしょうか」と伺うと、テストを受けた時にそう言われたとか、日常の行動からそう思うとお答えいただくことが多い。子どもさんの認知発達から、その行動の意味をお話しすることによって、悪くなったように見えても成長した故の今の行動であるとわかり安心できるようだ。発達に合わせた日常での対応の仕方や課題をおすすめして、今必要な目標がわかって親御さんの気持ちに区切りをつけられることもある。

（2）対応例：筆者が受けた相談から

　相談を受けた中から何人かの事例を合わせて報告してみたい。

　再相談は原則3カ月以上間隔をあけている。長いお付き合いの相談者もおり、折々の気がかりなことのお話も一緒に考えてやってみているうちに親御さん自身で対応のコツを会得し、子どもさんの現状を受け入れつつ工夫なさる姿勢に感銘を受けることも多い。（個人が特定されないよう、一部内容を編集）

11か月で母が発達を心配した例

　母は幼児教育を仕事にしていた時期があり、自閉症ではないかと気になり面接を希望。初回1歳前という早い時期ではあったが、お会いして確かに人への反応が物への興味に比べ鈍い、しかし人を拒否しないで反応することも多少あり、母も関わりはとても上手なので、シンボル表象機能が育つための関わりを紹介して様子を見

てもらい、その上で子育て支援を受けるようにすすめた。面接という形態があるからこそわかって対応できた例。

小1から中学卒業まで折々に電話で相談を受けたA君（相談者母）

　4歳で広汎性発達障害と診断され幼児期は週1回の個人指導、就学前は相談指導も受けていた。2語文が中心。小学校は、特別支援学級のない地域だったため普通級に入学、その後対応が難しいとわかり、特別支援学級を設置してもらうことになった。1人学級、その後高機能タイプの生徒が1人入った。通常級との交流もしながら学級に参加。母からの話を聴く中で、次のようなことを必要に応じてお話しした。

　　＊障害の特性からくる行動　　＊その時々の発達に合った働きかけ（太田ステージ^(注2)では入学当初より中3までで2段階上がった）　　＊叱る前に「○○したかったかなあ」「悔しかったんだね」とA君の気持ちを受け止める　　＊視覚的に伝える　　＊予告・未然の対応等

　できるだけ具体的な提案をし、保護者に工夫してもらった。お風呂は母親も小さい時、嫌いだったことを思い出し共感できたとのことだった。年々母もコツを飲み込んで対応した。いじめに遭った時も早めに学校との連携をうまく図ることができた。その機会に他の生徒たちにA君のことを先生から話してもらった。中学はバスで通い、将来の自立に役立つ良いチャンスになり一人で図書館を利用したりもした。卒業を機に終結となった。

注2）太田ステージ　子どもの発達段階をとらえやすくするために、いくつかの発達の節目をとらえてステージ分けしたもの。Piagetの発達理論を主に参考にして作られている。

親の工夫と努力で強度行動障害から回復したB君（母との18回の面接）

　28歳から43歳までの間、自分たちの苦労を若い人たちに伝えて欲しい、というお気持ちから母が年に1回報告にきた。その時点で必要と思うことの助言をした。

　初めの相談は、施設に入所して10年くらい経った頃。強度行動障害で、自傷・服噛み・物壊しなど命の危険すらあった。小さい時からパニックは激しいほうであったが、療育には恵まれていて、卒業後は入所されていた。穏やかな日々もあったが25歳の時、きっかけは不明だが、帰宅中「ウーン」と言ったあとどんどん悪くなった。27歳頃は母が親たちの介護に追われ、変更に弱い人なのに帰宅できないこともあり問題行動が増えた。

　施設では、個室に移し、手袋をはめさせ、物を隠して職員がつきっきりで対応していた。セカンドオピニオンを求め受診してもらったところ、同時投与禁止薬も含まれていて様子を見ながら減薬を始めた。多剤のため意識障害や肝機能障害まで起こしており、また自傷に対応するために手をしばるという不適切な拘束により身体障害もおき、緊急入院となったこともあった。施設の個室ではすることもなく、作業

103

相談事業

や外出も参加させてもらえず、他の園生の外出を気配で察し、「バス乗るの」と自傷がおきるがすべて止められてきた。言葉は2、3語文で話し、「誰・どこ」などの質問もわかる。

　減薬で意識も明確になり、変更を「視覚で提示」すること、但し写真より背景がない線画の方がわかり易いとお話しした。また、絵カードを使って課題を一つできる毎に誉め、「止められる・注意される」という大人との関係を良い方向に変えるような助言した。

　視覚支援にご両親も関心をもち、試しはじめた。講演会や講習会にも参加しSPELL（構造化・肯定的・共感・興奮させない・連携）やTEACCHの対応を夢中になって学ばれた。というのも、緊急入院の際、線画で示したら効果があることを実感されたからである。次に起こることの提示で待てるようになり、本人もまわりも楽になってきた。自分から「描くの」と母に視覚提示を要求するようになったほどだった。相談から3年後には強度行動障害の助成も解除するくらいになっていた。必要な時にその場ででも書いてあげると見通しがたち、Bさんがスッと安心する様子が母親にも分かり安心されたという。図1はそんな例の一つである。

　母が線で描いたものを利用するようになって3年、急に病院に行くことになった時、施設側の支援はなく、車の中であわてて親が紙に描いたもの。ドライブは好きなことだが、帰って寝るところまで予告してある。途中ガラスを割ってしまいそうな不安やパニックもなんとかすり抜けられて、無事帰宅できた。何回もこの絵を見ていたとのことであった。

　しかし、施設の対応は施設長の転任により、大声で叱ったり、怒鳴ったりすることや薬や隔離で対応するのではない支援が園全体に広がるように、大変なご苦労をされながらも親たちの要望を引き出し、保護者に説明し、外部講師も招いて、地道に啓蒙しながら職員の理解を得ていった。何年もかかってB君はやっと穏やかに暮らせるようになった。

　B君が40歳を超え最後の面接では、親が施設に面会に行くという形にした、と報告に来てくださった。B君も納得してくれているとのことであった。親亡き後にも混乱しないようにと考えて行動していらっしゃる親御さんの気持ちにただ頭が下がる思いだった。

高機能・当事者の方からの相談

　成人期の相談では、結婚相手がAS

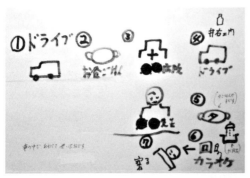

図1　線画で受診を予告したもの（時計回り）

相談事業

D、または疑いをもっている夫婦（夫の場合にはカサンドラ症候群）、結婚相手の兄弟にASDの人がいるという遺伝の相談などもある。

成人期の高機能の方でよくみられる問題点は、初期9年間の永井の報告で述べたことがそのまま繋がっている現実である。家族の障害認知と障害受容の問題である。親は「ちょっと変わっているけど、そのうちになんとかなるだろう」、あるいは「やればできそう」との思いから、叱咤激励して乗り切らせようとし、中学や高校以降、混乱して異常行動や精神症状が増強し、社会的不適応状態を訴えるケースが多い。知らなかった親、それに合わせようとしてどうにもならなくなった人の辛さがせつない。

診断に結びつくには、まず親子関係の調節の難しさがある。受診希望増加に対し応じられる医療機関があまりにも少ない。

本人に対する告知の問題がある。筆者は、吉田友子氏の著書「あなたがあなたであるために」を参考にさせてもらっていた。「障害」というとらえ方でなく脳の使い方が多数派の人たちと違う、そのことは「間違い」ではなく「少数派」なだけであること、多数派のやり方を知って、「特別な工夫」を考えてみましょう、という見方である。主に母親にお薦めし、読んでみた上で本人と一緒に話し合ってもいいし、そういう考え方から日常生活の中で子どもさんとの関わりを見直してみてはどうかと話すことが多かった。

幼児期・学齢期の高機能の方の相談では、スパルタ式の対応をする教師の指導やいじめ、怖がりなど感覚のことなどから、不登校を訴えるものが多い。全体に過去ほとんどの方がいじめに遭って苦しんだ経験をもっている。そして、対人関係のトラウマになっていく。

高等教育を受けたあと、就労の問題で挫折する相談も多い。それを機に自分の特性を知って出直せることもあるが、働くために必要な社会的スキルを学ぶための場やそれを適切に提供する人がいるかなど、高機能の人たちにとって重要な検討課題が今も山積している。

6　相談事業の役割と今後の課題について

（1）相談事業の役割

相談全体で利用された方の内非会員は56%、相談の結果、会員になる方もおり、この事業が会員に対しての家族サポートとともに会員の拡大という意味でも役割を果たしているといえよう。知的に重度なほど会員割合は高い。

一方、新たに高機能自閉症に対する相談ニーズの高まりがある。そのニーズの内

相談事業

容は、家族の障害への認知と障害受容の問題、本人に対する告知の問題、適切な教育の在り方の問題、医療機関と専門家の数と質も問題、就労の問題など重要な検討課題が山積している。

（2）今後の課題
ⅰ．支援者への対応
　子どもの診断と評価、直接関わる保育士・教師・指導員などの相談にも応じることも検討していきたい。機関誌で相談の実情などを特集してみることも必要ではないかと思う。

ⅱ．我が国の実情に合った自閉症の治療や療育システムとプログラムの検討
　医療・教育・福祉の現状はあまりにも系統性や一貫性に欠けており、時には不適切な働きかけによって強度行動障害をつくりあげてしまっているのではないか、とも思われ、今後我が国の実情に合った自閉症の治療や療育システムとプログラムがどうあったらよいかを考えていきたい。

ⅲ．特定の人の多数回の相談への対応
　繰り返し相談をする方々が増えた。相談事業開始後、相談が徐々に増え安定してきた6年目からの4年間と筆者の分だけの専門相談最後の4年間の2回以上相談の率を比べてみた。永井氏の時は週2回の相談日、筆者の時は週1回であった。初期の再相談はだいたい2、3割であるのに比べ、ここ4年間では再相談の方が半数以上6、7割になっている（図2）。

　同じ人からの相談で枠が固定してしまって新規の相談が入りにくくなっている。一般相談でも同様の傾向がある。その方たちに共通しているのは、30代、40代で家

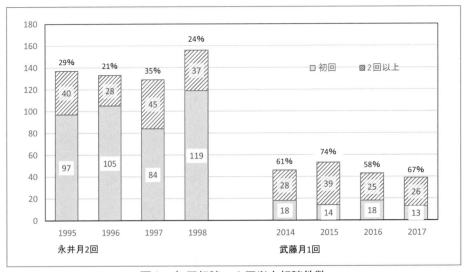

図2　初回相談・2回以上相談件数

族と対立し地域での支援も繋がらなくなってしまい、孤立し誰にも訴えられないで引きこもり状態で、外部と繋がるわずかな機会がここの相談になっているということがある。

iv．医療や法律関係との連携

相談内容が、医療からの助言や法律的な対応が必要なこともある。随時示唆してもらえる体制や必要に応じて連携できる体制が望まれる。

7　終わりに〜相談を通して切に思うこと〜

（1）知的発達が重度や中度の方への発達に合わせた支援

発達とその人の特徴に合わせた教育支援によって毎日が穏やかに暮らせる生活が提供されるようになって欲しい。ASDの理解がすすみ、「そういう人もいるのだ」と自然に受け入れられる社会の実現に向けて我々専門家も一層努力していかなければならない。

（2）医療機関との連携

早期発見と、理解ある医療と専門家との出会いによって、緩やかに告知や開示の問題を克服できる環境が必要である。医療機関との良い連携も望まれる。20代後半から30、40歳台の高機能の方の苦しみも、早期発見により生じなかったかもしれない。

（3）ASDをよく理解するカウンセラーの必要性

思春期・青年期の発達障害の方の話を受け止めてくれるカウンセラーが必要であり、発達障害の人たちに詳しい公認心理師が増えていって欲しい。また、危機的になった家庭機能の回復を図れるようなキーパーソンが必要である。大学の学生相談室が発達障害の学生を視野に入れて対応するようになった。早くに自分の特性を知り、良い部分が高められ、苦手なところを調整するスキルを学べる場がますます必要になってきている。

（4）個々のニーズに合わせられる療育・教育・福祉サービス（合理的配慮）

サービスはあっても、個々に多様な困難さをもつASDへの適切な対応の不足がある。2016年（平成28年）施行された障害者差別解消法で、困難や障害のある人でも、周りの環境を整えたり、適切なサポートをしたりすることで、これまでできなかったことができるようになる社会の実現に動き始めた。ASDの方の個々の特性が否定されずに受け止められて配慮される社会の実現に繋がっていって欲しい。

日本自閉症協会が相談事業を開始してからの28年を振り返って、相談の変化や現状を述べた。この間に福祉の施策は、国連の「障害者権利条約」の採択があり、日

相談事業

本も国内法の整備をして2014年1月に締結したが、この間、福祉サービスが早いテンポで変わってきた。教育も「特殊教育」から「特別支援教育」に移行して通常学級にいる発達障害の子どもたちへの支援が行われるようになった。学校の無理解から強い偏食指導で不登校になり、そこから大きく崩れてしまうというような相談はなくなった。しかし、コミュニケーションや対人関係の訴えはずっと一貫してあり、ASDの特性からくる根本問題は変わらずにある。ASDをよく知る自閉症協会が行う相談事業が今後も必要である。

図3　カレンダー

図3は、あるASDの女性が自分が見たTV番組を毎日楽しそうに記入したものである。ASDの方たちだけの小さな集団、特性を理解してもらえる環境で働いている。言葉に裏表がなく、与えられた仕事に手抜きせず、小さなことを夢中で楽しみ、パターン的な友との会話をして楽しんで暮らしている。そういう姿は私にも刺激的で豊かな気分のお相伴に預かっている。いくつになっても伸びていく力をもっていて、こんな言葉も使うようになったと驚いたりもするし、彼女なりのパターンで周りとの関わりが増えていっている。

この女性も一例であるが、これからも一層社会的条件が整ってご本人がその人なりに自分を肯定でき、家族の方たちも安心して充実して生きられる生活が実現して欲しい。

相談活動を通して、一人一人の方の悩みを共有し、相談で訴えられた危機的状況が次の成長へのきっかけとなるように役立っていきたいと思っている。

参考文献
　　発達障害の子どもをもつ親が行う親支援　編者　井上雅彦・吉川徹・日詰正文・加藤薫　学苑社　2011
　　自閉症治療の到達点第2版　太田昌孝・永井洋子・武藤直子編　日本文化科学社　2015
　　太田ステージによる自閉症療育の宝石箱　永井洋子・太田昌孝編　日本文化科学社　2011
　　あなたがあなたであるために　監修ローナ・ウィング　著吉田友子　中央法規　2005

ASJ保険事業

「自閉症スペクトラムのための総合保障」
ASJ保険事業の振り返り

一般社団法人日本自閉症協会ASJ保険事務局
保険事業運営委員会委員長　**内田　照雄**
副委員長　**大久保　尚洋**

1　開始準備期

　自閉症児・者親の会全国協議会発足以降、当時自閉症児者が加入することのできる傷害保険や賠償責任保険はAIU損害保険会社が知的障害児者を対象にした保険以外に加入することができず、全国協議会としては、自閉症に特化した保険等がないものかと保険会社各社に問い合わせをしたり、入院時の付添介護費用の必要性など担保できる特約の開発、検討を重ねてきた。

　その後、平成になって全国協議会から日本自閉症協会として法人化する中、協議、検討は継続され、石丸晃子元副会長を中心とするメンバーが全国自閉症者施設協議会（現：全日本自閉症支援者協会）へのニーズと実態の聞き取り調査などが行われた。また、ある施設では保護者会が独自の互助会システムを創設して運営しているものの、基金の準備や掛け金の負担が大きく、入院時の負担に対する給付金も実費の2～3％程度であったことなどから、関東では氏田照子元副会長を中心としたメンバーがより大きな組織で互助会システムを立ち上げなければ将来的な運営は困難であるとの見解から、関東広域で運営できないかと検討を重ねていた。

　こうした全国での協議や検討がされる中、直接のきっかけは、全国支部連絡会において、会員からの要望や意見をいただいたのを契機に、江草安彦元会長に互助会の必要性について何度も説明を繰り返すとともに、AIU損害保険会社の代理店の（株）ジェイアイシー社長、専務に相談に乗っていただき、漸く江草元会長の了解を得て、日本自閉症協会として互助会システム立ち上げの準備に着手された。

　当時、他団体が運営する共済事業での不祥事が起こったことや保険業法の見直しの観点から、国は社団法人のような公益的事業を行う団体が共済事業を立ち上げることについては、特定の会員に対するサービスの提供であるとして慎重な態度で、損害保険と共済事業を合わせた互助会システム立ち上げには難色を示した。協議や検討は更に進められた結果、国は一般社団法人で互助会システムを運営する方針に

ASJ保険事業

ついて一定の理解を示し、当面の経過措置として日本自閉症協会とは別組織での運営が了承された。（お話を伺った方々：岩本四十二氏、氏田照子氏、大平薫氏、水野佐知子氏、横田敬一郎氏）

2 ASJ互助会の発足「自閉症児・者のための互助会事業」平成11（1999）年6月1日スタート

ASJ互助会の規約や運営細則、保険の内容（互助会が病気を保障＋AIUがケガや第三者賠償の補償）、パンフレットの作成、等の諸準備を行うと共に、いとしごNo.53（H10.11.08.）号に掲載で6月1日スタートが全国に発表された。

平成11年2月7日に第1回ASJ互助会、理事会（理事14名・監事2名）・評議委員会（21名）がこどもの城で開催され、ASJ互助会が正式発足となった。同時に全国協会や施設での説明会が開催され申込み受付が開始された。平成15年度からは全国各地区の自閉症協会から推進委員が選任され、互助会を広め加入促進を務めていただくこととなった。

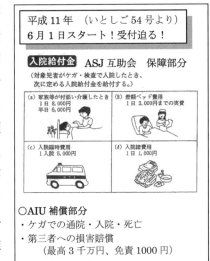

3 社団法人 日本自閉症協会の共済事業 「自閉症児・者のための共済事業」平成18（2006）年4月1日移行

平成17（2005）年度の保険業法改正の適用除外に向けての活動を行った。国は互助会活動は保険業であり、契約者保護の観点からも一定の健全性や財務基準を満たすことが必要であるとして保険業法の改正の対象とし、互助会などは2年間の猶予つきで小規模短期保険業者、他への移行・運営が求められた。

ASJ互助会や全国の知的障害者互助会は改正保険業法の適用除外を求めて様々な運動を行った。各互助会の代表が連携して金融庁に要望書を提出し、国会議員に陳情活動を行った。会員の皆さまからも署名をいただき、ASJ互助会では22,400名、全国の互助会全体では34万名もの署名が寄せられた。平成17年2月に金融庁に提出し、国に対する要請や議員会館にて集会を行った。このような運動にもかかわらず改正保険業法の適用除外は認められなかった。

しかし「保険業法等の一部を改正する法律　付則（公益法人に関する経過措置）

第五条　法施行の際に公益法人が特定保険業を行っている場合、当分の間引き続き特定保険業を行う事ができる」が盛り込まれた。

　このため、ASJ互助会は平成18年度4月1日より、社団法人 日本自閉症協会の共済事業に移行し、運営は日本自閉症協会からASJ互助会に委託する形へ移行することとした。よってASJ互助会の組織体制・運営は継続することとなり、ASJ互助会がAIU普通傷害保険に団体加入者となる形となった。

　同時に以下が変更となった。
- ・決算時期　平成18年度より4月1日〜3月31日（変更前6月1日〜5月31日）
- ・掛金変更　平成19年度より会員、非会員問わず、年間18,000円

4　一般社団法人 日本自閉症協会ASJ保険「自閉症スペクトラムのための総合保障」平成26（2014）年4月1日開始に向けて

　平成18年に社団法人 日本自閉症協会の共済事業に事業移行したことで、当分の間は共済事業を継続できることになった。しかし公益法人法改革に伴い、新公益法人法の下では共済事業を続けることができず、平成25年11月30日までに次のステップを考える必要があった。

　ところが平成22年11月に「保険業法の一部を改正する法律の一部を改正する法律」（平成22年度改正法）が成立した。この法律の施行により、日本自閉症協会は認可特定保険業者として認可を受けることで共済事業を当面の間継続できることになった。

　平成25（2013）年度から認可特定保険業の認可（厚生労働省所管）と新公益法人制度の一般社団法人への移行（内閣府所管）を行うべく、法人移行特別委員会（リーダー新保副会長）を編成し、手続きに入った。

　一般社団法人への移行については、基本となる新定款、組織体制、会員・会費規定等、内部的な体制整備（ハード・ソフト）を行うことになった。保険業については、上記新定款に則り保険事業方法書、新約款等、39項目の書類を重田誠氏（当時（株）ジェイアイシー社長）に多大なご協力をいただきながら作成し、厚労省担当官の確認を得つつ進めた。これらの進行と同時に日本自閉症協会内部の承認や体制変更を行った。

　しかし、最終的には保険業の認可が遅れたため、一般社団法人への移行を1年延期することとなった。（平成25年11月までの移行期限については、平成24年10月26日に申請を完了していることから問題なし）よって平成25年度は既に検討した新定款、保険事業の運営等の見直しを社団法人や共済事業として1年先行して導入することが平成25年3月16日の総会で決定された。

ASJ保険事業

　平成25年度に改めて厚生労働省への認可特定保険業の手続きを再開し、平成25年11月28日に認可が得られた。また内閣府の一般社団法人移行の申請は昨年の資料の更新を行い移行が決定された。ということで、平成26（2014）年4月1日より、正式に一般社団法人　日本自閉症協会のASJ保険（傷害疾病定額保険）のスタートとなった。

5　現在の状況

（1）主要状況のデーター

　これまでの経過を総合した現在までの主要状況のデーターである。

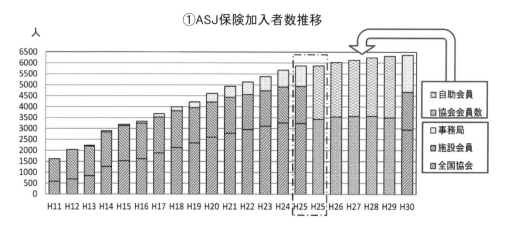

①ASJ保険加入者数推移

　平成11年度1,616人でスタートし、平成30年7月現在6,373人と近年は伸び率が小さくなっているが、過去一度も対前年で減ることはなく増え続けている。

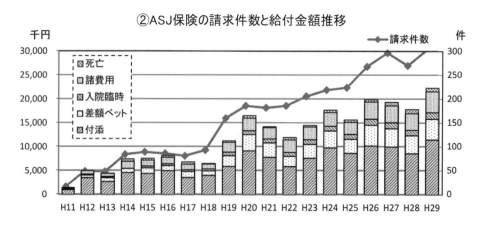

②ASJ保険の請求件数と給付金額推移

　平成11年度16件1,447千円からスタートし、平成29年度は305件22,341千円となっている。特に平成29年度、30年度が増加しており注視しているところである。

③AIU（AIG）保険請求件数と支払保険金額

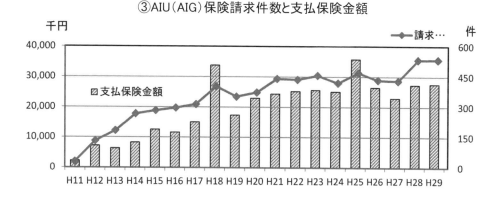

平成11年度30件2,259千円からスタートし、平成29年度は534件27,535千円となっている。大きな事故があると金額が影響を受けるようである。

（2）現在の掛金と保障内容

最新の掛金と保障内容は以下の通りである。ASJ保険での変化は会員種別と会費の導入である。一般社団法人として会員のみへのサービスに限定できないことによるものである。

●加入プラン（会員種別）と掛け金

会員種別	年間掛金	内訳
◆加入プランA： 日本自閉症協会正会員 （加盟団体）の構成個人会員	15,900円	ASJ保険　　6,100円 AIG保険　　9,300円 年会費　　　 500円
◆加入プランB：自助会員 （上記A以外の方は、申し込みにて自助会員となります）	16,400円	ASJ保険　　6,100円 AIG保険　　9,300円 年会費　　 1,000円

お問い合わせ
各種手続き
ご相談等
なんでも
ASJ保険事務局へ
☎0120-880-819

6　最後に

最後に現在までの経緯をまとめると、当保険の設立や運営に関わられた諸先輩、役員や事務局の方々のご尽力と協会会員及び加入者の皆様等、多くの方々のご協力でいろいろな壁を乗り越えられてきた。設立準備も加えると約20年の歴史となる。おかげさまで、経理・財務状況も含めほぼ順調な事業運営となっている。

しかし、近年取り組んでいる給付アンケートからの入院諸費用増額の要望等への対応や保障内容の強化策の検討に加え、自助会員の増等会員構成の変化、保険給付金額の増大、弁護費用保険等の保険ニーズの変化等の課題への対応が必要となっている。今後も創立の互助会精神をベースとし、保険契約者様の立場・声を大切にし、健全な経営を第一に取組んでまいる所存である。皆様のご支援、ご協力をお願い致したい。

ASJ保険事業

参考）ASJ保険年表（掛金と保障内容の推移）

変更経緯（名称・内容・会費等）	ASJ	AIU
「自閉症児・者のための互助会事業」 H11（1999）6月1日スタート 　年度：6月1日〜5月31日 ①互助会基金（H11入会）10,000円 ②会員会費　（年額）　18,000円 ③会員外会費（年額）　24,000円	付添1日　8,000円／日 　　半日　5,000円／日 差額ベット3,000円／日 入院諸費用1,000円／日 臨時費用　5,000円／回 （全て4日目の入院から）	ケガでの 　通院1,500円 　入院3,000円 　死亡300万円 第三者への損害賠償 　3千万円　（免責1,000円）
H16（2004）	差額ベット3,000→5,000円／日 給付申請期間：不明確 →入院開始後2年以内	
「自閉症児・者のための共済事業」 H18（2006）4月1日移行 年度：4月1日〜3月31日 H19（2007）年度 会員、非会員問わず　年間18,000円	付添6H〜　8,000円／日 差額ベット5,000円／日 入院諸費用、臨時費用含め、 2日目の入院からに！ 病気死亡弔慰金　5万円	ケガでの 　通院・入院・死亡 第三者への損害賠償 　最高5千万円、 　（免責0円）
H20（2008） 年間掛金　18,000円→15,600円 （共済：6,650円＋AIU：8,950円） 一家で兄弟姉妹2人目以上は半額		
H22年度掛金　15,600円 （ASJ共済：6,530円＋AIU：9,070円） H23年度掛金　15,600円 （ASJ共済：6,300円＋AIU：9,300円）	「保険法」が施行 共済金の請求期限を 2年→3年以内	
「自閉症スペクトラムのための総合保障」 H25（2013）ASJ保険へ先行移行 加入タイプ会費を新設 （ASJ共済：5,300円＋AIU：9,300円） A（会員年会費　　　500）15,100円 B（自助会員会費1,000円）15,600円 保険事務所移転（早稲田→築地1／12）	死亡弔慰金 病気死亡のみ →すべての死亡5万円	一家で兄弟姉妹2人目以上 は半額をASJのみ半額 　7,800円→11,950円 　　　（ASJ：2,650円 　　　＋AIU：9,300円）
H26（2014）ASJ保険へ正式移行 一般社団法人　日本自閉症協会 認可特定保険業　ASJ保険への移行 （ASJ保険値上：6,100円＋AIU：9,300円） Aプラン（会員年会費　　500）15,900円 Bプラン（自助会員会費1,000円）16,400円	一家兄弟姉妹 2人目以上12,350円 　（ASJ：3,050円 　＋AIU：9,300円）	保険料値上げ回避のため 死亡保険金を 300→229万円に減額
2018（H30） ・2014（H26）から西暦表示 ・2015.10.01. フリーダイヤル導入		AIU→AIG（名称変更1月） 他人への損害賠償 　5千万円→1億円 死亡保険金224万円に減額

114

実施事業

実施事業の展開 〜地域力の向上〜

　日本自閉症協会では、各地域において自閉症児者やその家族が豊かな生活をおくれるよう、そしてまた地域での理解・啓発が推進するための実施事業を行っている。現在行っている事業は以下のとおりである。

1　地域支援（サポート）事業

　地域力向上プログラムとして、日本自閉症協会では事業企画委員が地域の各加盟団体および分会と共に企画をすすめる地域支援（サポート）事業を行っている。その地域の現状や課題、ニーズと今後の方向性を地域の関係者の方々と意見交換しながら検討し、事業企画委員と一緒に事業を企画するという過程を経て事業を実施するものである。この事業実施をきっかけに、各地域で主体的に活動が展開され、地域での活動が活性化されていくこと、地域の関係機関のネットワークが構築されることを目的としている。加盟団体の新規会員の開拓や獲得の一助にもなっている。内容についても精査している。発達障害者支援センターとも協力して進めている。

【2017年度実施状況】

○テーマ　「災害時における発達障害の人たちへの支援を考える」

　　　　　（10月27日　長崎県長崎市）

　　　　　（県内市町村障害福祉担当課・危機管理担当者等を対象に実施）

　　情報提供：「熊本地震からみえてきた発達障害の人たちへの支援の課題」

　　　　　　　幅孝行氏（熊本市発達障がい者支援センターみなわ所長）

　　　　　　　「災害時の発達障害児・者支援エッセンス」

　　　　　　　東江浩美氏（国立障害者リハビリテーションセンター）

　意見交換会

　◆参加者感想

　　　・発達障害者の方向けの災害時の対応まで、これまで目を向ける機会がなかった。今回、当時の実際の状況を知ることができ、課題点が明らかになり、今後取り組んでいきたいと思う。・今回の研修で自分たちの防災計画に、まだまだ課題が多いことに改めて気づかされた。貴重なご講話だった。・非常に大切な研修である。対象も増やし、具体的な事例も踏まえ、継続してほしい。

115

実施事業

○テーマ 「発達障害者・知的障害者の高齢化の現状と課題〜より良い高齢期を迎
えるために考えたいこと」（11月11日　岐阜県羽島市）

講演 「自閉症スペクトラムの人たちの高齢期を考える〜健康に過ごすために〜」
志賀利一氏（独立行政法人国立重度知的障害者総合施設のぞみの園
事業企画局研究部部長）

対談 「健康な高齢期を迎えるためにできること」
志賀利一氏（前出）
市川宏伸（一般社団法人日本自閉症協会会長）

◆参加者感想

・とても難しい課題について非常にわかりやすく話してくださったので
理解しやすかった。・就労までについては、色々な方の経験談や事例、
ノウハウを聞くことがわりとあったが、高齢になってからのことはなか
なか具体的に聞ける機会がないので、もっと情報を知りたいと思う。
・事例に基づく話でとても良かった。生きた講演会でいい話が聞くこと
ができた。・今後の課題がたくさんあることがよくわかった。高齢施設
と障害者施設を上手に利用できる体制を整えていく事が急務と感じた。
地域との連携をもっと強めて、現場の状況を知ってもらいたいと思う。

○テーマ 「これからの自閉症支援〜ライフステージを通して考える〜」
（11月25日　山口県山口市）

講演会　講師　市川宏伸（一般社団法人日本自閉症協会会長）

参加者茶話会

◆参加者感想

・普段、私自身が行っている支援、自分がどう利用者の方を捉えている
か振り返り、長期的な将来へつなげるよりきめ細やかな支援が必要であ
ると感じることができた。・今後の生活にとてもためになった。有意義
な時間をすごすことができた。・初めて知ったことが多くあり、もっと
詳しく知りたいと思った。特別支援学校について聞けて良かった。周り
が支えることが大切だと改めて思った。

○テーマ 「将来に向けて！『お金』についてライフステージを通して考える」
（2月24日　静岡県静岡市）

講演会　講師　鹿野佐代子氏（社会福祉法人大阪府障害者福祉事業団・ファイ
ナンシャルプランナー）

ペアレントメンター茶話会

◆参加者感想

　　・日常生活の中での取り組み易さがとてもよかった。即実践につなげて
いきたい。・今日は無料で内容の濃いお話が聞けて良かった。・お金に
ついて子どもと話してみようと思った。・とても大事なお話をわかりや
すく説明していただき、これから何をすれば良いか、よくわかった。目
標ができた。・お金について考えるのがとても嫌いで、この会の参加も
悩んでいたが、参加して良かった。わかりやすくて、お金のことに前向
きになれた。

2　ペアレントメンター事業インストラクター養成研修会

　当協会は2010年度よりペアレントメンター事業インストラクター養成研修会を開
催してきた。厚生労働省の発達障害者支援施策の中にペアレントメンター事業が組
み込まれ、それぞれの地域でペアレントメンター事業の展開を検討している自治体
や発達障害者支援センターが年々増えている。ペアレントメンター事業の有用性が
着目されていることがうかがわれ、各地域でのペアレントメンター活動の導入を検
討している機関を対象に、実施に向けてのコーディネーター研修のひとつとして活
用されているものである。

　ペアレントメンター事業に関する情報が少ない状況のなかで、それぞれの地域の
支援資源やニーズにあった事業展開をしていくための参考やペアレントメンター活
動の導入を検討の機会となるよう実施している。

【内容】

　ペアレントメンター事業の運営について（講義）

　ペアレントメンター養成講座のロールプレイ（体験）

　事業運営等について

座談会 4

今を、未来を、どう生きるか
～当事者からの発信～

今井　　忠　一般社団法人日本自閉症協会副会長　［司会］
ソルト
クニット
関根
岡

座談会

4

今を、未来を、どう生きるか
～当事者からの発信～

【司　会】今井　忠　一般社団法人日本自閉症協会副会長
【出席者】ソルト
　　　　　クニット
　　　　　関根
　　　　　岡

　自閉症スペクトラム（以下ASD）を語るときには、中心に当事者がいることを忘れてはなりません。今回、岡さん（男性）クニットさん（女性）、ソルトさん（男性）、関根さん（女性）の４人の成人当事者に集まっていただいて、過去と今、これからを語り合いました。みなさん、お仕事をされています。話の中から、大事な示唆が与えられました。それは、知的障害の有無にかかわらず、若い保護者の方々にもきっと有益な示唆となるでしょう。そのことは、あとがきで述べます。

子どもの頃の自分、今の自分

司会（今井）　最初に自己紹介をお願いします。

岡　年齢は40歳前後で、診断は11年前です。診断に至った経緯は、あるASDのお子さんの父親から指摘を受けたことです。その子どもさんに似ているところがあったんだと思うんです。私が幼児期に高音の音が苦手なこと、道路へのこだわりを持っていたことがあって、「あなたはひょっとしたらASDじゃないでしょうか」という話でした。言

われたときも腹は立ちませんでした。そのころは、私、「もうだめだ」と思っていて、失業して、職業訓練を受けるために学校へ通うことを考えていたときでした。当時は診断を受けることで楽になるのかなという思いはありました。診断名をもらったときは、深く考えず、「ああ、そうか」みたいな感じ。

クニット　年齢は50代です。診断は９歳のときに小学校の校医からだと思います。診断の経緯ですけど、自分では自覚がなく、小学校のときに不適応を起こしていて、先生から、校医を紹介されて、心理検査を受けた記憶があります。母と一緒に校医から小児自閉症と聞いたんですけど、特に何も印象

は残っていません。

今は、10年ぐらい前に精神保健福祉士の資格を取って、ソーシャルワーカーとして、発達の方たちを中心にしたグループホーム（以下GH）を東京で運営しています。

ソーシャルワーカーになった経緯は、たまたま「自分でどんなことできるか？」で迷っていたときに、傾聴ボランティアをして、ボランティア先の管理人さんがGHをやっていて、「うちに来ないか」って誘われたのです。東京都でGHの世話人さんは、精神保健福祉士の資格が要るので、そこのGHで非常勤で働きながら、精神保健福祉士の資格を取りました。

その前は、脳科学の研究をやっていて、その前は大学院で数学の学位をとって、数学にはまっていた時期があって、その前はコンピュータのプログラマーをやっていました。今は、数学にはまっていた頃からは想像がつかない精神保健の仕事です。GHを自分で立ちあげて、経営しています。

ソルト　ソルトです。年齢はおおよそ40歳です。診断の時期は13年ぐらい前です。診断に至った背景ですが、小学校の頃から、「なにかまわりと違うな」ということは感じていたんです。いじめに遭ったり、いいと思ってやったことが否定されたり。環境を変えてもいじめのターゲットになったり。大学時代からは支援を受け始めることができ

ましたけれども、当時は発達障害のことはわかりませんでした。そのまま卒業して一般職になったときに、大学の先生からプレゼントされた『地球生まれの異星人』（泉流星著）という本を読んで、ひょっとして自分も発達障害、ASDじゃないかと思って、当時通っていた病院に相談しました。そこで発達障害の診断を受けました。それまでは統合失調症の診断名でした。

診断を受けたときは、「こういうことだったんだ」という感じで、すっきりしたのが一つと、もう一つは「この先どうなってしまうんだろう」という不安でした。生まれつきで、治らなくて、一生抱えるみたいなことも書いてあって。そのとき会社の人間関係もめちゃくちゃで、退職に追い込まれていたときで、すごく不安にかられたのを覚えています。その会社は辞めて、転職を繰り返しました。

その後、富山大学に30代半ばで入学しました。富山大学は、発達障害のある学生のケアが非常に手厚く、全国的にもトップクラスでしたので。そこの西村先生の下で面談を続けて、自分自身の考え方とか、人間関係について相談してきました。その結果、私の場合は積極奇異型で人に近づきすぎてしまうという特性を見抜いていただきました。「孤独に耐えるということではなく、自分にとって一人の時間を充実させる」という孤独力ということを教え

121

ていただきました。人間との距離感も自然にとれて、トラブルも減ってきて、今に至っています。最近は支援のお蔭もあって、会社での人間関係のトラブルは減りましたし、人間関係の理由での退職もなくなりました。非常に落ち着いた状況になってきています。

関根 年齢は32歳です。はっきりした診断ではないんですけど、今の職場に入って仕事をし始めて、本田（秀夫）先生と話していて「やっぱりそうだよね」となって、それが診断と言えば診断ということですかね。ただ、大学時代から自分はASDの傾向があると思っていて、それに入るだろうとは思っていたのです。ASDの友だちから「同じ傾向だよね」って言われていたんですけど。

今は、臨床心理士として発達の偏りがある人たちの支援や相談を受ける仕事をしています。大学に入る前は、囲碁棋士を目指していました。棋士にはなれていないのですけど、そこそこ強いんです。幼少期からずっと棋士を目指して囲碁を続けてきたためか、一般的な成育歴とはかけ離れています。囲碁の世界ではASD傾向のある人が多く、自分が特別変わっているとはそんなに思っていなかったんです。小・中学校時代は、「関根ちゃんは囲碁やってるから、特別だよね」という扱いをされていて、発達がどうというよりは、やっていることが特殊だからだと思っ

ていました。大学に入って、勉強をしているうちに、「あっ、私はやっぱりASDなのかな。そういう傾向があるかも」と思いました。

司会 ASD的な特性が囲碁ではあまり邪魔にならない？

関根 むしろ、囲碁はその特性があったほうが向いているんだと思います。

クニット 父は将棋と囲碁が好きで、ほんとに小さい頃に教えてもらって、父は私を対戦相手にしようと仕込んでくれたんだけど、私は将棋も囲碁もルールがどうしても飲み込めなくて。最近になって、コンピュータ囲碁にチャレンジしてみたんです。でも、ルールがどうしても覚えられなくて。ただ、興味はとてもあります。碁石の図形的な並びとかがすごくパッと入りやすい。

関根 自分でやろうとすると、けっこう難しい。囲碁は教え方によるんです。

良かったこと、辛かったこと

司会 自分がこれまで生きてきて、辛かったとか、反対に、良かった、ありがたかったことを話していただけますか。

ソルト やっぱり親が理解してくれなくて、それが辛かったですね。診断結果を出したときでも、「お前は自閉症じゃない。勝手に悲劇のヒーローを演

じてるだけだ」と責められました。小さい頃から「お前が悪いからだ」と、ずっとダメ出しをされてきて、暴力、暴言がひどく、それがすごく辛かったです。大学生になるときに、「家にいるもんか」という強い気持ちで、静岡に引っ越して下宿しました。実家は神奈川だけど家から出たかった。

大学の保健管理室に通って、自分のコミュニケーションを何とかしたいということで支援を受け始めました。そのときの先生がすごく理解のある先生で、発達障害やアスペルガーのことはご存じなかった先生なんですけど、一つひとつ私の特性を理解してくださって、具体的に私ができるアドバイスをしていただいたことが、役にたちました。「それはできない」ということであれば、また考え直してくれて、ハードルを下げて、「じゃあ、こういうことならどう？」みたいなかたちで、アドバイスをいただきながら、大学院まで、6、7年間、受けることができたのが非常によかった。それが私の社会性の基盤になっているので、もう恩師にもなっています。

司会 親との関係を少し遠くにして自分を守り、一方で移った先で、いい人にめぐり会えた。親父さんは何に怒っていたのかな？

ソルト 私の性格そのもの、人間そのものなんだと思います。父親も私からしたら、発達障害の傾向があるように見えるんです。自分の思い通りに動く人は可愛がって、そうじゃなければ叱って、みたいな。

司会 これまでの長い期間お疲れ様でした。良かったことと、また辛かったことがわかりました。今度は関根さん、お願いします。

関根 良かったことは、囲碁をしていたというのが大きいですね。囲碁をしていたからこそ、「こういうふうにしなさい」みたいな一般的なことを強要されなかったんですね、社会から。

司会 囲碁には自分から行ったの？

関根 父が囲碁をしていてそれを見て、好きになって始めたという感じですね。

司会 囲碁の世界があるということが、一般的なことをあまり要求されないという。

関根 そうそう。学校生活とかで困ったことはいっぱいあるんだけど、私が一番嫌なのが何かを強要されること。一般的なことだからと押しつけられるとか、「一緒にやるべきだ」「何々するべきだ」とか、「みんなやっているんだから、あなたもやりなさい」みたいなのが一番嫌なんですけど、そういうのは囲碁をやっているというので、ある意味、免れてきた。

司会 囲碁が自分を守ってくれていたのかもしれない。

関根 そうそう。ただ、囲碁棋士にはなれず、その後に大学へ入って、まだ自分が特性を理解できていない段階で

実習に行って、結局「こんなことも言わなきゃわかんないの？」みたいな扱いをされたときに、すごく辛かった。「ここではこういうふうに振る舞うべき」というのを後から知ったんですけど、そのときはただダメ出しされている感じで辛かったですね。ASDがある方の特性がある方はおそらく、それを小学生とか、もっと前から言われている感じなんだろうなと思いました。

司会 大変になったのは、大学生のとき？

関根 大学生以降です。大学内では自由にできたので、大丈夫だったんですが、社会性が求められる実習先などの場に行くと、大変になりました。

司会 大学はそんなに集団的なことを強要しないんだよね、大人だから。

関根 そうですね。キャラで乗り切れました。

司会 岡さん、過去を振り返りって、良かったこと、辛かったことなど。

岡 過去の振り返りですけど、自分は保育園時代から発音の遅れがあって、県内の大きい大学に通って今でいう言語療法を受けていたので、やっぱり自分は変だなというのがあって、他の子と違うという意識はありました。人見知りがハンパでなくて、親には言葉で言えるんだけど、外では言えないというのがあって、それで小学生になってからも苦しんでいました。言葉の発音に対しては、小学校低学年ぐらいまで

は続きました。地元の大きい小学校の通級教室へ放課後通っていました。

こだわりというか、ほんとに乗り物が大好きで、特に電車、バスが好きで、それで兄弟と親より頭がおかしい人がやる趣味とか言われ続け、もう自己肯定感がなかったんです。変な人で友だちつくれないし、だめだと。人との関わりというのは怖かったんです。否定されていたので。結局、それが成人期になってからも続いてしまったんですよ。自分の居場所を奪われて。

司会 でも、今見ていると、どこかで脱皮した感じがするんだけど。

岡 診断を受けて、その後、障害者の福祉に関わりたいというのがあって、高齢者介護を経て、障害者福祉に入ったのですけど、そこでお母さん、お父さん、おばあちゃんも含めて、子ども、孫に特性があって困っておられるときに、自分の経験談を話すと、「ああ、そうだよね」って反応があったのです。

司会 さっきの自己肯定感？

岡 いろんな当事者の方とか、親御さんとか、いろんな人とのつながりで、人との信頼感というのが芽生えてきているのかなって。ただ、恥ずかしながら、長い間ずっと自分はだめ、みんなと一緒にならなくちゃいけないと思ってきたので、すぐには変われないですね。

それで、悔しいと思って、がむしゃらにヘルパー、介護福祉士、社会福祉

士、そして精神保健士も取ったんです。社会福祉士を持っている人が素敵だというのもあって、取れば箔が付くだろうという、下心で。

司会 辛かった時期が長いんですね。

岡 長いです。だから、今でもその後遺症はあります。

司会 では、クニットさん。

クニット いろいろな方のお話を聞いて、頭の中がいっぱいになって、全然整理がつかないんですけど。まず私のときは特別支援学級がなくて、ほんとに重たい自閉症の子とか、あと身体障害の子とか、重たい知的で、自分の名前も書けるか、書けないような子が小学校の低学年の一緒のクラスにいたので、私は自分が他の人と違う、変わっているという意識はなかったです。自分の中で振り返ってみると、例えば学校の給食で、みんなが食べ終わっても、昼休みが終わっても、5時限目になっても食べ続けていたりとか。

関根 私も食べていました。

クニット なんでみんなはあんなに早く食べ終わって、ささささっと校庭へ行くんだろうって。それがいけないとかなく、当たり前に、マイペースで食べてましたね。

図画の時間もずっと描き続けて、「お家に早く帰りなさい」と先生から叱られたりとかありました。宿題に出された数学の計算を次の授業時間にやっていたりしてました。だけど、それが

自分がおかしいとか、悪いとか、ほかの子と違うという意識もなかったんです。だから、いじめられたという感覚も意識もなくて。

関根 私もなかったです。

司会 いじめていた人いたかもしれない?

クニット いじめられていたのかもしれないけど、いじめられた感じがない。

関根 後から、「あのとき無視してごめんね」って言われても、私は「いつ?」っていう感じ。そういうのはなかったですか。

クニット ないです。

司会 じゃあ、のほほんとそのまま自分のペースで?

クニット はい。ただね、重い知的障害のある子をクラスの子がいじめているのは見てて、すごく違和感はあったんです。私がその子たちと遊んでいると、「あの子たちとつき合うとあんたもバカになる」とか言われて。学校の小さな集団の中で差別があるのは感じていました。

司会 自分のことでは感じてないんだ。

クニット そうなんです。辛いこととかあったと思うんですけど、私の中では自分にはなんかすごいものがあるんだという感じ。例えば他の人から見ると、どうでもいい電話帳の4桁の電話番号の列を眺めると、番号の合計が一瞬にして浮かぶとか、何万年後の5月5日は何曜日だぞというのが一瞬にし

125

て浮かぶので、それをお母さんとかに言うわけです。そうすると、「そんなことしてないで、早く宿題やったら」と注意された。でも、私はそれができて、自分ではすごいことだと思っていて。

司会 プライドになっているんだ。

クニット それが自分の救いだったんです。ただ、そういうことをしていると、自分がどんな職業で、何に向いているかというところまでは突き詰めていけなくて、高校のときまでずっと悩んでいましたね。私の中では学校の先生はわりと「こうしなさい」という管理するようなイメージがあって。だから、大学に入るまでは、先生にはすごくネガティブなイメージを持っていました。先生というのは、「はい、時間です。じゃあ、次これやりなさい」、笛ピッという感じで、枠にはめようとしていて、窮屈だなというのがありました。

司会 よく不登校になりませんでしたね。

クニット 不登校でした。小学校5年生から。高校は中退しました。いじめられたとかいうことじゃなくて、私はそうやって数学とか、宿題も授業中に興味があるとテキスト開いて全部最後までやらないと気がすまなかったりするので、先生から怒られたり、立たされたりとかで、学校の授業が全然面白くなかった。それで、学校に行かない

で自宅に引きこもって自分で勉強してたんです。数学の微分積分と三角関数の計算だけをずっと365日何十時間もやり続けて。

司会 関根さんの囲碁と似てますね。マイワールド。

クニット 自分はそこで救われているという。それで国立の理系を受験して、共通一次で落ちて、「どうしようかな？」となっていたときに、中学の美術の先生から「個展やるから来ないか」って招待状が来たので、自分でスケッチしたのを持っていって、会場で先生に見せたら、「自分が理事やっている美術学校に興味ない？」って誘われて行ってみたんです。夜間の学校で社会人の人たちがみんなイーゼル立てて、マイペースで絵を描いていたんです。そこがすごく居心地が良かったんです。誰も私のことを管理したり、「こうしなさい」ということなく、放っておいてくれながら、まわりに人がいるというゆるい感じが。人間関係のリハビリになったのかなと思います。そこは夜間だけど、2年間休まず通って、生まれて初めてちゃんと卒業できたんです。そこから人と関わっていくことが、自分の中で少しずついろいろとできるようになった感じですね。

関根 みなさんのお話しを伺っていると、社会の枠にはめられるというのが、とても嫌、強いストレスになる、というのが共通していますよね。

岡 みなさんの話を聞いて、好きなものをほんとに恋することってすごい大切なんだなって。それを否定する人や環境が当事者の敵になっちゃうのかなって、私は思いました。

司会 枠という意味では、集団とか組織も作用しますね。

関根 女社会、怖いんですよ。

岡 そうです。○○会とか行くと、仲間づくりとか、派閥とかがあって、結局、一番悲惨なのは当事者が追いやられちゃうというケースですよね。それが現実なんです。みなさんの話に共感します。

今、求めていること

司会 今、みなさん、個人の生活もあるだろうし、もう一方では、お仕事など社会生活をされているわけですけども、現状をもう少し何とかしたいと思っていることを言ってもらえますか。

ソルト 求めていることは、抽象的な言い方になりますが、やっぱり特性、個性に対して、広い心で、「そういう個性があっていいんじゃないか」というようになってほしい。わかりやすく事例を挙げると、私ちょっとアメリカへ行ったことがあるんですけども、いろんな人種、いろんな国の人たちがいて、「イスラム教だから豚はだめ」と

いうのがあっても、それを「なに、豚だめなの？」みたいにいじったりしない。本人の個性をお互いに認め合って尊重し合うようになってほしいです。会社の仕事でも、できる限り本人の強みをもっと活用してほしいと思っています。逆に、私なんかもコミュニケーションが苦手ですが、「もっと何とかしろよ」みたいに圧迫するのではなく、苦手なら、ちょっと量を減らしてあげて、コミュニケーションの場面ではフォローするくらいのつもりであってほしい。本人の強みを活かして、弱みをフォローするような環境というか、職場とかであるといいなと思っています。

関根 今、ソルトさんのお話を伺っていて、一つ出てきたんですけど、日本ってけっこうマルチプレーヤーを求めるというか、それがすごく嫌なんですよね、今。

司会 「凹んでいるところを何とかせい」という。

ソルト そうです、まさに。

関根 私もそれ、思います。あと、上下関係とかをすごく気にするというのがあるんですよね。先輩、後輩とか。みんなそれが身に染みついちゃって。冷静にちゃんと考えてみれば、同じ人間なんだから、別に「なんで敬語使う必要あるの？」って私は思うんですよ。歳上や先輩だから敬語を使うんじゃなくて、敬語は使いたいときに使って、敬語じゃないのも使いたいときに使い

たいんですよ。だから、自由にさせて、放っといてという感じなんですよ。「私の行動を制限しないで」って思うんだけども、くだらん上下関係で同等に話せないというのは、すごく嫌だなと思っていて。

司会 相手が自分より地位が高い人とか、年齢の高い人に言うときにはその気持ちを込めた言葉遣いが必要なんですよね。

関根 言葉遣いだけじゃなくて、精神が縛られている感じ。例えば、後輩だからやってはいけないこととかがあるじゃないですか。

岡 してほしいこと、求めていることに関してですけど、社会に対して、してほしいと求めるというよりも、当事者が社会へ出て行くことなのかなって。すみません、ソルトさんと真逆になっちゃうのですけど。一日一日を極めていくことなのかなと思うんですよ。日々こつこつ積み上げていって、みんなに認めてもらうことが基礎で、特性を理解してほしいとか、認めてほしいという考え方は、今の日本人にとっては難しいのかなと思うんです。ある重度の自閉症の親御さんが、認めてほしいと言っても、結局、社会がそういった状況ではないので、なかなか難しいというのが悔しいほど身にしみます。

それで障害同士、生きづらさ同士の衝突というのが、顕著になってきているのではないかなと私は思うんです。

クニット 世間の理解についてと関係すると思うんですけれども、今、私が仕事で関わっているメンバーさんたちの住まいの支援というのをやっていて、アパート探しとかも一緒にやるんだけど、その時にメンバーさんが正直に、精神の手帳を持ってるとか、障害者ですとか、「お仕事は？」とか聞かれて、「いや、今ちょっと仕事してなくて、精神の手帳持ってます」と言うと、即、「そういう方はお断りします」と言われる場面が多いのです。だから、「アパート探しに行くときはクローズで行こうね」って言ってます。

私は今まで自分のことをオープンにしたことないんです。ただ、クローズで通そうと思ったこともなくて、子どもの頃から、マイペースにやって、まわりから言われても、あまり感じてなくて、それで通ってきたので、自分の中ではそんなに大きく意識しなくてよかったんだと思います。だけど、今支援している人たちと一緒に同行したり、付き添ったりしていると、正直に相手に言ったら断られるんじゃないか、否定されるんじゃないかっていうのを今、メンバーさんたちと共有していて、オープンにできないというのがすごくあります。

司会 言っても、メリットがない、リスクがありすぎる？

クニット リスクがありすぎます。メンバーさんたちと、オープンにしてい

い相手と、しないほうがメリットがある相手があるという話をしています。オープンにしていい相手というのは、ほんとに信頼関係がある人。だけど、見渡すと、そういう人はそんなに多くなくて、ほとんどの相手は言わないほうが自分にとってメリットかなというのをすごく感じています。そこは自分とか、メンバーさんたちが社会に出て行くときに、すごい壁だと思うんです。

だから、例えば私は以前の職業、脳科学とか数学、関係の人たちと出会って、今何してるの？って聞かれたら、精神に疾患のある方とか、自閉症の方とかに関わっているとは言わなくて、たいてい曖昧にぼかして、「ソーシャルワーカーで、ちょっと障害のある人の支援してる、相談支援なんだ」ぐらいで済ますかもしれません。

社会の障害観と当事者活動

司会 発達障害や自閉症への社会の先入観をどう考えていますか。あわせて、当事者活動についてもお願いします。
関根 私は、あの診断基準自体がマジョリティから見た診断だということをわかってもらいたいかな。あれは、多数派からどう見えるかっていう基準。バカじゃないのって感じ。私たちから見たら、あなたたちが障害だよって。私

から見たら定型発達症候群というのがあって、なんか常にみんなで一緒に行動しなければとか、常にみんなでコミュニケーションしなきゃいけないという特性がある人たちと思うんです。マジョリティが正しいわけじゃなくて、多数派だというだけだということをわかってほしい。
司会 多数派にとってみたら、自分たちがすべてで、それ以外は無い、または、あってはならないと思っている。あるいは、知らなくていいと思っている。
関根 そうなんですよ。こっちから見たら、同じ人間で、ちょっと色が違うだけ。そう思います。
ソルト 世間の理解については、まだまだ診断名でレッテルが貼られる社会だと感じます。有名人、著名人も含めて、もっと「こんなに身近にたくさんいるんだよ」というようになってほしい。診断を受けているか受けてないか、私はわからないですが、例えばトム・クルーズをはじめ、発達障害をオープンにする芸能人も出てきてほしい。それだけ身近にいるし、珍しいことでもない、特別なことでもない、同じ仲間なんだよというところを出してほしい。事件で発達障害が語られると、どんどん悪いイメージになってしまう。そうじゃなくて、関根さんが話したように、マジョリティ、マイノリティの違いだけだと理解していただけるといいなと

思います。

　当事者活動は、私は必要だと思います。どういうふうに活動するかというのもあるんですけども、一つは啓発活動で、身近にいるんだよということが一つと、同じ当事者同士が集まることによって、そこでは、マイノリティじゃなくてマジョリティになることによって互いが理解しやすくなる。考え方とか、共通するところは非常に多い。俗に言う「あるある話」になる。そういう場があったほうが、本人としても参加しやすい。引きこもったり、二次障害になったりすることから解消される方向にも行くと思いますし。なので、そういう当事者同士の集まりみたいなものは、もっともっとあっていいんじゃないかと、私は思いますね。

関根　今聞いていて思ったんですけど、マジョリティとマイノリティで、マジョリティの意見が反映されているということに関して、当事者の中に一般的にはマジョリティと言われる人を一人入れてみる。そうすると、わかるじゃないですか、自分がマイノリティになる、普段の逆。それを感じてもらうというのはいいかもしれない。

ソルト　それをやった人がいて、一般の人、それは支援者だったんですけど、その人はやはりその空気に入れないというか、ついていけないというような意見だった。そういう当事者同士の集まりの場とか、活動やイベントをもっ

ともっとやっていいんじゃないかな。居場所になると思う。

クニット　私は9歳のときに小児自閉症といわれました。その後、受診したことはありません。私の、診断についてのとらえ方はすごい偏っていて、一面的かもしれないんですけど、診断名はあくまでも医療のレッテルなので、診断は、治療やまわりからの配慮が自分にとって必要だと思ったときに受けるもので、診断名は、本人が望んでいないのにまわりがつけるものじゃないと思うんですね。私は、治療やまわりからの配慮を今まで必要と思わなかったので、大人になってから医療機関で受診していないし、治療も受けていないし、お薬も飲んでいないです。

　特別に受診して診断を受けたわけじゃないんだけど、その特徴があるとか、いろんな方がいらっしゃると思うんです。やっぱり定型発達の人の見方は非定型発達の人とは違うのかなと思う。定型発達の人は、例えば「自閉症の何々さんって他人に対して拒否的だよね」って言うんですよ。だけど、私は、自分が役に立ってないんじゃないかなとか、申し訳ないとか、ちょっと一歩引いちゃうようなところが、定型発達の人から見ると、「あっ、拒否している」というふうに受け取られちゃう。本人たちは拒否しているわけじゃない。彼らがキュッとなったときは、「彼は、自分が悪いと思っちゃったのかな」と私は

思う。おおかたの人はコミュニケーションがそこで途絶えて、彼は、心閉じちゃったみたいに誤解しちゃう。

だから、さっきのお話で、非定型発達の人たちの中に定型の人が入ったときに、定型発達の人が居たたまれなくなるのは、定型発達の彼らなりの感じ方というのがあるからだと思う。ただ、だからと言って、定型と非定型とわかり合えないというわけでもない。当事者活動としては、わかり合えないから、棲み分けましょうとか、そういう極端な人はいるかもしれないけど、一緒にやれると思う。

岡 世間の理解に関してなんだけど、世間では浸透しているんですよ。良くも悪くも。ポジティブイメージとすれば、学校に支援学級や支援学校をつくることも抵抗感が減ってきているし、グループホームの設置も以前よりハードルが低くなってきている。地域差もありますけど。

当事者活動ですけど、今どちらかと言うと、地方の親の会が自分たちだけのパターンに固執してしまうんですよ。古株の親の会が仕切っちゃって、当事者を排斥又は当事者の意見を軽んじちゃう。だからマイノリティと、マジョリティの垣根というのを取り外すことがこれからにつながるし、自閉症協会のこれからの課題だと思います。例えば支援学級の先生が発達障害系だからということで親が足を引っ張る。そういっ

た社会というのは、当事者にとって生きづらいんですよ。マイノリティの他の障害者団体、親の会や社会的弱者団体へ目を向けてほしい。そういった人たちと手を組んで、発達障害者への理解者づくりをして、発達障害者やその家族が生きやすい社会に変わっていってほしい。

司会 なるほど、障害者団体自身が、垣根をつくっているという。

障害理解のために何をすべきか

司会 権利条約、差別解消法を言うだけでは人の気持ちは変わらないので、世間の理解のためには何をやっていくことがいいのか、みなさんはどう思いますか。

岡 社会に理解を求めると、マジョリティは「俺たちは我慢してるんだ」って怒ってしまう。そういった面がある。

司会 職場でもよくあります。就労支援に入ると、まわりの俺たちもストレスなんだ、当事者にだけ味方してもらっても困る、こっちのことも考えてほしいと。どうしたらもっと良い方向に行くのか。何かを一緒にし合うことがいいんじゃないかと。ただし、一緒にやると常にマジョリティの論理になっちゃうんだよね。

関根 そうそう。マジョリティの人達

の言う「一緒」は違う。

岡 本田（秀夫）先生の講演会へ行ったことがあって、小さい子が、放っておいてほしいという話を聞いたんですよ。好きなことをやらせてほしいと。みんな一緒じゃなくて、好きなことに夢中になる、そういった時間がほしいと。そうすることで、自己肯定、自分の居る場所ができる。そういったことを尊重してほしいなと思うんですよ。

司会 特定の人だけが好き勝手なことをやっていいんじゃなくて、各々が好きなことをやっていて、何の違和感も持たない空間。

関根 ただ、みんなこの時間、好きなことをしていいよとなったときに、やっぱり人と関わりたいという人もいるわけです。そういうときに関わりたくない人と関わられたくない人が一緒の空間にいると、やっぱり大変というのもある。そこらへんが難しいんですよ。

司会 みんな違いに慣れてないんだね、きっと。みんな同じじゃないと不安になる。

関根 そうなんですよね。不安になるみたいです。

司会 乾杯のときにいなくても、後から来たって別に何も困らない。だけど、みんな揃ってから乾杯しましょうとか。一斉に揃わないと不安になるんだよね。

クニット そのとき自分の判断で「私はこう思います」というのでなくて、組織の中でマニュアルができていて、

マニュアルがないと不安ですというのはあるのかなと。

あと、一つ思ったのは、私自身はオープンにしないでクローズなんだけど、オープンにするときは、ちょぼちょぼと、「向こうが拒否しないかな？」みたいなことをやりながら、探りながら少しずつ小出しにする。

さっきのテーマに戻るんだけど、今までありがたかったことというのは、私は今までマイペースでやってきて、それを見守ってくれている私のまわりの人たちは、ほんとにありがたいです。

司会 それはご家庭もそうだったんだね、きっと。

クニット 母は違っていて、母は私が女の子だから、短期大学を卒業して、大きな企業に就職して、そこで職場結婚して、子どもを産んで、自分のように生きてほしいというのがはっきりあって、それで私は母と衝突して、二十歳ぐらいで家を出たんですけど。私は母と考え方が全然違って、さっきの親御さんの会もそう思ったんだけど、親御さんはたぶん私の母のように普通に生きてほしいって。でも本人たちは普通に生きられないし、生きたいとも思わないし、生きようと思ってもできないので、親のそういう期待にはすごい辛い思いをしてて。だから本人と親御さんとだと、そこはすれ違うのかなと思いますね。だから、一緒にやっていけるのは、すごいことだと思います。

司会 そう、一緒にやっていけること自体がね。

クニット 当事者が「私たちはこうなんだ。だから、私たちの権利だ」と声高に叫ぶと、それに反発する声が大きな人が必ず出てきて、当事者に協力したいと思っている人たちが、声が大きな人たちに隠れてしまったり、あるいはそのときだけ「そうだ、そうだ」と同調しちゃったりということがあるのかなと思う。でも、大多数の人は、当事者が声高に権利を主張しなくても、当事者が、一緒に協働してやりたいという姿勢を持っていれば、こちらが必要なときに小さなヘルプを出せば、協力してくれる。私は今までそういうものをいっぱい受けてきたなというのはありますね。

司会 親御さんは子どもには、こういうふうに生きたほうがより安全だという、何となくそう思うのですよ。そうじゃない道を歩かれると、すごく親は不安になる。けっして、親のためだけを思って言っているわけではないと思う。だけど、親の思いどおりにはならないんだけどね。

岡 そうなんですよ。親御さんって、安全なケースを進もうとするんですよ。そう育てた結果、就労の場面で苦しんでいますよ。でも、自分の意思で選択して、囲碁を積んだり、数学や美術を学んだりしている人のほうが、ほんとに伸びやかに、徐々にですが、ほんと

に成長している、発達しているという感じがします。

関根 確かに選択って大事ですよね。

司会 そういえば、ソルトさんは名前の通り塩が趣味ですよね。

関根 塩屋って知っています？

ソルト はい。沖縄の。

関根 そう。職場の近くにあるチェーン店。おいしいですよね。

司会 肉料理にいちばん合うお塩はどこの塩？

ソルト 肉だったら、メジャーなところで言うとアンデスですね。アンデスの鉄分含んだ赤い塩がいいですね。

関根 赤い塩ね。塩屋で舐めた。

ソルト 麻布十番。

これからの10年に期待すること

司会 脱線したので戻します。最後に、10年後に期待することをお願いします。

関根 私は10年後は「定型」発達障害というのができていたらいいなと思います。

司会 それは、おもしろい。

関根 それをすごく言いたかった。定型は人数が多いだけだもの。私、定型発達障害診断基準をつくりますよ。定型発達障害は○○とか。

司会 例えば、定型発達障害は、その1、不必要なぐらい忖度するとか。

岡　そうそうそう。

関根　定型の人は話してて、話の内容には興味がなくて、人とのつながりのほうにしか興味がないとか。

司会　そうですよ。内容より会話そのものに価値があるんだから、

関根　そうなんですよ。会話の内容が大事なのに。

司会　「そのお店、行ってみよう」って言ってて、行かないんだから。

関根　そう、行かない。次の日には忘れているんだもん。

司会　そこでの会話が盛り上がったことを楽しむんだね。

関根　そう、びっくりだよね。

岡　そうそうそう。

関根　ほんと定型発達障害の診断基準をつくる。私、つくりますから。

ソルト　杉山（登志郎）先生が「発達凸凹」と言ったり、あとは発達個性だと言う先生もいるんですけど、やっぱり障害と言うとレッテルになりやすいのかなと思うので、発達障害に代わる名前がつくといいなと、私は思います。学習障害だって、結局、その学校のやり方がマジョリティに合わせているだけなので、個別的にやれば、全然伸びるわけなんです。そういう意味でも障害というより、個性、特性であって、障害を付けるのは私は反対かなと思います。

岡　10年後はAIが発達する。そうなると、社会の要求レベルが高くなるの

で、今まで働ける人達も社会から脱落させられて、AI弱者という障害者になってしまう恐れがある。だから、AI弱者に手を差し伸べることも大人の発達障害の人の一つの役割なのかなと思うんですよね。

司会　新しい、また障害名が出るかもしれない。

岡　あと、私が望んでいることは、福祉的な支援が必要な当事者も、一般の中に居場所とか出会いの場所をつくって、しかし、スタンダードな働き方じゃなくて、支援を受けながらも、理解ある方々に囲まれながら子育てをし、みんながハッピーになれる社会になってほしいと思って。

司会　そういう社会参加の仕方が、いいですね。

クニット　みなさん社会のことを考えて発言されているけど、私にとって、10年後こんなことになっていたらいいなというのは、私個人のことしか思い浮かばないんです。子どもの頃、父はバイオリンを習わせてくれたけど、本当はピアノを習いたかったんですが、母が「ピアニストではご飯を食べられないし、女の子はお嫁さんになるんだから」って。

司会　お母さんは、きわめてイメージがはっきりしているんですね。

クニット　父にピアノ買ってほしいなと言ったら、「転勤が多いので、ピアノは運べないから、バイオリンにしな

さい」って言われて、それでバイオリンを小学校高学年まで習ってた。NHKのコンサートマスターの先生まで付けてくれたんだけど、その先生は指導的で、私は馴染めなくて、やめちゃって。でも、ずっとピアニストになりたいと思っていたんです。だけど、「ピアノではご飯を食べられない」という母の言葉がずっと残っていて、私は自分の食い扶持を稼ぐことだけに一生懸命生きてきたなって。「じゃあ、あなたはどんな食い扶持稼ぐことしてきたの？」って聞かれたら、「それは美術家になって、あと数学をやって」って答えます。私にとっては美術も数学も生活費を稼ぐためのものですが、他の人からみたら、数学も絵描きも、生活費を稼ぐための職業じゃないんですね。

でも、私は、ピアニストよりは美術と数学がご飯食べられる食い扶持だと思って頑張ってきたんです。

今ソーシャルワーカーやって、何とか生活費も安定してきたので、10年後の夢はピアノだけに溺れるような暮らしになっていたらいいなって思います。これまでずっとピアノをこつこつ弾いてきたので。夢は、個人的なことですみません。

司会 本日のみなさんのお話には大事なヒントがありました。50周年を迎えてやっと、こういう場ができたと思っています。一緒に議論させていただき、私も楽しかったです。みなさんのこれからの人生がより良いもの、豊かなものになるよう祈ります。本日はどうもありがとうございました。

■座談会を終えて

　標準的な道程でなくても4人の方はそれぞれ異なる生きるスタイルを見つけておられました。しかし、読者は知的障害の有無に関わらない、ASDゆえの共通のテーマにお気づきになったと思います。

　その1は、強制されること、枠をはめられることに強い抵抗を示す傾向です。その根源は、性格にあるのではなく、見えること、感じることが多数派とは異なるからだと思います。その枠は多数派には意味があっても、ASDには心地よさや成長の妨げになるのではないでしょうか。自分に正直であれば、抵抗するのは当然なのです。

　その2は、なかでも自分なりの趣味などの雨宿りの世界がとても大切だということです。決して、他からの「いいね」評価が必須ではなく、自分が満たされることが大事です。そこで自己肯定感がはぐくまれます。その世界が保障されることは、周囲の圧迫から自分の身を守り、彼らなりの成長を助けるのではないでしょうか。　　　（今井　忠）

加盟団体からの
メッセージ

北海道自閉症協会／青森県自閉症協会／秋田県自閉症協会／山形県自閉症協会

岩手県自閉症協会／宮城県自閉症協会／福島県自閉症協会／茨城県自閉症協会

栃木県自閉症協会／群馬県自閉症協会／埼玉県自閉症協会／千葉県自閉症協会

特定非営利活動法人 東京都自閉症協会／神奈川県自閉症協会

横浜市自閉症協会／一般社団法人 川崎市自閉症協会／山梨県自閉症協会／長野県自閉症協会

新潟自閉症協会連合会／静岡県自閉症協会

特定非営利活動法人 愛知県自閉症協会・つぼみの会／岐阜県自閉症協会

三重県自閉症協会／富山県自閉症協会／石川県自閉症協会／福井県自閉症協会

滋賀県自閉症協会／京都府自閉症協会／一般社団法人 大阪自閉スペクトラム症協会

特定非営利活動法人 奈良県自閉症協会／特定非営利活動法人 和歌山県自閉症協会

兵庫県自閉症協会／神戸市自閉症協会／特定非営利活動法人 鳥取県自閉症協会

島根県自閉症協会／特定非営利活動法人 岡山県自閉症協会

特定非営利活動法人 広島自閉症協会／特定非営利活動法人 山口県自閉症協会

高知県自閉症協会／徳島県自閉症協会／香川県自閉症協会／愛媛県自閉症協会

福岡県自閉症協会／佐賀県自閉症協会／長崎県自閉症協会／熊本県自閉症協会

大分県自閉症協会／宮崎県自閉症協会／特定非営利活動法人 鹿児島県自閉症協会

沖縄県自閉症協会（通称：沖縄自閉症児者親の会まいわーるど）／日本自閉症協会グローバル会

加盟団体からのメッセージ

北海道自閉症協会

　北海道自閉症協会の設立は、昭和42年6月4日「北海道情緒障害父母の会」として発足しました。あわせて12月には、「全国協」に加わりました。札幌第一ホテルにて、設立総会を行い会員数は、30名でした。初代会長は、田中勝廣氏。田中氏は、積極的にマスメディアに係わり、NHKテレビでも取り上げてくれた結果、娘さん（当時小5）が学校でいじめられたり、嫌味を言われたりとダメージが大きく、それ以来ブラウン管に登場することはありませんでした。平成元年8月第11回全国大会が札幌にて開催、平成24年7月第22回全国大会が札幌で開催、平成29年北海道自閉症協会50周年事業「繋ぐ」を7月に開催しました。

　現分会は、札幌　函館　苫小牧　北広島　十勝　釧路　旭川　オホーツク　千歳

　4月2日の世界自閉症啓発デーにむけ様々な取組を積極的に行っています。

青森県自閉症協会

設立時を振り返り

　昭和48年から青森市、八戸市、弘前市に"情緒障害学級"が開設されました。

　親の会も従来の「言語・難聴の会」に"情緒障害"が加わり「ことばと心を育てる会」となりました。

　昭和55年、県が宿泊設備のある親子指導施設を開設。障害児のための母子訓練が始まる。訓練に集まった親たちは、子どもを寝かしつけてから宴。泣いたり、笑ったり、夜の白むまで思いの丈を語り合い、広域的な情報交換の場となりました。

　この教育と福祉の二つの源流が青森市、八戸市、弘前市に"自閉症児のための親の会"設立の道筋をもたらしました。

　青森市立長島小学校に事務局を置き、3地区が交流する中で親の会設立の趣意書を作成。昭和62年4月26日、会員100名で「青森県自閉症児・者を持つ親の会」を創設。同年「自閉症児・者親の会全国協議会」に加盟。

　現在は、成年部会、高機能部会、強度行動障がい部会、ペアレントメンター部会の各活動の他に地区ごとに分かれての活動もしています。

加盟団体からのメッセージ

秋田県自閉症協会

秋田県自閉症児親の会として、1973年（昭和48年）30人の親たちで設立。

初年度から福祉関係者や学生ボランティアの協力で療育キャンプを実施、学校に通えない子どもたちに集団活動の機会を作りました。当時は小学校でも養護学校でも受け入れてもらえず、1979年（昭和54年）に養護学校が義務制になってようやく教育の機会が与えられました。

1992年（平成4年）には月1回学生ボランティアと自閉症の人たちが集まり、スポーツなどを楽しむ「スペースクラブ」ができました。お互いの交流と、介護に疲れた親たちの休息も目的としたものです。通わせている父親は「恥ずかしがらずに堂々と外に出せば、社会の理解も生まれる。もっと重度の子も町へ出すべきだ。行政には家族で気楽に余暇を過ごせるような施設を整備してほしい」と話しています。

1994年（平成6年）には秋田県自閉症協会親の会設立20周年の記念祝賀会を開きました。

（いとしご26号「設立20周年で祝賀会　秋田県自閉症児親の会」より抜粋）

山形県自閉症協会

山形県では、昭和47年に東北で初めて「情緒障害特殊学級（現特別支援学級）」が山形第一小学校に開設され、自閉症教育が本格化しました。それと時を同一にして発足した「山形県自閉症児者親の会」が、現在の「山形県自閉症協会」に発展してきたものです。当時は、情緒障害特殊学級担当の先生方のご指導があって親の会が結成されたものです。

山形県自閉症協会では様々な活動をして参りましたが、大きな出来事として平成26年の「第23回全国大会 in やまがた」の開催が挙げられます。日本自閉症協会のご指導のもと、プレイベントの開催、広報活動等事前準備、大会運営等にも様々な工夫やアイデアを活かし、小さな組織でも成功を収めることができました。これらは、私たちにとって大きな財産になったと思っています。

加盟団体からのメッセージ

岩手県自閉症協会

岩手県自閉症協会の36年

　岩手県自閉症協会は、昭和57年6月20日、44名の会員により「岩手県自閉症児親の会」として発足しました。発足の趣意書には次のような一文があります。

　「このようなことは、私たちが努力しなければ実現は困難です。私たちはかけがえのないわが子のために、今こそ力を合わせ、力を尽くし、わが子の未来を明るいものにしていきたいと思います。自閉症児やそれに近い症状の子どもをお持ちのお父さん、お母さん、どうぞ私たちの会にお入りください、そして私たちとともに力強くこの運動を進めて行こうではありませんか。」

　その後、会員数は250名に増えました。平成11年には「虹の家」という自閉症の人のための入所施設を作りました。そして平成30年の今年。私たちは、新しい施設設立等の事業を始めるに至っています。親の会設立より36年。発足当時の"願い"は受け継がれ発展し、そして、次の世代へと引き継がれます。自閉症の子ども達の幸せを願って。

宮城県自閉症協会

　宮城県自閉症協会は、設立52年目です。

　私たちの会は宮城県自閉症児者親の会として、昭和42年に設立されました。

　「こどもたちを学校に行かせて欲しい！」請願が活動の始まりでした。

　学校の制度はこうだからとか、無理に学校に行かせる必要はないとか、その当時でも、今でも外野はなんとでも言います。その中で親たちは仲間を見つけ、味方を作り、会を設立して、こどもたちの為、誰がなんと言おうと活動を続けて来たのです。結果的に、全ては正しかったのだと思います。

　そして時代は変わって、早期療育、教育特別支援計画、人権、合理的配慮など、耳触りの良い言葉がたくさん聞かれる昨今となりましたが、実際の場面ではどうなのでしょうか？　自閉症スペクトラムのこどもたちが、自分の人生を大事に暮らしていけるように。強度行動障害という言葉が、いつかなくなるように。未来が希望でいっぱいになることが、私たち宮城県自閉症協会の願いです。

加盟団体からのメッセージ

福島県自閉症協会

　日本自閉症協会50周年おめでとうございます。福島県自閉症協会を代表してお祝い申し上げます。

　本会の前身「福島県自閉症児・者親の会」は昭和59年10月14日に50名ほどの会員で創立され、全国組織の「自閉症親の会全国協議会」（現在の「日本自閉症協会」）に加盟して、福島県の支部となりました。

　2011年3月の東日本大震災と福島第一原発事故以降は、日本自閉症協会、また各地の自閉症協会の皆様より多くのご支援をいただきましたことありがたく思っております。未だ避難生活を続けている会員も居られますが、今後とも寄り添い協力して行きます。

　現在は、6つの分会において地域でのレクリエーションや研修会、茶話会などを行い、県全体の活動としては年に3回大きなセミナーを開催するなど、自閉症児・者の権利擁護のため、医療、教育、就労、福祉等の向上を目的として活動を行なっております。

　最後に、これからも全国の自閉症児・者が社会で安心して生活できるよう、日本自閉症協会の活動にご期待申し上げると共に、本会においてはさらに活動の充実を図る所存です。

茨城県自閉症協会

茨城県自閉症協会の生い立ちと現在

　茨城県内では昭和40年頃から自閉症ではないかと診断される子どもが出始めました。当時は治療機関もなく、どのような対応をしていったら良いか途方にくれたご家族も多かったそうです。そのような時代に親たちが地域を越え交流を深め、自閉症児・者親の会全国協議会（現在の一般社団法人日本自閉症協会）に連絡を取り始め、昭和45年に「茨城県自閉症児親の会」を発足、全国協議会に参加しました。その後、全国協議会の組織改変に伴い、「日本自閉症協会茨城県支部」、「茨城県自閉症協会」と名称を変えてきました。

　現在は、療育キャンプ、登山キャンプ、自閉症セミナー、療育相談、自閉症啓発などの事業を主に展開しています。特に世界自閉症啓発デーでは商業施設のオープンスペースで多くの本人Grが参加する音楽祭を開催し、元気に堂々と自閉症の存在をアピールしています。また、HPのみならずFacebook，YouTubeなどのSNSを活用し国内外に向けて活動の周知を心がけています。

141

加盟団体からのメッセージ

栃木県自閉症協会

　昭和49年（1974年）4月、栃木県で初めて宇都宮市立今泉小学校に情緒障害学級が設置され、まだ自閉症児への理解が乏しい中で、知的障害児の保護者とは別に会を立ち上げようと集まり、同年8月14日、「宇都宮市自閉症児者親の会」が発足しました。それを母体に、昭和54年（1979年）7月8日、「栃木県自閉症児者親の会」が発足、自閉症児者親の会全国協議会（日本自閉症協会の前身）に加盟しました。当時の会員数は33名でした。その後、平成元年（1989年）、社団法人日本自閉症協会が発足して同栃木県支部となり、平成20年（2008年）、社団法人日本自閉症協会の組織改編に伴い「栃木県自閉症協会」に名称を変更しました。

　現在は、重い知的障害を伴う人からない人まで、また、幼児から壮年まで幅広い年齢層の子どもを持つ親が会員となっており、さらに、近年は当事者の会員も増えてきています。平成17年（2005年）には高機能部会スプリングス、平成20年（2008年）には成人部会みらいを設置しました。

　なお、現在、宇都宮市自閉症児者親の会のほか、県西自閉症児者親の会、県北自閉症児者親の会、県東自閉症児者親の会、県南自閉症児者親の会の5地区会で活動しています。

群馬県自閉症協会

　昭和48年に自閉症児親の会が発足、平成元年に社団法人日本自閉症協会群馬県支部となり、自閉症児者の保護者を中心に、活動の趣旨に賛同する人達と共に、自閉症児者とその家族の福祉の向上のために歩んできました。

　平成20年社団法人日本自閉症協会の組織改革にともない、群馬県自閉症協会に名称を代え今日に至っています。

　発足当時の会員数は記録が見つかりませんでしたが、現在の会員数は正会員233人賛助会員57人です。

埼玉県自閉症協会

　当会は昭和48年5月13日に埼玉県自閉症児親の会として63名の親により設立されました。『昭和42年2月、東京を中心とする関東一円の親たちによって東京自閉症児親の会が発足しました。日本で初めて自閉症の症例が学会に報告されてまだ何年も経っていなかったこともあり、どこへ行っても「こんな子は学校教育の対象外だ」と言われていた時代です。「この子らの教育の場をつくろう！」という運動になり埼玉地区会が生まれ、その後会員数も50余名を超え、会を設立しました。』（昭和58年発刊・創立10周年記念誌「跳べ！－自閉症障害の明日に向けて－」より抜粋）

　現在は会員数約400名。埼玉県教育行政と共に「自閉症支援トレーニングセミナー」の開催、埼玉県・さいたま市の委託事業として「ペアレントメンター事業」の実施、世界自閉症啓発デーの啓発活動等、行政と連携しての事業の他、研修会や作品展の開催、地区活動・部会活動等を行っております。

千葉県自閉症協会

【創立とエピソード】＊首都圏在住で、武蔵野東幼稚園に通園していた親が中心となり、自閉症児親の会を結成し、千葉県の親は、東京都自閉症児親の会に所属から、昭和47年7月15日千葉県自閉症児親の会として会員数51名で独立発足。同年9月県社会部、県教育庁、柏児相他行政をお招きし、例会を開催。

＊自閉症は、教育福祉の分野では情緒障害の位置づけで、対応に困惑し方法も見つからず、発足時親の要求も切実で、行政や関係者も何とかしようとの意欲をもっていました。

＊昭和53年　自閉症児親の会全国協議会に加入。

【組織】＊昭和47年千葉県自閉症児親の会　昭和53年千葉県自閉症児者親の会連合会　平成元年日本自閉症協会千葉県支部　平成18年千葉県自閉症協会

【活動】＊県単位の親の会を組織し活動を続けていましたが、会員一人ひとりの要望をきめ細かく救い上げる必要性から、各地区に分かれ県親の会の支部的活動を続けると同時に、各市町村特有の問題に対応した活動を行うようになりました。昭和50年の5地区会から、平成18年より県内17地区会で活動しています。

加盟団体からのメッセージ

特定非営利活動法人　東京都自閉症協会

特定非営利活動法人　東京都自閉症協会の沿革

【設立年月日】昭和42年 2 月26日

　昭和40年（1965年）以前から、東京では、子どもの教育や療育の機会を求めて愛育研究所、武蔵野日赤・心の相談室や子どもの生活研究所、児童相談所などに集まった母親たちが、機関の先生の勧めで昭和41年に自閉症児親の会設立準備会（参加者40名）を持ち、翌年設立しました。

　以後、昭和43年自閉症児・者親の会全国協議会発足後、中核として活動してきましたが、昭和48年には東京親の会として独立しました。

　平成14年には、NPO法人を立ち上げ、のち東京都支部に合併します。

　最近の活動は、行政との対話、都内諸団体との交流・イベント参加、諸団体への研修講師派遣、アスペルガー部会・本人部会、おもいっこ部会、地区部会、成人部会、事業部会、おやじ部会、広報部会、成年後見等を数十人の担当役員・協力員で運営しています。

　人気は、夏旅行、キャンプ、高尾山ハイキング、バーベキュー、お茶会、ビアパーティ、研修、楽しい広報誌プリズムなどです。

神奈川県自閉症協会

神奈川県における自閉症児・者親の会のあゆみ

　1968年に「自閉症児者の医療と教育の機会」を求めて創設された神奈川県自閉症児親の会は、1985年に神奈川県自閉症児・者親の会連合会へと組織変更し、2008年に現在の神奈川県自閉症協会となり、2014年に一般社団法人日本自閉症協会に団体正会員として加盟いたしました。創設当時40家族だった会員数は、横浜市・川崎市親の会が加盟していた当時、1,100名を超えていましたが、現在は県域11地区374名（2018年度）となっています。

　当協会では、その親部会である神奈川県自閉症児・者親の会連合会が、今年21回目となる「自閉症療育者のためのトレーニングセミナー」をはじめ、要望書提出・作品展開催・合理的配慮研究会・アスペース（高機能勉強会）・啓発活動等、多くの事業を行ってまいりました。今年度は日本自閉症協会同様、当会も創立50周年に当たり、 6 月に記念式典と講演会を開催し記念誌を発行いたしました。

144

加盟団体からのメッセージ

横浜市自閉症協会

【創立年月日】1979年6月
【創立時の会員数】104名
【日本自閉症協会への加盟時期】2004年6月

　横浜市自閉症協会／横浜市自閉症児・者親の会は、1968年3月に設立された神奈川県自閉症児親の会の下部組織として発足しました。横浜市は政令指定都市であり、福祉サービスの権限が県から市に一部移管されていることから、より地域に密着した運動や活動を行うために、1979年6月、横浜市自閉症児親の会を発足させることとなりました。その後、会員の子どもたちの多くが成人期を迎えたので、会の名称を横浜市自閉症児・者親の会に改称しました。

　発足当時自閉症児が活動できる社会資源はきわめて乏しく、また、義務教育終了後の進路先として適切な行き場がありませんでした。故佐々木正美先生のご協力の下、自閉症者にとってどのような施設がよいか勉強会を重ね、行政および関係機関、その他多くの皆様にご理解とご指導をいただき、社会福祉法人「横浜やまびこの里」の設立に至りました。その後も親の会の設立時の思いを引継ぎ、自閉症児者がライフステージを通して安定した生活が送れるよう、勉強会や行政への働きかけなどの活動を続けています。

一般社団法人 川崎市自閉症協会

一般社団法人 川崎市自閉症協会の38年

　昭和54年に自閉症児を持つ親51家族が、神奈川県自閉症児者親の会連合会に加入したのが、川崎市自閉症児者親の会設立となります。平成16年に（社）日本自閉症協会川崎市支部になり、平成20年組織改革（定款変更）で、川崎市自閉症協会と名称変更。平成26年（一社）川崎市自閉症協会となり法人格を取得しました（ピーク時、会員数240名）。

　設立当初は、養護学校卒業後の日中活動の場が欲しいと、作業所「くさぶえの家」を設立し、その後通所施設「くさぶえの家」として事業団が、また「水星社」を設立し、くさぶえ福祉会が運営しています。この10数年は、「地域」を視点に親の会の運動として「啓発」と「権利擁護」を2本柱としています。「ようこそ自閉症ワールドへ」（11回）や作品展（29回）等の啓発イベント、今年度からペアレントメンター事業（養成講座10回）もスタートしました。定例的には講演会（年2回）、「オーティズ・カフェ」（月1回）、体育訓練会（月5回）、生活訓練会（年2回）等開催し、会員相互の情報交換も行っています。

山梨県自閉症協会

　山梨県自閉症協会は、自閉症児・者の保護者を中心に昭和45年に結成されました。「山梨県自閉症児・者親の会」として会員５名からのスタートでした。現在、賛助会員も含め60名程が入会しております。自閉症という困難な障がいを抱える本人と家族が、地域でより豊かで幸せに暮らせるように活動しています。

・講演会、学習会等の企画、自閉症療育に関する研究会、情報提供
・自閉症に関する正しい知識の普及、啓発の為の活動
・医療、福祉、就労のための行政への働きかけ
・会員相互の交流、他団体との交流　　　等

　「治療教育相談」と「自閉症児・者療育キャンプ」は夏と冬にご家族や当事者の熱い思いで継続している大切な事業となっております。

　これからは、JDDネット、TEACCH研究会、などと連携して研修会等の充実を図ってまいりたいと考えております。

　今年は広島県で全国大会が行われましたが、ご準備に奮闘されているさなかに豪雨災害に遭われ、大変な思いをされているかと思います。心からお見舞申し上げます。次回2020年は、山梨県で開催いたします。小さな県ですが充実した内容で皆さまをお迎えできればと考えております。

　どうぞよろしくお願いいたします。

長野県自閉症協会

　1980年、長野県自閉症児者親の会（会員23名）は、自閉症児者親の会全国協議会に加入。1989年、社団法人日本自閉症協会に長野県内四地区連合会（会員117名）で加入。

　1983年、親達の実態調査を基に、県行政に自閉症対策について陳情し要望書を提出、自閉症療育対策検討委員会が立ち上がり、翌年、報告書が知事に答申され、行政としての支援が始まりました。取りまとめは（故）信州大学教育学部長　鈴村金彌先生で「自閉症児の味方、自閉症の父」と言われ、親達から尊敬された方です。

　この提言は、各ライフステージの医療・教育・福祉の課題と指針が記され、医療は長野県精神保健福祉センターが核となり他機関と連携してゆき、親の会の連帯は子らを守るための大きな力になることを学びました。後に成人入所施設“白樺の家”や“あおぞら”の設立につながり、多くの県民の方々の理解と協力を得ました。

加盟団体からのメッセージ

新潟自閉症協会連合会

【創立年月日】1970年（昭和45年）　　【創立時の会員数】不明
【日本自閉症協会への加盟時期】1970年全国協議会に加盟

　日本自閉症協会は、遠い時代に寄る術のない親たちが一縷の望みを持って築き上げた、わが子らのための砦、希望だと思っています。

　新潟県支部時代、平成11年から『自閉症研修講演会』を県内各地域の親の会が年毎の持ち回りで開催することから始まり、平成14年には「自閉症サポート・カード」を作成、発行。平成15年「新潟県に発達障害者支援センターの設置を求めるためのアンケート」を実施し翌16年に新潟県に提出、高機能自閉症補助事業も各地区にて展開するなど、支部活動が最も盛んとなった折「中越地震」（16年）「中越沖地震」（19年）の２度にわたる震災で大きなダメージを受け、更には、公益法人を目指しての協会本部からの支部廃止による切り離しから新潟県は協会加盟団体としての活動が停滞し続けています。

　今、福祉サービスの量は充実し、子育ては24時間営業の保育、お客様でもてなされる学校教育、必要な情報はネットから、発信は個別（SNS）の時代にありますが、どんな時代にあっても「量」ではなく「質」の担保（真の自閉症理解）を問い続けられるのは、日本自閉症協会だと信じています。だから、静かに希望の光を灯し続けています。

静岡県自閉症協会

静岡県自閉症協会の活動（理解啓発と住みよい地域づくり）

　1965年９月18日、６人の母親で親の会が発足しました。理解を広めたい、専門の施設を作りたいなどの取り組みの結果1996年にはふじの郷さつき学園を開設することができました。

　日本自閉症協会として発達障害者支援法実現の取り組みをしていた2004年に当協会は全国大会を担当し、約1200人と多くの参加を得、エリック・ショプラー先生にもおいでいただきました。この取り組みで、当協会の会員は大きく増える結果となりました。

　その他、①毎年夏に親子で参加するキャンプの実施②親や専門家を対象とした研修会を多数開催③10の支部を設置して身近な地域で活動④ペアレントメンターの育成と相談⑤ホームページやフェイスブックからの情報発信などを行ってきました。

　最近はこれらに加え①合理的な配慮のチラシ作成②研究部の取り組みを行い、理解啓発、住みよい地域をつくるための政策検討と働きかけ、支援者の養成と連携などに力を入れています。

147

加盟団体からのメッセージ

特定非営利活動法人 愛知県自閉症協会・つぼみの会

つぼみの会の51年

愛知県自閉症協会・つぼみの会は昭和42年5月14日に名古屋大学医学部付属病院の大会議室で「名古屋市自閉症児親の会」として発会式が行われました。石井高明先生を始めとする名大関係者20名会員40名のスタートでした。

当時、会の発足にご尽力いただいた名古屋大学医学部精神科堀要医師が会報の創刊号に書かれた「固いつぼみよ、なぜほころびてくれないのか。閉ざされたつぼみの中に、もう花びらは用意されているはずなのに」の言葉から通称「つぼみの会」と名付けられました。昭和42年に大阪で行われた自閉症協会の前身「第1回全国協議会」から参加しています。現在の会員数は約500名程度です。

平成24年4月にNPO法人化して、関係機関等と連携して多くの事業を行っています。昨年一足先に50周年を迎えて「50周年記念シンポジウム」「つぼみ音楽祭」を開催し、記念会報も発行しました。夏のキャンプも今年で50回目を行うことができました。また、母親ばかりでなく早期から父親会を立ち上げ、現在はプロジェクト部として権利擁護などについて支援者も含めて活動しています。ペアレントメンター活動もしています。

岐阜県自閉症協会

昭和44年8月21日岐阜県自閉症児親の会創立・発足。会員数は30人。岐阜市を中心として全県下に知人等を通して呼びかけ、電話や訪問をした。全国協加盟は昭和45年。

創立時は、どこに相談してもわからない時代、三重県のあすなろ学園に子どもを入院させた経験のある母親（故人）・通院中の未就学児・コロニー（春日井）に通院中の親たち5人が発起人となり、約2年間、精神保健衛生センターのドクターやスタッフの助言を受けて発足。

会の目的は、親のしつけが悪いから自閉症になったのではない、治療と教育によって成長していく子どもたちであることを啓発していくとしました。保育園や幼稚園にも拒否されてきた子どもたちに教育をと切望しました。発会式には当時の平野知事、上松岐阜市長をお迎えして、協力者の宮脇修先生の講演をお聴きして無事終了。約50年間の間、死亡したり、他施設に入所させたりして会員は入れ替わり、水野会長ひとりが残って現在に至っています。

50年の間やってきたこと

1. 行政の支援を得て自閉症者（児）への施策が実現された。例：県が発達障害者支援センターを設置した。
2. 平成18年7月　全国大会 in 岐阜の開催

加盟団体からのメッセージ

三重県自閉症協会

　　今から44年前。昭和49年2月に、「自閉症児を守る会」が発足しました。当時は全国でも珍しく積極的に先駆的な自閉症療育に取り組まれている「あすなろ学園」の故十亀史郎先生を慕い、全国から集まった親たちとともに、三重県に住む親たちが力を合わせて立ち上げました。（注：あすなろ学園は平成29年6月から三重県子ども心身発達医療センターとして、新たにスタート）

　　現在の会員数は380名（正会員279・賛助会員101）、親以外で応援してくれる、賛助会員さんの人数が多いのが特徴です。

　　行事は、30年以上継続している夏の講演会や療育キャンプに加え、10年前から世界自閉症啓発デーの特別企画の作品展を開催して、自閉症の人たちの魅力を紹介しています。また居住地によって8ブロックに分かれ、それぞれが特色を持って勉強会や見学会、茶話会などを行って情報交換し親睦を深めています。

　　全国的な傾向のようですが、会員減少とそれに伴う資金不足の解消が当面の課題です。

富山県自閉症協会

富山県自閉症協会とは

　　自閉症と診断された年少の子どもをもち、その療育についてひそかに悩み通した親たちが集まって昭和43年9月26日富山県自閉症児親の会が11名で発足しました。昭和58年中田勉氏によってめひの園が開設され、会の子どもたちの半数以上が入園しましたが、多くの人々の善意と理解を得て、親の会の大きな目的である社会復帰への可能性が大きく前進しました。

　　現在、富山県自閉症協会では、自閉症児・者が、安心して心豊かに過ごせる社会作りを目指して、保護者や支援者合わせ約70名の会員で活動しています。社団法人日本自閉症協会の定款に基づき、富山県内に生活する自閉症児・者が人の尊厳にふさわしい処遇を保障される権利を守り、本人とその家族の福祉の増進に寄与することを目的として活動します。

（富山県自閉症協会HP、第13回全国大会きぼう特別号より）

加盟団体からのメッセージ

石川県自閉症協会

【創立】昭和48年頃
【創立時の会員数】十数名
【日本自閉症協会への加盟時期】日本自閉症協会の創立から間もない時期
【創立当時のエピソード】
　創立当時は子供に対する療育場がなく、金沢大学医学部の一室で療育指導が行われていました。また、養護学校が全入ではなく、入学適正検査で就学猶予となった重度の子供に居場所として金沢市教育委員会へ情緒障害児学級の設立に尽力しました。
【現在の活動】
・啓発活動として関係団体の協力得て、世界自閉症啓発デーに合わせて石川門をブルーにライトアップ・県内各地で作品展ならびに啓発パネル展示を開催
・相談事業として年に2回ペアレントメンター相談会をパースの協力を得て実施
・保護者懇談会をはぎの郷職員のアドバイスを受けて、支援サービスの現状や日頃保護者が抱える問題等の意見交換・情報交換等の実施
・療育活動として集団キャンプ・バーベキューや新年会等の行事を開催
・げんきの会：年の6回金城短期大学・パース・はぎの郷の協力を得て療育活動や保護者の意見・情報交換等を実施

福井県自閉症協会

　福井県では、1965年から自閉症と診断された子どもたちを対象に、県中央児童相談所が、週1回療育指導、年3回2泊3日の親子合宿を実施していました。その過程の1968年、保護者30数名で「福井県自閉症児・者親の会」（別名えがお会）が発足しました。1975年から年1回2泊3日でえがお会主催の親子合宿を実施。講師に河合隼雄先生（当時京都大学教授）や山中康祐先生（当時京都大学教授）にお願いしました。河合先生は、親の悩みを受け止めてくださり適切な助言をしてくださったことを、今も忘れることができません。
　1983年重度の知的障害を伴う自閉症児・者の保護者18名が中心になり、自閉症者入所施設設置の部会を発足。資金作り、設置場所など苦労の連続でしたが、1992年5月、自閉症入所施設「すだちの家」定員30名が開設されました。その後就労センター（通所20名）が併設。
　現在、福井県では学校終了後の重度自閉症者の受け皿が不足しています。その対策が望まれます。

加盟団体からのメッセージ

滋賀県自閉症協会

　滋賀県自閉症児親の会カナリヤ会は、我が子がいつか歌うカナリヤになってほしいという願いを込めて1972年5月に14名で発足しました。発起人となった母親たちが、全国に存在した当時の親の会の皆さまから「みんなで力を合わせて子どもたちの幸せのために頑張りましょう」との力強い言葉や励ましの便りに押され、親の会立ち上げのために奮闘した様子が機関紙カナリヤに残されています。発足した年の10月には親の会全国大会にも参加されたことも歩みとして記されています。その後名称・形態は（社）日本自閉症協会滋賀県支部を経て、2008年4月滋賀県自閉症協会に移行し現在に至ります。私たちは「カナリヤ会」結成当初より自閉症児者と家族の支援ならびに自閉症の理解啓発に努め、活動を通して自由な意見交換や悩みを相談し合える機会を大事にしてきました。今後も豊かな人の輪を育み、地域で主体的に活動し生活できるような環境づくりの実現を目指して、活動を続けていきたいと思っています。

京都府自閉症協会

　京都では、1969年11月30日「京都府自閉症児を守る会」が、正会員40名、賛助会員46名で発足しました。その後「全国協議会」に加盟し、1989年「（社）日本自閉症協会」の京都府支部となりました。

　守る会結成前には、「自閉症児に療育を！教育を！」と訴え、ありのままの姿を見てもらうために、子どもを連れて京都府庁・市役所を訪れたところ、子どもたちが机に上がって渡り歩き、走り回り大声で叫ぶので、庁内は騒然、「こんな子は見たことがない」と驚かれ、早々、府は自閉症児の実態調査費を計上したとのことです。心因論がまだ大勢を占めていた時代、親たちはどれほど苦しまれたことでしょう。

　1989年に京都府自閉症協会は「専門部」ができ、親と専門家が協働して、多彩な活動を展開してきました。発足から50年を経て、今やASDの人はどの分野にでもいる大変多い障害と認知されています。今後の課題として、福祉サービスが整ってきた中で、将来を見据えた会の在り方を見直すことが必要と考えています。

151

加盟団体からのメッセージ

一般社団法人　大阪自閉スペクトラム症協会

【創立年月日】昭和43年4月1日
【創立時会員】100名
【日本自閉症への加盟】日本自閉症協会創立のときから

　昭和43年4月に大阪の自閉症の保護者淀野寿夫氏が中心となって親の会「大阪自閉症親の会」を立ち上げ、設立の時100人の会員が集まりました。当事の活動は、枚方市中宮病院に自閉症の診療に特化した「松心園」設立に先輩の親御さんのご努力があってのことだと思っております。

　平成元年朝日新聞大阪厚生文化事業団のTEACCH部のスタッフが来日してトレーニングセミナーが実施され、日本自閉症協会大阪府支部に協力を要請され大盛況だったので、療育が大事であると当日担当だった田川元康先生（現在の大阪自閉スペクトラム症協会理事長）は思ったと言われています。その後、平成7年に日本自閉症協会から助成を頂き、療育をされました。大阪は、専門家と親との連携を軸として自閉症への対処法を学び共同療育者としての力をつけていかれました。また、平成14年自閉症支援センターの立ち上げにも尽力されました。特に自閉症児療育・訓練強化事業に支援されました。

　現在は、大阪府発達障害体制整備委員会に参画し、自閉症啓発と切れ目のない支援を協力させて頂きたいと思っております。

特定非営利活動法人　奈良県自閉症協会

　奈良県自閉症協会は平成10年5月10日、奈良市総合福祉センターの集会室において、設立総会を行い、社団法人日本自閉症協会の最後の支部として発足しました。この日、本部事務局および高市早苗衆議院議員をはじめ、多くの来賓が出席してくださいました。お祝いの挨拶の後、須田初枝副会長の記念講演「青年期までを見通した自閉症児・者の療育」がありました。この日の新聞記事（朝日）によると113名が参加されたとあります。その後、平成20年8月、特定非営利活動奈良県法人自閉症協会として再出発し今日に至っています。設立が遅かった分、皆様が長年運動し勝ち取ってこられた自閉症支援施策と、自閉症の最先端の情報を得ることが出来ました。奈良県の会員は、この恩恵を受けることが出来、大変感謝しました。そして、皆様に追いつくためにと助成事業を多くこなし精力的に活動してきました。その時の中心になっていた会員も今は高齢化してきた現状です。

特定非営利活動法人 和歌山県自閉症協会

　昭和56年、70余名の親たちが和歌山県自閉症児者親の会を設立、同時に全国自閉症児者親の会に加盟。平成元年に社団法人日本自閉症協会和歌山県支部に名称変更。

　また、この年より会員は親と関係者で構成し、紀北分会、中紀分会、紀南分会の３つの分会で活動を開始し、和歌山県との対話集会をはじめ各種事業を実施、その後会員増加に伴い紀北分会を和歌山市分会とに分化しました。

　平成14年より親の会時代の事業の他、医療・教育・福祉の専門家による研修と個別相談会を主とする療育キャンプ事業、平成17年から和歌山市との対話集会を開始しました。

　平成20年４月１日より、特定非営利活動法人　和歌山県自閉症協会。

　平成21年に日本自閉症協会全国大会を開催。

　その後、世界自閉症デーでの記念講演、和歌山城ブルーライトアップ実施の他、NHKと近畿ブロック主催のNHKハートフォーラム等各種事業や公的機関の審議会等への参加を含め、関係団体との連携を行いつつ活動を展開し、今日に至ります。

兵庫県自閉症協会

【設　立】昭和55年６月29日

基本理念

　自閉症と診断されてから私たちの苦しみが始まります。

　昭和55年に県下各地の親が集まり結成されました。子どもの現状と将来の不安に一日たりとも心安まるときもなく、理解できない行動を繰り返す子どもとの生活に疲れ果てた親たちの集まりがそのスタートでありました。

　道のりは長くても、互いに悩みを持つ者がひろく心を開きともに助け合って生きていく会を求めております。

　基本理念としては

　　１．生活居住区で子どもの生活を考え活動を作る。

　　１．可能な限り社会参加をもとめる活動を作る。

　　１．医療・教育・福祉・労働との連携で子どもたちの生活を考える。

　　１．正しい理解を訴え地域社会の理解を得る。

　このような考えに立って生活する上で最も大切なことは、親自らその先頭に立つことと考えます。人の生きる道は、多種多様にあると思います。その道を子どもたちと共に作るために一緒に行動しましょう。

（当会ＨＰから引用）

加盟団体からのメッセージ

神戸市自閉症協会

「神戸市自閉症協会の紹介」

　神戸市自閉症協会は、兵庫県自閉症協会の中の神戸ブロックとして活動していましたが、平成23年4月1日に神戸市自閉症協会が設立され、会員26名で新たにスタートいたしました。今年で8年目です。

　小さな会ではありますが、お互い顔の見える関係にあるのが強みと思っています。定例会や研修会では悩みを相談したり喜びを分かち合ったり、親の憩いの場となっています。子どもたちも気心知れたメンバーなので、レクリエーションなどの行事には安心して参加してくれます。

　また、兵庫県自閉症協会とは神戸ブロック時代と変わらず一緒に仲良く活動しています。いろいろ助けられながら、研修会を共催したりバス旅行を一緒に楽しんだりしています。

　高齢化や会員が増えないなど問題は抱えていますが、子どもたちの笑顔を励みに楽しく活動していきたいと思っています。これからもどうぞよろしくお願いいたします。

特定非営利活動法人　鳥取県自閉症協会

【創立年月日】1976年　　【日本自閉症協会への加盟時期】1991年
【創立当時のエピソード】　どこに所属してもトラブルになってしまう我が子が、まだ聞きなれない自閉症ではないかと疑う親たちが数名集まり、県の東部を中心に親の会ができました。良いドクターや支援者がいると聞けば行って学び、同じ仲間の会があると聞けば声をかけて交流しました。親子で行政へ要望に行き熱心に話していると、子どもが開いている窓の桟を裸足で歩いており、その場全員が凍り付いたというエピソードがあります。
【現在の活動】
・認定NPO法人取得による支援団体との連携
・世界自閉症啓発デーに関連したイベント
・会報誌の発行（年2回）とHPの更新（月1回）
・キャンプ（9月）
・総会記念講演（6月）、自閉症発達障がい基礎講座（7月）
・専門家・ペアレントメンターによる相談
・ペアレントメンター事業（委託事業含む）
・県内3地区での地域活動（定例会、各種親の集い、レクリエーション等）

島根県自閉症協会

【親の会として】
　設立は1973年（昭和48年）頃。島根県自閉症協会として　自閉症・発達障がいにかかわる方々の支援・啓発等の活動をおこなっています。
【主な活動内容】
〇島根県各地域での、勉強会・相談会をおこなっています。
　県内各地区で自閉症・発達障がいについての子育て相談会＆勉強会を開催しています。通称　部会（ぶかい）。おしゃべりして日頃のストレスを発散する場として、子育てアイデアを伝授する、される場として開催しています。
〇年に6回の機関紙「帆をあげて」を発行
〇療育キャンプの開催（東部・西部）
　ひとりではなかなかうまくいかず、困った経験も、誰もわかってくれない！と思ったことも、もちろんありました。ちょっとだけ勇気をだして、声をかけてください。同じ悩みを持つ仲間がいます。みんなで子育ての知恵を出し合って、笑顔でいられるように活動しています。

（島根県自閉症協会HPより）

特定非営利活動法人　岡山県自閉症協会

【創立年月日】昭和47（1972）年11月26日
【創立時の会員数】40人
【日本自閉症協会への加盟時期】昭和52（1977）年
【団体の歩み】
　昭和47年、自閉症児の親40人が集まり、「岡山県自閉様症児親の会」を結成したのが始まりです。その後、平成10年に日本自閉症協会岡山県支部をリニューアルし今に至っています。現在の会員数は約350人です。機関紙の発行、講演会の開催、年代別・地区別、会全体での集いや旅行、治療教育相談会、親（ペアレント・メンター）による電話相談、行政への働きかけなど多彩な活動を行っています。社会で理解されず公的支援も少ない時代から手を取り合って子どもたちの未来のために共働してこられた先輩方の志を大切にしつつ、自閉症という障害を持ちながらもその人らしく生きていける岡山県になっていくよう、会員一同、地域に根ざした地道な活動を続けていきたいと思っています。
"One for all. All for one. "

加盟団体からのメッセージ

特定非営利活動法人 広島自閉症協会

◇沿革
1969年3月　広島県自閉症児親の会がスタート（結成時会員数9名）
1985年　　日本自閉症協会広島県支部として全国組織に加わる
2008年3月　広島自閉症協会に改組。7月にNPO法人化
2018年9月　第25回日本自閉症協会全国大会を広島市で開催。
◆私たちの願い
　私たちの願い・夢（活動する目的）は、ASD本人とその家族が自らの人生を自ら選べて、納得のいく人生を過ごせるような「誰もが共生しうる地域社会」がこの広島の地に実現することです。
◇活動
　この夢を実現するため、年間30回以上の保護者勉強会・交流会やレクリエーション活動、10回程度の講演会・セミナーや療育相談会などのほか、県・市町の協議会等へも出席し、当事者視線での施策検証もおこなっています。
　広島大学や県立広島大学等との協働活動や、地元ラジオへの出演、地元新聞の取材協力、啓発デーでの広島城等のブルーライトアップなど、地域への働きかけも進めています。

特定非営利活動法人 山口県自閉症協会

　昭和45年、12月山口県自閉症児者親の会は発足しました。まだ自閉症は親の育て方の問題などと言われていた時代でした。親の会は児相の呼びかけで7家族から始まりました。そして、2年後の47年には全国協議会に加盟しました。まだ支援も少ない時代昭和の親達は我子の行く末を案じ、仲間を募り施設建設を目指しました。平成になり、いくつかの施設が立ち上がりました。その一つは山あいにあり山口県警機動隊と隣接していました。まだ自閉症支援も手探りだった頃で子供達は施設を抜け出して度々機動隊を探検しました。訓練中の連帯に一人突入するテロ行為あり、夜間の侵入、四方をサーチライトに照らされた若い自閉症者はまるでアメリカのスパイ映画みたい。もちろん奴に国家的なミッションなんてない。山口県警は予想外の行動をとる悪意のない敵と安全で平和的な戦いをするのです。おかげで山口県警はプーチン大統領を警護する程に腕を磨いたのでした。親の会も平成22年に非営利活動法人山口県自閉症協会が正式名称となりました。
　昭和から平成そして新しい時代に向かって親の会も時代に沿っていくのでしょう。自閉症者がいる限り私たちの任務に終わりはないのです。次に奴らは親達にどんな指令を出すのでしょうか。しかも何があっても一切当局は関知致しません。なんだよね。

高知県自閉症協会

高知県自閉症協会の46年

【会のあゆみ】
昭和47年11月　高知県自閉症児親の会として発足
昭和50年2月　日本自閉症協会（自閉症児親の会全国協議会）加盟
昭和57年　高知県自閉症児・者親の会に名称変更
平成元年　社団法人日本自閉症協会高知県支部に名称変更
平成16年　小規模作業所もえぎ、カフェルームもえぎ開設
平成20年　NPO法人高知県自閉症協会に名称変更
平成24年　組織改編により高知県自閉症協会に名称変更

【活動内容】
　保護者の「自閉症の親の会を作ってほしい」との要望に必要性を理解して下さった支援者の方々が、準備委員会を立ち上げ、13家族の参加により発足しました。
　以後、今年46年目を迎えています。療育キャンプ、保護者研修会、講演会など...かたちを変えながら歩んで来ました。現在の会員数は、193名（正会員180・賛助会員13）ですが、最近は減少傾向にあり、今後はどのように運営していけば良いのか模索中です。今後ともよろしくお願いいたします。

徳島県自閉症協会

【創立年月日】昭和46年8月9日
【創立時の会員数】不明
【日本自閉症協会への加盟時期】昭和47年12月

　昭和46年、自閉症児親の会として、県児童相談所で通所訓練を受けていた者が中心となりスタートしました。
　初代会長清水実氏の「この子供達の本当の幸せを作るのは、私たち保護者であることを忘れてはならないと思います。子供達のお世話になっている現場や先生方に不平不満を述べる前に、まず、私たちが問題の本質を深く考え、勉強して、この子らのために、持てる全精力を注ぎこんでゆくべきなのです。そういう親の真剣な態度や考え方が、私たちの周囲の人や、一般社会の方々のご理解とご協力を得られるもととなるのです。今こそ、過去の実績の上にたって、私たち親の一層の団結で、明るい将来の幸せをつくる運動が進められるようにと、心から願いながら。」という言葉から約47年。何もなかった時代から、今の恵まれた世の中になりました。一方で、「一層の団結」を願う機運も薄れたかのように感じます。しかし、親の悩みは今も昔も変わらず、尽きません。子育てに迷う親子の拠り所であり道しるべとなる会でありたいと思います。

加盟団体からのメッセージ

香川県自閉症協会

　「香川県自閉症協会」は、1972年1月、7家族・関係者9名で準備会を、同年3月「香川県自閉症児親の会」を結成しました。この時の参加者は21家族・関係者18名・ボランティア8名でした。その後、1973年「自閉症児・者親の会全国協議会（現日本自閉症協会）へ加盟しました。同年7月第1回自閉症児療育キャンプを開き、その後20年以上続く夏休み最大（参加者約200名）のイベントになりました。（残念ながら現在は実施していません。）

　このキャンプで親同士いろんな話をしていく中、専門施設の必要性を感じ、1995年夏の施設設立発起人会発足へと繋がり、2004年障害者支援施設「ウインドヒル」の設立に至りました。

　現在会員は、正会員77名賛助会員5名で、こぢんまりと活動していますが、今年からは18歳未満の発達障害の方と保護者を対象に、「交流会」（オーイ！遊びにおいでよ）と「相談会」に取り組んでいます。

愛媛県自閉症協会

愛媛県自閉症協会のあゆみ

　「昭和46年、愛媛県松山市在住の4名で発足した親の会は県の親の会に育っていき、51年1月会員107名に発展した。その間、県、市の教育委員会、その他の関係機関におりにふれ陳情を重ねた結果、松山市立番町小学校に情緒障害児学級が設置されたのを皮切りに、新居浜、西条、今治各市に同学級が設置され、続いて大洲、宇和島にも設置された。また新居浜には公立幼稚園と保育園に、松山では民間幼稚園への受入体制が整った。...」

　これは私たち愛媛県自閉症協会の会報誌「かたつむり」創刊号に寄せられた大先輩の文章の一節です。その後約50年の月日がたち、制度が進み、様々な施設が出来てきました。先輩方のご尽力の賜物だと思っています。

　現在は会員95名、賛助会員6名です。人数は減少傾向にありますが、将来のために成年後見制度の学習会や、余暇活動としてレクリエーション活動等を行いながら日々活動を続けていければと思っています。

加盟団体からのメッセージ

福岡県自閉症協会

福岡県自閉症協会の軌跡

　福岡県自閉症協会は、1976年に、県内の自閉症児者親の会の連合体として発足し、同時に全国協議会（現在の一般社団法人日本自閉症協会）に加入、現在は、福岡市自閉症協会、北九州市自閉症協会、久留米市自閉症児・者親の会、大牟田市自閉症児者親の会、のぞみ福岡親の会（社会福祉法人のぞみの里・志摩学園入所者を中心とする会）、福岡市成人期高機能自閉症・アスペルガー症候群等親の会（あすなろ）の６つの分会で構成されています。

　当事者や家族が、それぞれの地域社会で生き生きと暮らせるよう、政治、行政、教育、福祉等、社会に対して積極的に働き掛けるとともに、各分会において地域に根差した啓発活動、当時者支援活動、家族支援活動、講演会・勉強会活動等を40年以上にわたり展開しています。

佐賀県自閉症協会

　自閉症の子どもは、支援や教育にも困難があり、親も育て方がわからず、途方に暮れるという状況だったので、1977年（昭和52年）２月19日に、23家族が出席して「佐賀県自閉症児親の会（通称　ひまわり会）」が結成されました。協会として、ただ待つだけだったり批判や不満だけを言う自分たちではない活動をするために、「欲しい支援は勝ち取る！」とし「自閉症の専門機関として地域センターを作ろう」と活動を続け、NPO法人それいゆを設立しました。質の伴った欲しい支援を欲しい時にと、ハイクオリティーな自閉症特化型のサービスを提供し、また行政と協働して佐賀県内の支援システムの構築に携わり、診断前から成人期まで、県内のどこに住んでいても同じ支援が受けられるようにし、早期発見早期療育に取り組んでいます。佐賀県自閉症協会は独立した組織として活動を続け、現在の会員は270名で、今の会員だけではなく、これから生まれてくる子どもたちのためにできる活動に取り組んでいます。

加盟団体からのメッセージ

長崎県自閉症協会

　1969年（昭和44年）12月、今は亡き川崎ナヲミ医師に療育指導を受けていた自閉症児の保護者を中心に「長崎県自閉症児親の会」が発足されました。発足当時の会員数は14名と記録に残っています。翌年には自閉症療育キャンプを実施、広報紙「ふれあい」の創刊、自閉症の子どもたちが学ぶための場（自閉症学級）を求め、県や市に陳情を行うなど精力的な活動を続けてまいりました。

　設立メンバーの想いを脈々と受け継ぎながら活動を続けてまいりましたが、2019年には50周年という大きな節目を迎えます。

　今の時代は、福祉サービスも充実し、親の会活動を敬遠する方もおられますが、一人ひとりの想いに寄り添い、親の会に入っていて良かったと思えるような活動を続けて行きたいと思っています。

熊本県自閉症協会

熊本県自閉症協会の創設のころ

　熊本県自閉症協会は昭和46年に「熊本県自閉症児親の会」として会員数11名で発足しました。当時は自閉症という言葉も知られていない時代で、「しつけができない親」「冷たい子育て」などの偏見の中での出発でした。さらに、知的に重度な子供は「就学猶予」となり、教育も受けられない状態で今とは全く異なる環境で生きていかなければならない状態でした。昭和48年には「親の会全国協議会」に参加して、会員も25名になりました。昭和49年には九州各県が参加して「自閉症児親の会九州協議会」を結成し第１回の九州大会を開催しており、来年は第23回大会を長崎で行う予定です。このころは情緒障害児学級の増設のために関係機関への陳情を精力的に行っておりました。昭和52年には会報誌「ひろっぱ」第１号を発行しました。当時はガリ版印刷の時代で、執筆や編集はいまとは比べ物にならないくらい大変だったようです。当時の先輩方のご苦労に感謝、感謝です。

加盟団体からのメッセージ

大分県自閉症協会

　大分県自閉症協会は、昭和47年、自閉症児を育てる親たちが、子どもたちが安心して過ごせる場、親たちの情報交換・親睦の場として集い、「大分県自閉症児父母の会」として発足しました。その後、昭和50年に、「大分県自閉症児・者親の会」、平成３年からは「社団法人日本自閉症協会大分県支部」を経て、現在「大分県自閉症協会」として活動をしています。

　最近では、自閉症に対する理解が少しずつ深まり、診断できる医療機関や療育を受けられる機関、福祉サービスも増えてきました。しかしまだまだ自閉症が生まれつきの脳の機能障害であることを知らない人や、その特性（社会性の障がい・コミュニケーションの障がい・想像力の障がい）を知らない方が多いのが現状です。

　本協会では、自閉症の特性に対する理解を求めた啓発活動を行うとともに、知的障がいを伴わない自閉症の方・知的障がいを伴う自閉症の方・年齢の低い方（就学前・学齢期）

　年齢の高い方とそれぞれの課題に応じて部会形式で活動しています。

　現在、自閉症、高機能自閉症、アスペルガー症候群の方々の親、家族のほか、医療専門家、保育関係者、教育関係者などさまざまな方が入会されています。

　本会の活動を通して、親御さんや本人の支援と、社会の理解を広げたいと考えております。

宮崎県自閉症協会

【創立年月日】昭和51年７月16日
【創立時の会員数】14名の親たち
【日本自閉症協会への加盟時期】昭和55年４月21日

　昭和51年、竹井義信氏ら14名の親たちが集まり、「宮崎市自閉症・情緒障害児を持つ親の会」が発足しました。昭和55年には、日本自閉症協会の前身である「自閉症親の会全国協議会」へ加入し、平成５年に「社団法人日本自閉症協会宮崎県支部」となりました。平成20年には、社団法人日本自閉症協会の組織改革に伴い、「宮崎県自閉症協会」を設立しました。

　自閉症への理解がほとんど無かった昭和の時代に、「育て方が悪いから……」などと言われ、悲しい思いをされたお母さんたちが集まる場所がありました。その場所で、14名の親たちは「親の会」を作ることを決めました。

　以来、宮崎県自閉症協会では、障害のある子どもときょうだい、ボランティアによる「土曜学級」や「療育キャンプ」、自閉症に対する理解を深めるための研修会・講演会などの周知啓発活動、及び行政への要望活動などに取り組んでいます。

　一般社団法人日本自閉症協会50周年、おめでとうございます。

　自閉症への正しい理解がさらに深まり、自閉症の人たちとすべての人たちがともに幸せに暮らせる社会実現を、心から願っています。

加盟団体からのメッセージ

特定非営利活動法人 鹿児島県自閉症協会

　2011年08月30日にNPOとして認可されました。

　鹿児島県は地理的条件も厳しく多くの離島を抱えており、自閉症児・者を育てるには大変厳しい環境です。療育機関も少ない中、親達の苦労は大変なものであり、我が子の問題行動について理解し解決するまでの努力は、計り知れないものがあります。私達鹿児島県自閉症協会は、この様々な現状を乗り越え子供たちの未来へ向けて山積している問題を、少しずつではありますが、解決していこうと努力しております。

【活動】親の会　情報交換、学習会　毎月１回開催（つぼみ学級と同時開催）

保育活動　つぼみ学級　レクレーション、遠足、宿泊活動　など　毎月１回開催

水泳教室　プール遊び　毎月１回開催（除く８月・１月）

わかばの会　カラオケ、ボーリング、宿泊活動など　随時実施（不定期）

講演会、啓発活動、各地開催の福祉フェスタ参加　等

　　　　　　　　（特定非営利活動法人 鹿児島県自閉症協会HP、団体情報　より）

沖縄県自閉症協会（通称：沖縄自閉症児者親の会まいわーるど）

　「沖縄自閉症協会」は、昭和48年11月、ボランティアと13名の親同志が療育の場を求めて立ち上がり、翌昭和49年３月９日に「那覇自閉症児親の会」を発足したのが始まりで、同年４月３日には約50名が参加する「沖縄自閉症児親の会」へと発展・改称するとともに、同月９日に「自閉症児・者親の会全国協議会（現日本自閉症協会）」へ加盟しました。

　結成当初から県議会、県教委、那覇市議会、那覇市教委等へ、自閉症児の『特別教室』開設を求める等精力的な活動に取り組んだ結果、同年６月には県内初となる『情緒障害特殊学級』が設置される記念すべき一歩を歩み出しました。

　あれから43年、会員数増減の波の中、現在は会員24名、賛助会員５名で自閉症児者の療育、教育、福祉、労働等の充実を図るべく、療育キャンプ、遠足、SST、定例会、講演会等を幅広く実施しています。

加盟団体からのメッセージ

日本自閉症協会グローバル会

グローバル会について

　発足は平成25年4月で、日本自閉症協会の一般社団法人移行に合わせ、それまで協会へ直接加入の正会員の皆さんに、グローバル会を設立し移行していただく形でスタートしました。一般社団法人日本自閉症協会には全国50の都道府県政令指定都市ごとに組織した団体が会員として加盟しており、原則として個人の方は都道府県政令指定都市団体に加入していただくこととなっておりますが、全国的な視点で活動されている専門家の個人の方々などのために、グローバル会を組織しています。

　本会は、日本全国及び海外から本会の目的に賛同し入会を希望する方であれば、どなたでも入会できます。特に全国的な視点で活動されている専門家（医師、弁護士、研究者、支援者、福祉関係者、等）の方々に入会をお願いしています。2018年（平成30年）現在の会員数は個人会員約100名、団体会員2団体です。

資　　料

■年表

■機関誌、機関紙 50年 ～協会の広報～

■役員一覧

年表

年	主として福祉関係	主として教育関係
1946年（昭21）	糸賀一雄氏を園長に近江学園設立	
1947年（昭22）	児童福祉法制定	「教育基本法」、「学校教育法」公布（養護学校の義務教育が規定される）
1948年（昭23）	「社会保障制度審議会設置法」公布	
1949年（昭24）	身体障害者福祉法制定（18歳以上の障害者に、身体障害者手帳・補装具の交付、更生援護など規定）児童福祉法の改正（盲ろうあ児施設を療育施設から分離）「特殊教育研究連盟」結成。国立身体障害者更生指導所設置（昭39.4 国立身体障害センターに改称）	「教育職員免許法」公布
1952年（昭27）	我が国初の自閉症症例報告鷲見たえ子：第49回日本精神神経学会においてレオ・カナーのいわゆる早期幼年性自閉症の症例発表	文部省初等中等教育局に特殊教育室設置
1953年（昭28）		中央教育審議会「義務教育に関する答申」（特殊教育の振興について答申）
1956年（昭31）		公立養護学校整備特別措置法文部省特殊教育室を廃止し、初等・特殊教育課設置
1959年（昭34）	障害福祉年金の支給開始	中央教育審議会「特殊教育の充実振興について答申」
1960年（昭35）	精神薄弱福祉法（現・知的障害者福祉法）制定	
1961年（昭36）	児童福祉法一部改正に伴う「情緒障害短期治療施設」設置「情緒障害」という用語が初めて使われた。身体障害者雇用促進法公布	学校教育法の一部改正「第六章特殊教育」大幅改正（学校教育法第75条「心身に故障のある者で特殊学級において教育を行うことが適当なもの」との規定が設けられる）
1962年（昭37）	情緒障害児短期治療施設の開設	学校教育法および同法施行令の一部改正に伴う教育上特別な取扱いを要する児童・生徒の教育的措置についての通達が出される「義務教育諸学校の教科用図書（教科書）の無償措置に関する法律」公布
1963年（昭38）	厚生事務次官通知「重症心身障害児の療育について」重症心身障害児施設の入所基準、手続き、費用、運営基準などを通知	養護学校学習指導要領通達（小学部・中学部編）情緒障害児短期治療施設内特殊学級の設置
1964年（昭39）	厚生省児童家庭局長通知「重度障害児収容棟について」	
1965年（昭40）		心身障害児判別・就学指導事務講習会開催文部省が初めて「情緒障害」という用語を使用
1966年（昭41）		「自閉症児と言われた子の担任会」発足（跡部欣二、村田保太郎等）

日本自閉症協会の活動等	主なできごと
	日本国憲法公布
	湯川秀樹日本人初のノーベル賞受賞
	対日講和条約発効、日本が主権回復
	伊勢湾台風 安保デモ隊国会へ突入
	ローマオリンピック
	ソ連が世界初の有人宇宙飛行成功
	東京都人口が1000万人を突破（世界初の1000万都市に）
	吉展ちゃん事件 ケネディ大統領暗殺
	東海道新幹線開業 東京オリンピック
団体設立【静岡、名古屋】	日本サッカーリーグ発足
自閉症児研究会の立ち上げ（平井信義、石井哲夫等） 【大阪自閉症児親の会】国に対して、自閉症児施設の設立、自閉症児の学校教育での受け入れを要望	ビートルズ来日

年	主として福祉関係	主として教育関係
1967年（昭42）	**児童福祉法一部改正案成立** 重症心身障害児施設を児童福祉施設へ。付帯決議の中に初めて「自閉症」という言葉が盛り込まれる。 **中央児童福祉審議会意見具申** 「自閉症児、自閉的傾向をもつ児童の取り扱いは、情緒障害児短期治療施設とは別の施設体系を考慮すべきである」 **児童精神医学会「児童精神科医療に関する要望」** 自閉症対策も児童精神医療の一環としたい 東京都立梅ヶ丘病院内に自閉症児施設を置くことを決め、自閉症児病棟の建築に着手。同病院と大阪府立中宮病院へ施設整備のため国庫補助。 三重県立高茶屋病院等開設。自閉症の治療機関、分教室として「あすなろ学園」等の設置。	文部省・全国の公立小中学校児童を対象の実態調査 「児童生徒の心身障害に関する調査」第1次調査6月15日、第2次調査10月15日～11月20日 「情緒障害」が初めて調査対象として加わる。「情緒障害」のなかに初めて「自閉症」が入る。 中央児童福祉審議会が厚生大臣に意見具申書を提出。ここでは「情緒障害」から自閉症は除外されている。 「情緒障害とは：家庭、学校近隣での人間関係のゆがみによって感情生活が困難になった児童」、「具体的には様々な習癖の異常、緘黙、登校拒否等の非社会的問題、非行等の反社会的問題があげられ」、「精神医学の用語でいえば心因性行動異常と言ってよい」。ただし「自閉症ないし自閉傾向の強い場合は除く」とされた。つまり厚生省においては「情緒障害」は自閉症に含まれない。 **「東京都公立学校情緒障害児教育研究会」発足** 「担任会」より移行。文部省に「情緒障害児教育について」意見具申 **文部省・情緒障害教育実験学校の指定開始** 最初の指定校　三重県津市高茶屋病院内南郊中学校及び高茶屋小学校あすなろ分教室 文部省においては「情緒障害」に自閉症を含め対策が開始された。 原因論に触れず、現実を優先することで自閉児を学校教育の中に位置づけ、情緒障害教育の対象として考えていこうとした。
1968年（昭43）	**厚生省特別研究助成「自閉症の診断と成因に関する研究班」（～3年間）** **3公立精神病院へ国庫補助** 自閉症児施設の開設準備（梅ヶ丘病院（1970年指定）、大阪府立中宮病院松心園（1970年指定）、三重県立高茶屋病院あすなろ学園（1970年指定）） 重度精神薄弱者重度棟の設置	**「全国情緒障害教育研究会」発足** **文部省「児童生徒の心身障害に関する調査報告書」公刊** 情緒障害の出現率0.43％　情緒障害に関して「教育上特別な取り扱いを要する」児童生徒数は63,173人と推定。 **「特殊教育総合研究機関の設置について」**（特殊教育総合研究協力者会議が報告）
1969年（昭44）	**厚生事務次官通知「自閉症の療育について」**（自閉症児療育事業実施要項） 自閉症児施設の指定（梅ヶ丘病院、松心園、あすなろ学園、ともえ学園（1973年指定）） **厚生省障害福祉課戸田技官が親の会機関誌に「自閉症児対策に思う」を寄稿** モデル的、実験的に自閉症児施設を開設するという主旨	我が国初の情緒障害学級（堀之内小学校・杉並区）開設 通級方式：普通学級在籍児童が通級して指導を受ける。自閉症児のための特殊学級・自閉的な児童に限って指導開始。自閉症に対する教育的対応の開始と言える。
1970年（昭45）	**「心身障害者対策基本法」公布** 中央児童福祉審議会答申「いわゆる動く重障児対策について」	教育課程審議会「盲学校、聾学校および養護学校の教育課程の改善について（小学部・中学部）」を答申 文科省「情緒障害担当教員講習会」開催

日本自閉症協会の活動等	主なできごと
【設立大会】：大阪 東京における親の会の結成がひとつの推進力になって提唱され、同年8月、当時結成されていた神戸、大阪、名古屋、静岡、東京の5つの会の代表が大阪に集まり、全国組織への道が開かれた。 **東京において、自閉症児親の会結成** 事務局を「子どもの生活研究所」におく 【年刊紙「いとしご」創刊】 自閉症児親の会（現・東京都自閉症協会）の機関紙として年刊で発行 **第1回全国協議会開催**　全国組織化への連絡会議　神戸医大、大阪、名古屋、静岡、東京の5つの親の会が日本短波放送の企画による放送録音のため集合したことを契機とする。議事　各親の会の情報交換、運営方針の検討等 **第2回～第3回全国協議会** 団体設立【宮城、北海道、東京】	住民基本台帳法公布
自閉症児・者親の会全国協議会創立（全国社会福祉協議会心身障害児協議会に加盟） **「自閉症児の教育的措置の整備に関する請願」を臨時国会に提出、採択** 東京を中心に署名運動をし、行政に請願する。全国会議員に陳情する。 **第4回全国協議会開催**（以降年数回開催された） 情報交換、全国社会福祉協議会への加入、請願書　「いとしご」の発行、全国協議会の運営 国会において「自閉症児の治療施設の整備に関する請願」「自閉症児の教育措置の整備に関する請願」を提出し採択される。 【第1回全国大会】5月19日：東京 常陸宮殿下、同妃殿下のご臨席の下に開かれた第1回全国大会を機に「協議会」として発足し、6月全国社会福祉協議会心身障害児協議会に加盟した。協議会としたのは、それまで独自の運動を行っていた各地の実情に合わせ、独立性を尊重しながら、意見の統一を図ることを狙いとしたからである。この年、国会への嘆願書を提出し、それを機に自閉症問題は大きくクローズアップをされ、政治的社会的な問題となっていった。 **加盟団体【神戸、大阪、名古屋、あすなろ、富山、静岡、神奈川、仙台、東京、北海道】**	霞が関ビル完成 小笠原諸島正式復帰 3億円事件
	安田講堂学生占拠 アポロ11号人類発の月面着陸
要望提出：「学齢前児童には通園を」「学齢期児童には教育を」「年長児には自立の道を」「自閉症の治療に健康保険の適用を」 【第2回全国大会】10月10日：大阪 常陸宮殿下、同妃殿下の御来臨を頂く。	大阪万博開催 よど号ハイジャック事件

年	主として福祉関係	主として教育関係
		文部省・情緒障害児学級新設補助を打ち出す。
1971年（昭46）	厚生事務次官通知「異常行動児療育研究の実施について」 自閉症研究専門員会の発足（〜78年） 特に成人や年長児問題について行政ベースに載せられる対応策を求める。 74・75年　中間報告：自閉症と精神薄弱の違い／医療施設と福祉施設に分けた処遇の方向を検討。	「国立特殊教育総合研究所開設」設置
1972年（昭47）		都立青鳥養護学校梅ヶ丘分教室開設 （梅ヶ丘病院に入院している自閉症児等のための学級） 養護学校高等部学習指導要領告示
1973年（昭48）	ともえ学園自閉症児施設の指定	「国立久里浜養護学校」の開設 全国の情緒障害学級数：309学級となる。 （〜1978年の約10年間で1,098学級へと増加）
1974年（昭49）	参議院での三木首相答弁 「自閉症については、医療処遇の必要な者と福祉処遇の必要な者の両方が存在、年長児の実態は調査中で、当面条件の整った精神薄弱児者施設で受け入れを検討したい。」	東京都、障害児の希望者全員就学の実施
1975年（昭50）	12月9日が「障害者の日」として国連で採決	「重度・重複障害児に対する学校教育の在り方について」特殊教育の改善に関する調査研究会報告
1976年（昭51）	「身体障害者雇用促進法」改正	「財団法人重複障害教育研究所」設立
1977年（昭52）	袖ヶ浦のびろ学園（千葉）が自閉症児を主として療育する精神薄弱児施設として開所する。	「全国病弱障害児の教育推進連合会」結成

日本自閉症協会の活動等	主なできごと
大会スローガン 「学齢前児童には通園を　学齢期児童には教育を　年長者には自立の道を　自閉症の治療に健康保険の適用を」 **加盟団体【岐阜、広島、京都、新潟】**	
自閉症児親の会全国協議会「年長児問題に関する陳情」 自閉症研究専門委員会の発足にあたり、親の会全国協議会が異常行動研究費から予算を捻出 **加盟団体【山形、石川、山梨、長崎】**	大鵬引退 環境庁発足 変動相場制へ移行
【第3回全国大会】10月8日：名古屋 大会スローガン 「自閉症児（者）に生涯治療・生涯教育・生涯生活の保障を　幼児に早期の療育を　学齢期に教育を受ける権利の保障を　年長児（者）に職業を、重度者には親がわりの施設を」 **加盟団体【滋賀、島根、愛媛、香川、鹿児島、山口】**	札幌冬季オリンピック 浅間山荘事件 沖縄本土復帰、沖縄県発足 田中角栄「日本列島改造論」 日中国交正常化 上野動物園にカンカン・ランラン
事務局移転 事務局を「子どもの生活研究所」より、全国心身障害児福祉財団（西早稲田）に移転 **【心を開く】創刊** 機関紙「心を開く」創刊号を発行する。 **【心を開く】No 2** 第17回全国協議会にて自閉症年長児者に関する療育について、施設の必要性について検討を行う **国庫および日本自転車振興会より補助金交付が開始される。** 自閉症国際会議に加盟する。 **厚生省へ昭和44年に出された事務次官通達の改正案と「年長および成人の療育について」** を提出し陳情する。 **加盟団体【十勝、秋田、埼玉、徳島、大分、熊本】**	ベトナム和平協定調印
自閉症児親の会全国協議会を東京親の会から分離し、体制の刷新をはかる。	小野田寛郎氏フィリピンより救出 国土庁発足
【心を開く】No 3 **【第4回全国大会】5月25日：東京** 大会スローガン 「第3回大会と同様」	ベトナム戦争終結 国際婦人年
【心を開く】No 4 **第26回全国協議会にて十亀史郎先生講演「自閉症について」、年長部会の設置の決定** **加盟団体【青森、茨城、栃木、千葉、高知、沖縄】**	ロッキード事件、田中角栄前首相逮捕
【心を開く】No 5 **研究委員会、常任理事会の設置** **全国協議会** 大会の反省、年長案、研究委員会報告、年長施設についてのアンケート実施研究委員 **研究委員会研修** 常任委員会にて特別療育施設設置予算要望検討 **【第5回大会】5月21・22日：京都** 大会スローガン 「自閉症児（者）の社会自立のために生涯にわたり治療・教育・福祉の保障を」 **加盟団体【群馬、岡山、鳥取、福岡、佐賀】**	大学入試センター設置 中国文化大革命終結 静止気象衛星「ひまわり」打ち上げ

年	主として福祉関係	主として教育関係
1978年（昭53）	ともえ学園（広島）が三次病院より分離して自閉症施設として開園する。 第2おしま学園（北海道）が自閉症児を主として療育する精神薄弱児施設として開所する。 「厚生省児童家庭局長の諮問による自閉症検討委員会」が発足する。	**情緒障害学級の位置づけの明確化** 文部省初等中等教育局通達「教育上特別な取り扱いを要する児童・生徒の教育措置について」、「軽度心身障害児に対する学校教育の在り方（報告）」（特殊教育に関する研究調査会） 東京都情緒障害教育研究会資料による情緒障害学級の対象児　内訳：自閉症68％　緘黙1.8％　登校拒否1％その他29％ 文部省が養護学校義務化について精薄の判定基準を新聞紙上発表
1979年（昭54）	**厚生省竹内児童家庭局長が自閉症親の会全国大会で講演** 児童は児童福祉法に、者は精神薄弱者福祉法の中に積極的に取り込んでいくと講演。 **自閉症児・者の処遇は精神薄弱児者待遇体系の中に位置づけられる。** **厚生省心身障害研究班「自閉症診断のための手引き（試案）」を発表** 厚生省研究委員会 自閉症療育について公明党議員より質問　文部・厚生両省大臣より答弁	特殊教育百年記念式典（国立教育会館） **養護学校の義務制施行（全員就学）** 自閉症の「教育の場」知的障害養護学校へと広がる。 心身協文教小委員会が文部省に答申を出す。
1980年（昭55）	**「児童福祉施設最低基準法の一部を改正する省令」の公布** 自閉症児施設を児童福祉施設（第1種：医療型、第2種：福祉型）に組み入れる。自閉症児の療育についての法制化が成る。 **自閉症対策費予算通過** 約2億の措置費が組まれる。病院6ヶ所、児童福祉施設2ヶ所を対象とする。 第2おしま学園（北海道）が自閉症児施設として増員発足する。	国際障害者年日本推進協議会設立（1980.4） **40人学級実現**
1981年（昭56）	参議院予算委員会 自閉症問題が取り上げられ、厚生大臣が「自閉症の成人問題は心身障害研究の結果を踏まえ、なるべく早く施設ないしはこれらを位置付ける法律を検討する」と答弁。 **我が国初の自閉症成人施設（精神薄弱者更生施設）檜の里　あさけ学園（三重）が開設する。**親たちの手と願いを結集してできたもので全国初の自閉症成人を主として療育する施設。	全国の情緒障害学級数：1,533学級となる （小1,221、中312）

日本自閉症協会の活動等	主なできごと
【「心を開く」No 6】 **全国協議会理事会の設置** 全国大会の件、全国協議会の開き方についての反省と問題点、予算対策活動について、研修会について、文部省研修会について、「いとしご」制作費の負担について、全国大会開催の場所について、年長児施設に対する運動の経過について、年長児療育施設についての問題点、研究委員会において医療の問題等検討 **全国協議会一泊研修会** 名古屋大学　石井孝明先生「自閉症年長児について」（出席親の会19、計65名） **心身協予算対策委員会との懇談** **全国協議会理事会・全国協議会** 全国大会の件（長崎県市民会館ホール・54年8月18日〜19日）、特別療育施設に関する厚生省関係の運動の経過報告、養護学校義務化に対する文部省の見解について研究委員会の研究結果の報告、親の会の法人化について（出席親の会20、計31名） **第1回研究委員会　NHK厚生文化事業団・日本てんかん協会と共催による講演会** **加盟団体【武蔵野東（1984年（昭和59年）退会）】**	東京教育大学閉学、筑波大学に継承
【「心を開く」No 7】 心身協文教小委員会参加 自閉症児をもつ親と教師の集い **NHK厚生文化事業団主催　全国協議会中央研修会** 講師　中川四郎、十亀史郎、佐々木正美 **病虚弱障害児教育連合会総会** **心身協役員との会談** 全国協議会にて、会則改正、反省、自閉症療育の体系化、文部省への予算請求、適性就学の充実、心身障害児への理解と啓蒙、幼児教育問題の調査と研究等の検討 **全国協議会中央研修会** 「診断基準の手引きをめぐって」講師　尾村偉久、石井高明、太田昌孝 NHK厚生文化事業団講演会　講師　久保和義　「学校教育について」 **【第6回全国大会】8月18・19日：長崎** テーマ：みんなといっしょに 大会スローガン 「心身障害児者福祉法の法制化を促進しよう　年長児者に特別療育の場を！　早期発見、早期治療を進めるために専門医療の充実を！　自閉症児に適切な教育の場と指導方法の確立を！　年長児者に職業と社会自立への道を！」 **加盟団体【長野、和歌山】**	国公立大学入試共通一次学力試験実施 米国スリーマイル島原子力発電所で大量の放射能漏れ ソニー、ウォークマン発売
「心を開く」No 8 **専門委員会** **厚生省陳情**　成人施設について、重度加算について、児童先進医療の充実について、専門委員会の継続について、通所部門について **教材・教具開発研究班が発足**	モスクワオリンピック、日本ボイコット。 ゲーム＆ウオッチ（任天堂）、ルービックキューブ（ツクダオリジナル）、チョロQ（タカラ、後のタカラトミー）流行。
「心を開く」No 9 須田理事、参議院予算委員会に参考人として出席する。 **ローナウィング博士（英）が来日する。** **【第7回全国大会】11月1日：神奈川** テーマ：みんなのちからで 大会スローガン 「自閉症児者福祉法の制定を！　年長児者に特別療育の場を！　早期発見、早期治療を進めるために、専門医療の充実を！　自閉症児に適切な教育の場と指導方法の確立を！　年長児者に職業と社会自立への道を！」	黒柳徹子『窓際のトットちゃん』刊行 中国残留孤児初来日 第2次臨時行政調査会（土光会長）初会合

年	主として福祉関係	主として教育関係	
	国際障害者年 袖ヶ浦のびろ学園（千葉）が第2種自閉症児施設として再発足。		
1982年（昭57）		**「心身障害児に係る早期教育及び後期中等教育の在り方」報告**（特殊教育研究協力者会議）	
1983年（昭58）	めひの野園　うさか寮（富山県）が開設する。	「教員の養成及び免許制度の改正について」答申（教職員養成審議会）	
1984年（昭59）	南材ホーム（宮城県）無認可小規模通所施設が開設する。 槇の里　いずみ学園（千葉県・東京都委託） 袖ヶ浦のびろ学園に成人施設としてひかりの学園（千葉）が開設する。	**臨時教育審議会が設置**	
1985年（昭60）	3年計画で新規に**「自閉を伴う精神薄弱時の指導内容、方法に関する研究」**の予算が1200万円計上され、国立特殊教育総合研究所の中で、研究が進められることとなった。 けやきの郷　初雁の家（埼玉）が開設する。	国立特殊教育研究所「自閉を伴う精神薄弱児の指導内容、方法に関する研究」開始（1985（昭60.4）～1988年（昭63.3）） 臨時教育審議会「教育改革に関する第1次答申」	
1986年（昭61）	厚生省新薬開発研究「代謝異常性小児自閉症に対するテトラハイドロバイオプリテン」の治療効果について発表される。 のぞみの里　志摩学園（福岡）が開設する。 昭徳会　泰山寮（愛知）が開設する。 あかりの家（兵庫）が開設する。		
1987年（昭62）	**全国自閉症者施設連絡協議会の発足** **身体障害者雇用促進法「障害者の雇用の促進等に関する法律」へ改正** 紀伊の里　日置川みどり園（和歌山）が開設する。 さくらんぼの里　厚田はまなす園（北海道）が開設する。 三気の会（三気の里、熊本）が開設する。	「教育改革に関する第4次答申」（臨時教育審議会） 「盲学校・聾学校及び養護学校の教育課程の基準の改善について」諮問 情緒学級全国で小・中共約3000を超える。	

日本自閉症協会の活動等	主なできごと
「心を開く」No10 中央研修会 「年長児・者の施設作りの理念をもとめて」 東京自閉症児・者親のの機関誌「いとしご」が自閉症児・者親の会全国協議会の機関紙として発行されることとなる。 マイケルラター博士が来日する。 加盟団体【福井】	東北・上越新幹線開業 日本電信電話公社、カード式公衆電話、テレホンカード発売。
「心を開く」No11 厚生省自閉症研究費による年長自閉症児者の面接調査を、日本全土にわたり実施する。 自閉症児・者親の会全国協議会の法人化についての話し合いが始まる。 【第8回全国大会】8月7日：千葉 テーマ：みちをもとめて 大会スローガン 「自閉症児者福祉法の制定を！　自閉症児者施設の建設を！　早期発見・早期療育をすすめるための専門医療の充実を！　自閉症児に適切な教育の場と指導方法の確立を！年長児者に職業と社会自立への道を！　自閉症児者に正しい理解を！」 加盟団体【岩手、宮崎】	戸塚ヨットスクール校長逮捕 東京ディズニーランド開園 神奈川県が都道府県では初の情報公開制度開始。 任天堂が「ファミリーコンピュータ」（ファミコン）を発売
「心を開く」No12 全国協議会で就労調査を実施する。 加盟団体【福島】	平均寿命が男女共世界一に。 スタジオジブリ「風の谷のナウシカ」 NHKが衛星放送を開始。
「心を開く」No13 中央研修会「年長自閉症施設のとりくみ」石井哲夫、「行政の立場から」中沢健 【第9回全国大会】8月4日：大阪 テーマ：今この人たちにとって医療は、教育は、福祉は、労働は？ 大会スローガン 「自閉症児者福祉法の制定を！　自閉症児者施設の建設を！　早期発見、早期療育をすすめるための生涯にわたる専門医療の充実を！　自閉症児に適切な教育の場と指導方法の確立を！　年長児者に職業と社会自立への道を！　自閉症児者に正しい理解を！　全国協議会の法人化の促進を！」	円高不況 『スーパーマリオブラザーズ』が発売 日本電信電話公社（電電公社）、日本専売公社が民営化 男女雇用機会均等法が成立 日本航空機、御巣鷹の尾根に墜落
「心を開く」No14 中央研修会　ワークショップ「新薬について」を埼玉、名古屋、福岡にて開く。 自閉症について考えるジャーナリストの集いが発足。朝日新聞社、毎日新聞社、読売新聞社、共同通信社、ラジオ短波　その後3回開く。 ワークショップ「新薬について」「自閉症の療育について」を北海道、熊本にて開く。	バブル景気 中野富士見中学いじめ自殺事件 男女雇用機会均等法施行
「心を開く」No15 法人化委員会が発足する。 自閉症児・者親の会全国協議会結成20年によせて提言　石井哲夫、上出弘之、平井信義、牧田清志 【第10回全国大会】8月9日：山口 テーマ：ともに生きる 大会スローガン 「障害者に人としての権利を！　自閉症児者福祉法の制定を！　早期発見・早期療育と専門医療の充実を！　適切な教育と指導法の確立を！　障害に亘って人間らしい生活の保障を！　正しい自閉症理解を！　障害児者の生涯療育を！　全国協議会の法人化の促進を！」 加盟団体【青森】	NTTが携帯電話（ハンディタイプ・アナログ方式）サービス開始 俵万智『サラダ記念日』 国鉄が分割・民営化され、JRグループ7社（北海道・東日本・東海・西日本・四国・九州・貨物）が発足

175

年	主として福祉関係	主として教育関係
1988年（昭63）	「強度行動障害児（者）の行動改善及び処遇のあり方に関する研究」（～89年） 梅の里　あいの家（茨城）が開設する。 しもふさ学園（千葉）が開設する。	「教育公務員特例法及び地方教育行政の組織及び運営に関する法律の一部を改正する法律」（公布） 初任者研修（平成元年から段階的実施／条件付採用期間6ケ月から1年へ） 「盲学校・聾学校及び養護学校の教育課程の基準の改善について」答申
1989年（平元）	国連：児童の権利に関する条約	中央教育審議会 「新しい時代に対応する教育の諸制度の改革について」諮問
1990年（平2）	福祉関係8法の改正 ICD-10承認・公表	
1991年（平3）	発達障害者研究協議会「強度行動障害をもつ人たちへの療育の進め方について」報告 労働省が、障害者雇用を進めない企業の社名を公表することを決定 民間企業の障害者雇用が進まないのを重視した労働省は指導や勧告にもかかわらず、改善策を講じない場合は企業名を公表することに踏み切ることを決めた。 療育手帳所持者の運賃の割引が始まる。鉄道・バス・タクシー・旅客船・航空の運賃が対象	文部省・5ヵ年計画で自閉症児に対する指導方法の研究開始 国立特殊教育総合研究所特別研究「年長自閉症児の進路指導に関する研究」
1992年（平4）		文部省通級学級を制度化 専任教員を配置、指導対象となる子供についての基準通達、全国168の小中学校を研究校に指定

日本自閉症協会の活動等	主なできごと
「心を開く」No16 中央研修会「教材・教具の目的にあわせての使用方法」 厚生省陳情 学研より教材・教具販売	リクルート事件 岩波書店が絵本『ちびくろサンボ』を黒人である人種差別との判断から絶版
「心を開く」No17 社団法人日本自閉症協会の設立（10月14日）　会長に東海敬氏就任 【第11回全国大会】8月19・20日：北海道 テーマ：この子たちに無限の愛を 大会スローガン 「社団法人日本自閉症協会に早期実現を　自閉症児者福祉法の早期制定を　早期発見、早期療育の充実を　自閉症児者に正しい理解を　療育に関わるすべての分野の研究推進を　医療・教育・福祉などの横断的機能連携を　年長児・成人には自立への道を」	昭和天皇崩御、「平成」に 佐賀県の吉野ヶ里遺跡発掘 消費税法施行 **映画「レインマン」** ベルリンの壁崩壊 オウム真理教による坂本堤弁護士一家殺害事件発生
「心を開く」No18 国際シンポジウム「自閉症の療育」国際児童青年精神医学会（京都） 第10回世界会議　国際精神薄弱者育成会連盟参加 自閉症への新しいアプローチー海外の著名研究者を迎えてー 教師のための自閉症短期集中セミナー 中央研修会開催（静岡県伊東市） 療育指導事業（国庫、JKA） 講演会、新薬をめぐって（北海道、名古屋、兵庫、九州） 就労実態追跡調査 **協会機関紙「いとしご」ニュース創刊** **療育相談を開始** 月2回電話による相談を開始。担当は永井洋子（当時：東京大学医学部附属病院精神神経科） **初の公開セミナー「自閉症への新しいアプローチ」を開催** 社団法人設立を記念して国際シンポジウムを開催した。 **「教師のための自閉症短期集中セミナー」を開催** 法人化記念事業の一環として文部省の後援を受けて開催。朝日新聞厚生文化事業団より教材を借用し、また、朝日生命社会事業団より支援を受けた。 楽しみながら、毎日学習ができる自閉症児者のための教材教具を企画	第1回大学入試センター試験実施 長崎県の雲仙普賢岳が約200年ぶりに噴火活動 東西ドイツ統一
「心を開く」No19 福祉法改正と自閉症対策中央研修会で討議　学齢自閉症児の現状と問題 施設職員・教師のための自閉症短期集中セミナー 【第12回全国大会】8月3・4日：兵庫 テーマ：限りない愛を！この子らに 大会スローガン 「自閉症児・者に関する法・制度の整備を　早期発見、早期療育を進めるために専門医療の充実を　適切な教育の場と指導方法の確立を　自閉症児・者に就労への援助と職域の拡大を　地域で社会生活ができる援助体制の確立を　自閉症児・者に対する、正しい理解を」 **「社団法人日本自閉症協会・基本理念」を検討・確定** 運動方針となる基本理念について、会員より聴取し総会で確定 「施設職員・教師のための自閉症短期集中セミナー」を開催 七部会を設置（協会での具体的な事業を推進していくために設置）	育児休業法が成立 日本プロサッカーリーグ（Jリーグ）が文部省の認可を受け発足
「心を開く」No20 巡回療育相談（高知共催） ノースカロライナEACCHプログラム視察旅行 自閉症児療育指導者研修会（和歌山県） 発達障害セミナー（全自者協共催） 自閉症療育の新たな展開を求めて　岡山県でセミナー開催 **初の巡回療育相談を開催**	女子学生就職氷河期元年 国家公務員の週休2日制スタート 漫画家の長谷川町子死去。 小説家松本清張死去 毛利衛がスペースシャトル・エンデバーに搭乗

177

年	主として福祉関係	主として教育関係
1993年（平5）	**障害者基本法制定**　付帯決議で自閉症に言及 **障害者雇用促進法の改正** ①短時間雇用②重度精神薄弱者にダブルカウントの適用 **厚生省児童家庭局長通知「強度行動障害特別処遇事業の実施について（実施要項）」** 厚生省「転居に伴う療育手帳の取り扱いの留意事項について」の通知を実施	通級の対象となる児童生徒の中に情緒障害が入る。
1994年（平6）	有料道路の介護者割引開始 有料道路通行料金の障害者割引が、介護者が運転する場合も受けられることとなった。 DSM-Ⅳ公表	特別なニーズ教育に関する世界会議「サラマンカ宣言」を採択
1995年（平7）	**精神保健法改正「精神保健及び精神障害者福祉に関する法律」へ** **統計調査に「自閉症」を明記**　総務省が改正を告示 疾病、傷害及び死因に関する分類の名称及び分類 「精神薄弱」に替わる言葉を「知的発達障害」または「発達障害」とする提案 行政用語として使われている「精神薄弱」については、「好ましくない障害感を表す不快語」「障害の実態を的確に表現していない」などとの批判が相次ぎ、検討の結果「知的発達障害」が最も適当との結論が得られた。より広い概念として、自閉症、脳性まひなどを含めた「発達障害」も提案している。 **「障害者週間」設定** 12月3日の「国際障害者デー」から12月9日の「障害者の日」までの1週間を「障害者週間」とすることを決定した。	**学校教育法施行規制を改正** 文部省は公立の小中学校、養護学校の土曜休日を月2回に増やした。 **「学習障害」の定義を発表** 文部省の協力者会議は「学習障害（LD）」について文部省として初めて独自の定義を公表した。
1996年（平8）	**障害者対策推進本部「障害者プラン〜ノーマライゼーション7ヵ年戦略〜」決定**（〜2002年） 大臣官房に「障害保険福祉部」創設される 社会・援護局、児童家庭局、保健医療局の三局に分かれている障害者施策担当課を統合し、新たに「障害保険福祉部」を官房に設置。	**文部省が養護学校の職業教育拡充を都道府県に要請** 盲・ろう・養護学校の高等部生徒の資格取得や就職を進めるため、文部省の協力者会議は高等部卒業後も引き続き専門教育を受け入れられる「専攻科」の拡充や、高度情報化など社会の変化に対応

日本自閉症協会の活動等	主なできごと
山形県支部と共催で山形市・福祉文化センターで開催 「通級指導のための教職員の定数の加配」などについての要望書を自民党などに提出	
「心を開く」No21 中央研修会「自閉症の学校教育をめぐって」（群馬県） 巡回療育相談（大分県） 施設職員・教師のための自閉症短期集中セミナー（北海道） 自閉症トロント国際会議に出席 巡回療育指導・相談会（青森県） 自閉症児療育指導者研修会（兵庫県） 【第13回全国大会】7月31日・8月1日：富山 テーマ：この子らに輝け！21世紀… 大会スローガン「第12回大会と同様」 **英国自閉症協会役員ら来日、当協会会長（東海氏）らと懇談** ジェラル・ディン・ピーコック常務理事ら4氏らは、日本の教育施設の調査、見学のために訪日。 **経団連1％クラブが当協会を登録** **心身障害者対策基本法の改正にあたり、「自閉症」明記を要望** 全社協・心身障害児者壇来連絡協議会として、「障害者に関する特別委員会」に要望書を提出した。全国の支部より140名余が国会に陳情を行った。 **自閉症協会のシンボルマークが確定**	定期預金金利の完全自由化開始 非自民・非共産連立政権である細川内閣が発足、55年体制の崩壊。 　法隆寺、姫路城、屋久島、白神山地が、日本での初の世界遺産登録。
「心を開く」No22 巡回療育指導・相談会（長崎）（岐阜県） 自閉症の就労援助をめぐって－シンポジウムで討論－中央研修会 **自閉症対策で厚生省に要望**（法制化や自閉症加算など） ふれあい合同キャンプ 自閉症対策の確立を目指して　法制化特別委員会を開催 親の作った施設問題を考える研修会開催 地域療育拠点施設事業についての法制化特別委員会にて検討 療育指導者研修会（福井県）（愛媛県） 当協会役員が英国自閉症協会を訪問	オウム真理教によって松本サリン事件発生 青森県の三内丸山遺跡で大量の遺物出土 北海道東方沖地震発生 1973年以来21年ぶりに出生数が大幅に増加。
「心を開く」No23 中央研修会「自閉症の内的世界を探る」　チャールズハート自閉症講演会 自閉症児者の家族への療育相談、相談事例をまとめ発行 自閉症児者の巡回療育相談会実施（群馬県） 自閉症幼児対象に地域療育モデル事業（岩手県） **阪神・淡路大震災被災者支援** 安否確認：被災会員への義援金募集。 **「自閉症の手引き」初版発行** **本協会会長に江草安彦氏就任** **新障害者プランで厚生省、各政党などに要望書を提出** 日本障害者協議会の一員として、新障害者プラン策定にあたっての要望をまとめ申し入れを行った。 【第14回全国大会】7月22・23日：熊本 テーマ：この子らへの想いを高く掲げて 大会スローガン 「発達障害者福祉法の制定を　早期より専門医療の充実を　強度行動障害対策の拡充を　自閉症の本態解明研究への助成を　個別教育計画の実現を　自閉症者雇用へ助成制度適用を　成年後見法の制定を」	阪神・淡路大震災 地下鉄サリン事件（一連のオウム真理教事件） マイクロソフトのMicrosoft Windows 95が発売 海の日制定（7月20日） 新食糧法施行、米の販売が原則自由化。 高速増殖原型炉「もんじゅ」のナトリウム漏洩（ろうえい）事故が発生。
「心を開く」No24 自閉症児療育指導者研修会 ジェラルディン・ピーコック氏講演会「英国自閉症協会の活動について」 中央研修会「高機能自閉症」 親の作った施設問題を考える研修会 小学生の親子キャンプ	O157食中毒が多発 携帯電話・PHSの契約者数が急増する。 羽生善治、史上初、将棋のタイトル七冠独占を達成。 「Yahoo！JAPAN」開始。

年	主として福祉関係	主として教育関係
	知的障害者の入院に配慮。付添を認める特例も。診療報酬改定で「重症者療育環境特別加算」の対象として知的障害者を明記した。さらに、医師の許可によって例外的に付添を認める条件として、患者が知的障害者の場合も認めた。	した学科の再編成が必要との報告をまとめ、教育内容を見直すよう要請した。日本全国の公立学校でそれまでの毎月第2土曜日に加え第4土曜日も休業日となる（学校週5日制）。
1997年（平9）	24時間対応型障害者支援センターが滋賀県にオープン 「障害者の雇用の促進等に関する法律」が一部改正 **知的障害者に初の正式競技（長野パラリンピック）** 1998年の長野冬季パラリンピックのクロスカントリースキーについて、知的障害者クラスも正式競技として実施することが決まった。	2013年から学校の週5日制が完全実施 通学区域を弾力化（小・中学校） いじめをはじめ様々な事情がある場合、保護者の申し立てを尊重して通学区域を変更できることとした。 高等部でも訪問教育実施 義務教育だけに限られていた訪問教育を、今年度から高等部にも試行的に導入することを決めた。 **教員志望者に介護等体験を義務付け（教員免許法特例法成立）** 小中学校の教員志望者は、特別養護老人ホームなどの社会福祉施設と盲、ろう、養護学校でボランティアとして7日間以上、介護や入所者との交流などの体験を行い、施設から証明書をもらい、教員免許の申請時に提出する流れとなっている。
1998年（平10）	厚生大臣官房障害保険福祉部長通知**「強度行動障害特別処遇加算費について」** 中央社会福祉審議会中間まとめ「社会福祉基礎構造改革について」 知的障害者の職業訓練を拡充する方針を決定 「事務」や「販売」などを追加し、知的障害者の就業機会の拡大を目指す。	久保田剛選手、長野パラリンピックに出場 本パラリンピックで初めて公式に採用された知的障害者部門。そのクロスカントリースキーの代表選手に選出。 **文部省が「学習障害（LD）児の指導冊子」作成・配布** 冊子は学習障害について説明した「第1部・特別な配慮が必要な子供の理解と指導」、学校全体でのかかわりが大切であるとする「第2部・指導上の配慮事項」、様々な事例についてQ&A方式で解説した「第3部・指導の基本と実際」からなっている。
1999年（平11）	「精神薄弱の用語整理のための関係法律の一部を改正する法律」により「知的障害」に 精神薄弱者福祉法や障害者基本法、道路交通法など32の法律で使われている「精神薄弱」という表現を「知的障害」という表現に改める関係法改正案が昨年に全会一致で可決された。	学習障害及びこれに類似する学習上の困難を有する児童生徒の指導方法に関する調査研究協力者会議**「学習障害児に対する指導について」**（報告）

日本自閉症協会の活動等	主なできごと
施設職員・教師のための自閉症短期集中セミナー（新潟市） 自閉症児療育指導者研修会（青森県） 自閉症児・者の巡回療育相談会（広島）（愛知） 自閉症協会セミナー（山形）	オンライントレード開始。 原爆ドームと厳島神社が世界遺産に登録。
「心を開く」No25 施設職員・教師のための自閉症短期集中セミナー 日本自閉症協会セミナー（福岡） 中央研修会（東京） テーマ「自閉症者の住まいの確保、地域生活支援事業としてのグループホームをめぐって」（地域で共に生活するために） 自閉症児療育指導者研修会 教材・教具による自閉症児の指導の実際 **強度行動障害特別処遇事業で弾力的運用などの要望書をを厚生省に提出** 全国自閉症者施設協議会との連名で要望書を提出 **【第15回全国大会】7月26・27日：岩手** テーマ：虹のごとく輝け！　この子らの未来に 大会スローガン　「第12回大会と同様」 **法定雇用率に知的障害も含めるよう労働省に意見書提出** 障害者雇用審議会は法定雇用率について、算定の基礎に身体障害者だけでなく、知的障害者も加えるべきだとする意見書を提出した。	14歳の少年による酒鬼薔薇事件 改正健康保険法がスタート。 小売業のヤオハンが倒産、会社更生法を申請 ロックバンド「X JAPAN」解散を発表。 地球温暖化防止京都会議開幕。11日、京都議定書が採択される。 介護保険法制定。 香港返還 マザーテレサ死去
「心を開く」No26 自閉症児（者）の地域生活支援システムに関する研究ー自閉症児（者）をもつ家族へのアンケート集計報告 「自閉症の教育を考える」講演会①② 第1回研究部会専門委員会 これからの障害者福祉における自閉症者施設の役割（施設部会研修会） 施設職員と教師のための自閉症短期集中セミナー 研究部会セミナー 「成年後見制度」改正に関する要項試案の検討にむけて勉強会開催 「自閉症実践療育セミナー」 「子育て支援基金」助成により2ヵ所（大阪、東京）で開催 **須田初枝副会長に文部大臣表彰　特殊教育の振興に尽力** **「自閉症の手引き」の無料配布実施** 福祉基金による助成金で保健所と幼稚園に「自閉症の情報提供」と「正しい自閉症の理解」を願うために各支部の協力を頂き、無料配布した。 **江草会長が、厚生省の「福祉職の教育課程等に関する検討会」委員長に就任** **加盟団体【奈良】（全都道府県に自閉症協会が設立される）**	長野パラリンピック開催 日本長期信用銀行や日本債券信用銀行など、大手企業や銀行の倒産 奈良県明日香村のキトラ古墳で最古の天文図が発見 特定非営利活動促進法（NPO法）施行。
「心を開く」No27 「家族と地域」活動からの提言（千葉）施設部会研修会 全国支部役員連絡会開催 自閉症児・者の不適応行動の評価と療育指導に関する研究 自閉症の治療教育　教師のためのトレーニングセミナー 厚生科学研究「自閉症児・者の不適応行動の評価と療育指導に関する研究」 第10回記念特別セミナー　自閉症の人たちの援助システム 自閉症児・者の療育相談会開催 **ASJ互助会（保険）がスタート** 日本自閉症協会がAIU保険会社（担当代理店ジェイアイシー）と協力して互助組織による疾病保険の取り組みを開始 **【第16回全国大会】7月24・25日：東京** テーマ：この子らよ、21世紀に輝け！ 大会スローガン 「法・制度に自閉症の位置づけを　早期療育の制度確立を　適切な教育環境と指導方法の確立を　自閉症児・者の就労援助体制の確立と職域拡大を　地域で社会生活ができる援助体制を　自閉症の本態解明研究の助成を　児童精神科の専門性を促進」	非正規雇用が増加 臓器の移植に関する法律に基づく初めての脳死臓器移植が実施 男女共同参画社会基本法が成立。 茨城県東海村の核燃料施設JCOで日本初の臨界事故。 住友銀行とさくら銀行が合併。 人気アニメ『ONE PIECE』が放送開始。

181

年	主として福祉関係	主として教育関係
2000年（平12）	「社会福祉の増進のための社会福祉事業法等の一部を改正する等の法律」公布される	文部省協力者会議「21世紀の特殊教育の在り方について（中間報告）」発表 「自閉症」は教育の中で独立した一つの障害として取り上げる必要があることを指摘かつ対応が必要と認められた。 この中間報告を受けて日本自閉症協会は、自閉症の教育について、速やかに法制化が行われるよう要望した。 「学習障害児（LD）に対する指導体制の充実事業」開始（～平成14年度）
2001年（平13）	「自閉症・発達障害支援センター（仮称）」創設内示 国連：世界保健機構（WHO）国際障害分類改訂 1980年に採択された国際障害者分類（ICF）が改定され、国際生活機能分類となった。	省庁・組織再編により「文部省、特殊教育課」を「文部科学省・特別支援教育課」に 文部省協力者会議「21世紀の特殊教育の在り方（最終報告）」発表 自閉症児への教育的対応として、特に高機能自閉症児についてはこれまでの研究成果をふまえてさらに調査研究を行い、判断基準の明確化や、指導法等の検討を求めている。
2002年（平14）	自閉症・発達障害支援センター発足 11のセンターが事業開始 「障害者基本計画」「重点施策実施5か年計画」を策定	学校教育法施行令の一部改正 ノーマライゼーションの進展や特別な教育的ニーズに応じた教育の推進の必要等
2003年（平15）		小、中、高校で完全学校週5日制が一斉実施 今後の特別支援教育の在り方について（最終報告） 「特殊教育」から障害のある児童生徒一人一人の教育的ニーズに応じて適切な支援を行う「特別支援教育」のあり方を示した。 上記最終報告を受けて「特別支援教育推進体制モデル事業」開始（～17年度）18年度からは本事業化 文部科学省「通常の学級に在籍する特別な教育的支援を必要とする児童生徒に関する全国実態調査」 「養護学校等における自閉症を併せ有する幼児児童生徒の特性に応じた教育的支援に関する研究」開始（平成15年度～17年度　国立特殊教育総合研究所プロジェクト研究）
2004年（平16）	「発達障害者の支援を考える議員連盟」発足 会長　橋本龍太郎氏 障害者基本法の一部を改正する法律の公布・施行	文部科学省「小・中学校におけるLD（学習障害）、ADHD（注意欠陥／多動性障害）、高機能自閉症の生徒への教育支援体制の整備のためのガイドラ

日本自閉症協会の活動等	主なできごと
「心を開く」No28 施設部会研修会開催 自閉症児・者の療育相談会 **第1回　自閉症教育実践賞入選作品表彰式・発表会** 高機能自閉症児と発達障害児の本人及び親の活動支援事業	シドニーオリンピック女子マラソンで、高橋尚子金メダルを獲得。 少年法改正、刑事罰の対象年齢が16歳から14歳に。
「心を開く」No29 日本自閉症協会顕彰事業 施設部会研修会 自閉症セミナー **本協会会長に石井哲夫氏就任** 自閉症ガイドブックシリーズ1　「乳幼児編」発行	中央省庁1府12省庁へ再編統合。 ユニバーサル・スタジオ・ジャパン（USJ）開業。 DV防止法公布。 東京ディズニーシー開園。 9月11日アメリカ同時多発テロ事件発生 AppleがiPod発表。
「心を開く」No30 **支援費制度について厚生労働省へ要望** **文部科学省に「学校教育法施行令の一部を改正する政令案」に関する要望書を提出** 日本自閉症協会顕彰事業 日本自閉症協会研修会 自閉症児・者の療育相談会 **文部科学省に「今後の特別支援教育の在り方についてに対する意見」提出** **内閣府に「新障害者基本計画案に対する意見」提出** **【第17回全国大会】7月27・28日：四国（香川・愛媛・高知・徳島）** テーマ：市民権を持ちはじめた自閉症 大会スローガン 「法・制度に自閉症の位置づけを 自閉症・発達障害支援センターを各自治体に設置及び内容の充実、支援費に自閉症特別加算を、早期療育の制度の確立と内容の充実、学校教育法施行令（第23条の3）及び学校教育法（75条）の区分の中に自閉症者を明記することを望む、適切な教育環境と指導方法の確立、自閉症児・者の就労援助体制の確立と職域拡大を（ジョブコーチの養成と派遣）、地域で社会生活ができる援助体制を、自閉症の本態解明研究に助成を、医療、教育、福祉の現場のために多くの専門家の養成と、研究内容の充実」	経済団体連合会（経団連）と日本経営者団体連盟（日経連）が統合、日本経済団体連合会（日本経団連）が発足。 中国各地で重症急性呼吸器症候群（SARS）が流行
「心を開く」No31 **アスペルガー報道に関するお願いをマスコミ各社に提出** 高機能広汎性発達障害研究の全体会議 高機能自閉症児と発達障害の本人及び親の活動支援事業の情報交換会 日本自閉症協会顕彰事業 支部役員連絡会 中央研修会 自閉症セミナー イギリス自閉症協会から学ぶ講演会（仙台、京都、熊本） **自閉症・発達障害支援センターの設置についての要望書提出** 自閉症ガイドブックシリーズ2　「学齢期編」発行	宮崎駿監督「千と千尋の神隠し」が第75回アカデミー賞長編アニメ映画賞を受賞。 放送倫理・番組向上機構（BPO）設立。 住民基本台帳ネットワークシステムが本格稼働。 最後の日本産トキ「キン」が死亡。 鳥インフルエンザ感染発生
「心を開く」No32 **日本自閉症協会政策委員会設置** **自閉症児・者支援にかかる施策の充実と予算の拡充に関する要望書提出**	マーク・ザッカーバーグがSNSのFacebookを開設。 拉致被害者の家族5人が帰

年	主として福祉関係	主として教育関係
		イン」（試案）（2004. 1） **我が国初の「自閉症に特化した学校」開校**（2004. 4） 筑波大学附属久里浜養護学校 **「自閉症教育実践ガイドブック」発行**（国立特殊教育総合研究所）
2005年（平17）	「発達障害者支援法」が施行（４月１日〜） 発達障害者支援体制整備事業実施要綱発表 「障害者自立支援法」が成立	中央教育審議会「特別支援教育を推進するための制度の在り方について」答申 「自閉症教育実践ケースブック」発行（国立特殊教育総合研究所）
2006年（平18）	**「発達障害者自立支援法」が施行** バリアフリー新法施行 **国連：障害者の権利に関する条約発効** 　障害のある子どもが、障害のない子と共に教育を受けるというインクルーシブ教育など、障害のある人の尊厳と権利を保障するための人権条約。	**学校教育法施行規則の一部改正** 法改正を受けて、通級による指導の対象とすることが適当な自閉症、情緒障害、学習障害者又は注意欠陥多動性障害者に該当する児童生徒について（通知）を出し、多年の願いが実現。「自閉症者」を正式に位置付け。LD，ADHDを通級による指導の対象に 参議院教育基本法特別委員会で、教育基本法改正案が自民・公明両党の賛成多数で可決。 **「特別支援学校における自閉症特性に応じた指導パッケージの開発研究」**（プロジェクト研究　18〜19年度）国立特別支援教育総合研究所

日本自閉症協会の活動等	主なできごと
自由民主党に要望書を提出 「障害保健福祉施策改革のグランドデザイン」についての見解 障害者の防災・避難訓練支援と自閉症支援のシンポジウム **発達障害者支援法における声明文** **発達障害者に対する今後の制度・施策についての要望書提出** 厚生労働科学研究「高機能広汎性発達障害にみられる反社会的行動の成因の解明と社会支援システムの構築に関する研究」概要報告（継続） **自閉症ガイドブックシリーズ3　「思春期編」発行** **事務局移転** 協会事務局を中央区明石町「ダヴィンチ築地2」に移転 **【第18回全国大会】7月24・25日：静岡** テーマ：街の中で共に生きる　−その支援と環境を考える− 大会スローガン 「発達障害者支援法の早期成立を　発達障害者支援法に基づいた自閉症・発達障害の制度的位置づけを　地域で社会生活が出来る支援システム体制と体制の確立を　自閉症・発達障害支援センターを各自治体に設置するとともに内容の充実を　支援費に自閉症特別加算を　早期療育の制度の確立と内容の充実を　発達障害者支援法に基づいた学校教育における自閉症の制度的位置づけと施策、事業の充実を　自閉症学校において具体的な成果を上げて教育の充実を　適切な教育環境と指導方法の確立　自閉症児・者の就労援助体制の確立と職域拡大を　自閉症の本能解明研究に助成を　医療、教育、福祉の現場のために多くの専門家の養成と研究内容の充実を」 「三角頭蓋の手術についての公式見解」 **加盟団体【横浜市】**	国。
かがやき1号（指導誌「心を開く」を改称） 自閉症協会顕彰事業 **高機能自閉症＆アスペルガー症候群　ネットワーク会議開催** PDD（広汎性発達障害）行動評価尺度の保健師等のスペシャリスト向け普及講習会開催（全国5箇所） **平成18年度特別支援教育の推進と自閉症に特化した教育の実現に向けて（要望申請）** 組織運営等検討委員会によるアンケート調査 **障害者自立支援法に関する緊急要望書の提出** ペアレントメンター養成講座（2回開催） **自閉症・発達障害に関する一般への啓発推進事業（DVDの作成）** 厚生労働科学研究「高機能広汎性発達障害にみられる反社会的行動の成因の解明と社会支援システムの構築に関する研究」概要報告（継続） **メディアガイドの作成** **自閉症ガイドブックシリーズ別冊　「海外の自閉症支援編」発行**	JR福知山線脱線事故や土佐くろしお鉄道列車衝突事故など鉄道事故が多発 京都議定書発行にともなう地球温暖化対策（クールビズ）が官民で推進。 山一證券破産 2005年日本国際博覧会（愛知万博）「愛・地球博」
かがやき2号 自閉症・アスペルガー症候群ネットワーク会議（九州・関西・東海関東） 自閉症協会顕彰事業 **自閉症ガイドブックシリーズ4「成人期編」発行** ペアレントメンター養成事業（全国3箇所） **発達障害者支援法の実現と障害者自立支援法の改善を求めて（要望事項提出）** **公共広告機構活用による啓発活動（AC）「自閉症になったんじゃない。自閉症に生まれてきただけ」** 厚生労働科学研究「高機能広汎性発達障害にみられる反社会的行動の成因の解明と社会支援システムの構築に関する研究」概要報告（継続） **自閉症ガイドブックシリーズ4　「成人期編」発行** 小冊子「こんなとき　どうしたらいい？」発行 **【第19回全国大会】7月22・23日：岐阜** テーマ：自閉症児者の豊かな人生を目指して 開催目的 「日本自閉症協会のナショナルセンターとしての発展の方向の構築　自閉症障害の理解と啓発の強化　発達障害者支援法の施行に伴う評価と課題　特別支援教育・医療・福祉の横断的連携の強化　自閉症児者の地域生活支援の充実」	トリノオリンピック女子フィギュアスケートで、荒川静香が金メダル獲得。 ICテレホンカードが廃止 65歳以上の高齢者人口が20％を超え、日本の老齢（65歳以上）人口率が世界最高、同時に年少（15歳以下）人口率が世界最低に 自殺対策基本法が施行

年	主として福祉関係	主として教育関係
2007年（平19）	国連により世界自閉症啓発デー（毎年4月2日）、発達障害啓発週間（4月2〜8日）制定 「障害者の権利に関する条約」に署名 世界保健機構（WHO）「国際生活機能分類児童版（ICF−CY）」を発表	**特別支援教育の推進について（通知）** 特別支援教育の開始 **学校教育法施行令の一部改正** 　就学先決定時における保護者からの意見聴取を義務付け **特別支援学校を創設** 文部科学省、児童・生徒の問題に関する全国調査で用いるいじめの定義を見直すことを決定。新たないじめの定義を、「一定の人間関係のある者から、心理的、物理的な攻撃を受けたことにより、精神的な苦痛を感じているもの」とした。 「自閉症教育実践マスターブック」発行（国立特別支援教育総合研究所）
2008年（平20）	世界で第1回の「世界自閉症啓発デー」の発足	幼稚園教育要領、小学校・中学校学習指導要領の改訂
2009年（平21）	我が国初の「世界自閉症啓発デー・シンポジウム」開催（以後毎年開催） 主催：厚生労働省、一般社団法人日本自閉症協会	「情緒障害特別支援学級」が、「自閉症・情緒障害特別支援学級」へと名称変更された。 **特別支援学校学習指導要領の改訂** 　自立支援活動の内容に「人間関係の形成」が内容区分の一つとして加わる
2010年（平22）	発達障害が障害者に含まれるものであることを障害者自立支援法、児童福祉法において明確化	

日本自閉症協会の活動等	主なできごと
かがやき3号 **自閉症の手引き　改訂版　発行** 顕彰事業 **自閉症者に対する一般社会の人たちの意識調査―全国6000人のアンケート―** 厚生労働科学研究「高機能広汎性発達障害にみられる反社会的行動の成因の解明と社会支援システムの構築に関する研究」概要報告（継続） AC公共広告機構　支援キャンペーン 「障害児政策への協会意見」厚生労働省へ提出 「障害者基本計画、重点施策実施5ヵ年計画のためのヒアリング要望書」を内閣府へ提出 「特別支援教育の推進と自閉症に特化した教育の実現に向けて」の要望事項を文部科学省へ提出 北京市自閉症協会国際会議に出席 本部・支部役員情報共有システム設置 **加盟団体【川崎市】**	新潟県中越沖地震 国立新美術館開館 気象庁、世界の平均気温が、地球温暖化やエル・ニーニョ現象などの影響
かがやき4号 **高機能自閉症とアスペルガー症候群の新規地域グループ活動促進事業実施**（地域専門家派遣事業）（地域新規グループ活動事業）（新規地域グループ活動促進事業―たまねぎ事業）（新規グループ活動継続促進事業―フォローアップ事業―）（全体総括会議） 日本自閉症協会顕彰事業 日本、フランスで自閉症の情報交換 **発達障害に関する報道についての要望を報道機関に提出** **防災ハンドブック・支援者編発刊** **防災ハンドブック・本人家族編を発行** **【第20回大会】7月19・20日：熊本** テーマ：啓発と支援　〜日本はひとつ、自閉症はひとつ〜 開催目的 「自閉症スペクトラムの理解と啓発の推進　きょうだい・家族への支援と援助体制の確立　医療・教育・福祉の拡充と、自閉症児者に関わる専門家研修の充実　自閉症児者が地域で社会生活ができる支援体制と生活保障の強化」	日本各地で「ゲリラ豪雨」や「局地豪雨」などと呼ばれる局地的な激しい雷雨による被害が頻発。 アメリカ証券会社大手リーマン・ブラザーズの経営破綻
かがやき5号 指導相談事業 在宅心身障害児・者療育研修事業　保護者研修会　（石川、京都） 在宅重度障害児集団療育事業　集団療育キャンプ　（栃木、長崎、鹿児島） 治療教育相談事業 　無料検診相談事業（北海道、青森、神奈川、川崎、富山、愛知、岡山、熊本） 集団指導キャンプ（茨城、東京、愛知、兵庫、和歌山） ・高機能自閉症とアスペルガー症候群の地域サポート事業 ネットワーク会議（北海道、青森、山梨、三重、新潟、奈良、島根、徳島、鹿児島） 活動グループ支援事業（北海道、山梨、鹿児島） 自閉症の人たちのライフステージサポート事業 日本自閉症協会顕彰事業 厚生労働省関係予算要望事項提出 文部科学省関係予算要望事項提出 「ぼくはうみがみたくなりました」上映会開催（全国11箇所） **「新型インフルエンザワクチン接種の優先順位について」厚生労働省へ要望書提出** 我が国初の「世界自閉症啓発デー・シンポジウム」開催 主催：厚生労働省、日本自閉症協会	民主党が政権交代。 映画『おくりびと』が第81回アカデミー賞最優秀外国語映画賞に選ばれる。 裁判員制度による初の裁判が始まる（裁判員裁判）。 バラク・オバマ　アメリカ合衆国大統領が日本訪問
かがやき6号 在宅心身障害児・者研修・福祉相談事業 在宅重度障害児集団療育事業 治療教育相談事業 高機能自閉症とアスペルガー症候群の地域サポート事業 第15回自閉症セミナー 研究部会	日本年金機構が発足。 日本航空が会社更生法の適用を申請（事実上の倒産）。 村木元・局長の控訴を断念し無罪が確定

年	主として福祉関係	主として教育関係
2011年（平23）	障害者基本法改正 第16条教育（障害者の権利に関する条約第24条への対応）	文部科学省「特別支援学校等における医療的ケアの今後について」（まとめ）
2012年（平24）	初めての**東京タワー・ブルーライトアップ点灯式**を開催（以後毎年開催） 世界48か国、日本を含め2000か所以上でブルーライトアップ	**中央教育審議会報告** 「共生社会の形成に向けたインクルーシブ教育システムの構築のための特別支援教育の推進」
2013年（平25）	「障害者自立支援法」が「障害者総合支援法」へ移行 DSM-5 刊行。 　新しく神経発達障害群が登場。「自閉スペクトラム症（ASD）」が新設。 **「障害を理由とする差別の解消の推進に関する法律」制定**	**「学校教育法施行令の一部を改正する政令」** 就学先を決定する仕組みの改正（就学制度の改正） **「いじめ防止対策推進法」公布** **文科省「インクルーシブ教育システム構築モデル事業」**（平成25年度開始〜 3 ケ年間） 学校教育における合理的配慮提供のあり方についての実践研究が意図される

日本自閉症協会の活動等	主なできごと
地域における自閉症児者の家族支援システム事業 日本自閉症協会顕彰事業 **障害者自立支援法改正案成立に関しての文書提出** **【第21回大会】7月17・18日：和歌山** テーマ：自立と社会参加　自閉症支援の最前線を探る 開催目的 「自閉症スペクトラムの理解と啓発の推進　本人・きょうだい・家族への支援体制の確立　自閉症に携わる専門家の養成と支援者の支援体制の確立　地域で生活するための支援環境の整備と保障」	
かがやき7号 指導相談事業 在宅心身障害児・者療育研修事業 在宅重度障害児集団療育事業 治療教育相談事業 高機能自閉症とアスペルガー症候群の地域サポート事業 地域における自閉症児者の家族支援システム事業 **世界自閉症啓発デー2011・シンポジウム開催** 日本自閉症協会顕彰事業 東日本大震災義援金 震災支援のための専用ページ開設 東日本大震災時に当協会のハンドブックが活用される **「防災ハンドブック」の携帯電話版を協会ホームページに記載** 震災発生の翌日に協会ホームページ内に支援のための専用ページを開設 **震災対応の特別立法に向けた意見・要望を民進党に提出** **本協会会長に山崎晃資氏就任**	3月11日の東日本大震災 福島第一原子力発電所事故 福島第二原子力発電所事故 なでしこジャパンが初の世界一 「小学5、6年生の英語活動」が必修化。 地上アナログテレビ放送停波
かがやき8号 世界自閉症啓発デー2012・シンポジウム 指導相談事業 在宅心身障害児・者療育研修事業 在宅重度障害児集団療育事業 治療教育相談事業 地域サポート事業 ペアレントメンター事業インストラクター養成研修会開催（大阪、東京） **初めての東京タワー・ブルーライトアップ点灯式を開催** **【第22回全国大会】7月14・15日：北海道** テーマ：はじめよう、自分らしい暮らしを自分のまちで 開催目的 「自閉症スペクトラムの理解と啓発の推進　本人・きょうだい・家族への支援体制の確立　教育・福祉・労働・医療などの日常的な連携と一貫した支援　地域で生活するための支援環境の整備と相互理解の推進　学校教育法及び障害者基本法への自閉症障害の明記」 日本マクドナルド宛：店頭カウンターメニューに関するお願い **アスペルガー症候群を有するとされる被告人に対する大阪地方裁判所の判決に関する緊急声明**	復興庁が発足。 世界一となる高さ634mの東京スカイツリー竣工
かがやき9号 世界自閉症啓発デー2013・シンポジウム 指導相談事業 在宅心身障害児。者療育研修事業 在宅重度障害児集団療育事業 治療教育相談事業 地域サポート事業（大阪）（山形） ペアレントメンター事業 国際情報の収集 **「国連障害者権利条約の批准に続いて成年後見制度の見直しを進めるよう提案」** **「障害者基本計画（案）についての日本自閉症協会の意見」**	障害者雇用率を2％に引き上げ 歌舞伎座新開場柿葺落 インターネット選挙運動が解禁 富士山が世界文化遺産に登録される 2020年夏季オリンピック開催都市決定、東京 改正高校無償化法が参議院で可決成立

189

年	主として福祉関係	主として教育関係
2014年（平26）	**障害児者の福祉サービスの申請時に発達障害の特性を反映した項目が追加** 「（障害児の場合）5領域11項目の調査」や「（障害児の場合）障害支援区分」には「読み書き」「感覚過敏・鈍麻」「集団の不適応」「多飲水・過飲水」などが追加された。 **障害者の権利に関する条約を批准** 　障害のある子どもが、障害のない子と共に教育を受けるというインクルーシブ教育など、障害のある人の尊厳と権利を保障するための人権条約。	
2015年（平27）		
2016年（平28）	「障害を理由とする差別の解消に関する法律（障害者差別解消法）」施行 「障害者差別解消法」が施行 「発達障害者支援法の一部を改正する法律	義務教育学校標準法改定 　通常の学級に在籍しながら障害特性に応じた指導が受けられる通級による指導の必要性が認められる。 文科省「公立学校教員の勤務実態調査」（報告） 教員の働き方改革に関する総合的な検討

日本自閉症協会の活動等	主なできごと
「障害者の地域生活の推進に関する検討会への意見書」 「障害支援区分への見直し（案）についての意見」 を提出	
一般社団法人に移行 ASJ保険への移行 かがやき10号 世界自閉症啓発デー2014・シンポジウム 指導相談事業 在宅心身障害児・者療育研修事業 在宅重度障害児集団療育事業 全国特別支援学校（知的障害）に対するアンケート調査の実施 平成27年度予算要望書を厚生労働省、文部科学省に提出 ペアレントメンターのインストラクター養成研修 地域サポート事業シンポジウムを開催（群馬、広島） ベトナム自閉症ネットワークに対し、メディアガイドの提供 マカオ精神障害者協会による視察支援の実施 ウクライナ商工会議所協力要請に対する対応 アジア太平洋障害者センターよりの協力依頼 【第23回全国大会】9月13・14日：山形 大会スローガン さぁ、みんなで「自閉症スペクトラム」を考えよう、やまがたで！ 大会目的 『自閉症スペクトラム』を広く理解してもらうこと。共有認識を持って同じ方向を見つめて進んでいく。自閉症スペクトラムの啓発や自閉症スペクトラムを取り巻く様々な課題に、一丸となって取り組んでいく。 「自閉症・知的障害者等の選挙権行使への支援を求める声明」 「発達障害者支援法の見直しに関する要望書」	香港で雨傘革命（2014年香港反政府デモ）
かがやき11号 世界自閉症啓発デー2015・シンポジウム 全国心身所具合時福祉財団助成事業 公益財団法人JKA事業 「自閉症のある児童生徒の教育・支援に関する調査」 ペアレントメンター事業 地域サポート事業 アセアン自閉症ネットワーク会議スポーツに関するイベントに参加 「発達障害の支援を考える議員連盟」に発達障害者支援法の改正ついて要望書を提出 「国民年金・厚生年金保険　精神の障害に係る等級判定ガイドライン（案）に関する意見」提出 「虐待撲滅に向けた取り組みの決意」表明	マイナンバー法施行 サイバーセキュリティ基本法 選挙権の年齢を20歳以上から18歳以上へと引き下げた公職選挙法改正案が参議院で可決成立 原爆投下から70年
市川宏伸会長就任 かがやき12号 世界自閉症啓発デー2016・シンポジウム 自閉症の手引きの改訂 津久井やまゆり苑の事件を受けての意見交換会と声明 全国心身障害児福祉財団事業 在宅心身障害児（者）療育研修事業 公益財団法人JKA補助事業 「自閉症のある児童生徒の教育・支援に関する調査集計 「高齢期を迎える自閉症者の健康・生活状況調査」集計 平成29年度予算要望を厚生労働省と文部科学省に提出 ペアレントメンター事業 国際交流自閉症スポーツ大会（ミャンマー） 熊本地震の対応 【第24回全国大会】7月16・17日：長野 大会スローガン	バラク・オバマ米大統領広島を訪問。 長期金利が過去最低を更新。 「マイナンバー」が運用開始 相模原障害者施設殺傷事件が発生 熊本地震 鳥取県中部地震 SMAP解散

年	主として福祉関係	主として教育関係
2017年（平29）	報酬改訂の見直し	**次期学習指導要領の告示** （幼稚園教育要領、小学校、中学校、特別支援学校（小学部・中学部）学習指導要領） **「特別支援教育の生涯学習化に向けて」**（文科省メッセージ） 義務教育諸学校等の体制の充実及び運営の改善を図るための公立義務教育諸学校の学級編成及び教職員定数の標準に関する法律等の一部を改正する法律の施行 通級による指導担当教育の基礎定数化を記載する
2018年（平30）	中央官庁での障害者雇用の水増し問題	**全国の高等学校で通級による指導が制度化** **「学校卒業後における障害者の学びの推進方策について」有識者会議等始まる**

日本自閉症協会の活動等	主なできごと
自閉症スペクトラムの麓から頂へ～夏の冒険 in NAGANO～ 大会目的（23回大会に同じ） 「通級指導の担任教員の基礎定数化に向けた緊急アピール」 「津久井やまゆり園事件について　報道関係者のみなさまへのお願い」 「国家戦略特別区域「沖縄県」の認定事業「病床規制に係る医療法の特例」における 「小児の軽度三角頭蓋に対する頭蓋形成術」について」 「成年後見制度利用促進法の議決にあたって　国連障害者権利条約との整合検討の付帯 決議を求める声明」 等の提出	
かがやき13号 世界自閉症啓発デー2017・シンポジウム 高齢期を迎える自閉症者の健康・生活状況調査 就労支援に関する現状調査 ペアレントメンターインストラクター養成事業 平成30年度予算要望提出（厚生労働省、文部科学省） 中国上海の自閉症応援イベント参加 「社会福祉法人瑞宝会運営施設における虐待事件について」声明文	プロ棋士の加藤一二三九段が現役を引退 史上最年少プロ棋士（当時14歳）の藤井聡太公式戦29連勝 天皇陛下の退位日を2019年4月30日に決定。
世界自閉症啓発デー2018・シンポジウム 【第25回全国大会】9月15・16日：広島 大会スローガン つながろうや　わかりあおうや　平和のまち広島じゃけぇ 大会目的：自閉症スペクトラムの人たちが安心していきいきと生活できる社会を目指して、私たちは何ができるのか？"自閉症スペクトラムの人たちと生活を楽しむ"という原点に立ち返って、当事者、保護者、支援者が一緒に考える機会に。 【大会スローガンに込めた「ひろしまの思い」】広島には、"平和"への熱い想いと、この想いを「次世代につなぐ」「全国につなげる」強い願いがあります。自閉症スペクトラムを取り巻く環境にも共通する想いや願いがあるのではないでしょうか？自閉症スペクトラムの人たちが幸せに生活できる社会を目指して、広島から熱い想いと強い願いを発信します。 「公的部門における障害者雇用数の不適切なカウントについて」声明文	

注：加盟団体加入年は自閉症協会資料より作成した。団体により各団体の記録と一致しないところもある。県内の一部
　　の組織の全国協議会に参加していた可能性があるが、詳細は不明。

出版事業

機関誌、機関紙 50年 ～協会の広報～

主な掲載記事紹介

「いとしご」（自閉症児親の会～東京自閉症児親の会機関誌）

昭和42年（1967年）創刊～15号（全国誌「心を開く」創刊にあたり終刊）

「心を開く」（自閉症児親の会全国協議会～社団法人日本自閉症協会機関誌）

昭和48年（1973年）創刊～32号（平成16年）以降「かがやき」に名称変更

創刊趣旨より

　このたび全国心身障害児福祉財団の委嘱により、自閉症児の福祉のための指導誌として「心を開く」を発行することになりました。自閉症治療については、未だ定説もないまま幾多の治療法が試みられ「何某博士の自閉症」といった範疇もあるかのようです。海外でも論争は喧しく、親は何をしたら良いのか途方にくれる思いです。このような現状の中で、何とか「自閉症児の治療教育の方向を探りたい」というささやかな願いを、本誌に込めて編集したいと思います。その時々に集め得る限りの資料文献を収録していきますので、内容の取捨選択はいたしません。何が子どもの幸せにつながるのか、親としてあなたの英知で、読み取っていただきたいのです。たいまつを掲げ、進むのは、あなたなのですから‥‥。

内容：

フロイドは　死んだ‥‥B・リムランド
オペラント条件づけ治療の突破口‥‥B・リムランド
自閉症児を回復させたスパルタ式行動療法‥‥週刊朝日誌より
スパルタ式行動心理学に対する反論‥‥小野法郎

脳細胞に刺激を　頻度と強度、長さ‥‥G・ドーマン

あすなろ学園における治療教育‥十亀史郎

武蔵野東幼稚園の自閉症児教育

私たちなりのとりくみ（重度障害児学級から）‥‥宮崎隆太郎

プロを目指す子どもたち‥‥川田登

全国協議会から

全英自閉症児協会より‥英国の保健機構　自閉症児との接し方‥‥L・ウイング

「心を開く」No 2 （1973）

自閉症とはなにか‥‥L・ウイング

自閉症児の感覚運動的知能訓練‥‥E・J・キッパート

治療者としての親‥‥H・ヴィルヘルム

フランスの教育の受け入れ体制‥‥R・サリンジャー

不適応児デイセンター‥‥E・アベルス

精神疾患児の言語障害‥‥R・ミーズ

言語障害シンポジウム

全国協議会から

「心を開く」No 3 （1975）

自閉症児の追跡研究‥‥L・カナー

忘れられた十代（イギリス）

UCLAの行動療法訓練

行動療法による言語訓練

専門委員会より

専門委員会中間報告

自閉症児の予後実態調査

「心を開く」No 4 （1976）

自閉症の最近の知識‥‥中根晃

自閉児の愛着物からの固執を去る‥‥M・ラター

情緒障害学級での行動療法によるとりくみ‥‥宮本実

欧州児童精神医学会にて‥‥平井信義

障害児・家族の人権と施策‥‥河添邦俊

特殊な子は特殊な扱いによってつくられる‥‥山本早苗

出版事業

自閉症－WHOの定義

自閉症研究専門委員会より

愛の奇跡をめぐって

ローナ・ウイングに聴く

感覚障害としての自閉‥‥阿部秀雄

英国の自閉症児のことなど‥‥久保紘章

「心を開く」No 5 （1977）

障害者の権利宣言

自閉症から回復した2例‥‥C・ギャザゴ

家庭に基礎をおいた処偶‥‥久保紘章

自閉症児と社会福祉施設‥‥石井哲夫

ひとり通学を目ざして‥‥折笠定男

自閉症児・その虚像と現実‥‥宮嶋郁子

母親の生活時間調査‥‥香川親の会

自閉症研究専門委員会より

神奈川の実態調査‥‥神奈川親の会

全国協議会の動き

この歳月をふりかえって

全国協から

「心を開く」No 6 （1978）

自閉症児の社会適応は可能か

デラカト理論による治療

座談会「TVは自閉症を作るか」

自閉症児に対する普通児の親の意識

年長施設に対する親の要望

米国自閉症協会の活動

全国協議会から

「心を開く」No 7 （1979）

自閉症総論‥‥佐々木正美

基本的生活の自立援助

自閉症児の母親のために‥‥十亀史郎

自閉症児に価値のある人生を‥‥石井高明

軽度障害児の学校教育のあり方‥‥文部省

自閉症研究専門委員会報告

自閉症成人調査

「心を開く」No 8 （1980）

ことばの発達を考える‥‥黒川新二

書字から会話で‥‥長尾圭造

薬物による治療‥‥十亀史郎

自閉症診断の手引き

診断の手引きをめぐって‥‥尾村偉久、石井高明、太田昌孝

米国親子合宿

木田レポート

木田恵子氏への公開質問

全国協議会のあゆみ

世界親の会組織一覧

「心を開く」No 9 （1981）

国際障害者年に向けて

青年期の問題‥‥ローナ・ウイング

言語訓練‥‥ともえ学園

地震と自閉児‥‥白橋宏一郎

プール指導‥‥前橋明

自閉症児療育の場の体系的研究

自閉症者の治療指導

全国協だより

「心を開く」No10 （1982）

カナー先生のご逝去を悼む‥‥牧田清志

特集　自閉症と脳障害

　　人の脳の仕組と理解‥‥丹羽真一

　　自閉症の神経心理学的障害‥‥太田昌孝

　　自閉症の感覚統合による治療‥‥斉藤祐子

　　年長自閉症児臨床例より‥‥佐々木正美

出版事業

　自閉症を考える・・・・十亀史郎

初期小児自閉症候群（自然、原因、治療）・・・・バーバラ・K・カパルロ、

ドナルド・J・コーヘン

第7回全国大会パネルディスカッション「ある自閉症児の発達」をめぐって

「心を開く」No11（1983）

自閉症と脳障害－特にてんかん、脳波、CTとの関係について－・・・・中川四郎

小児自閉症の薬物療法・・・・山崎晃資

年少自閉症児療育の実践・・・・青い鳥愛児園　清水博一

情緒障害児学級の実践・・・・水戸市新荘小　五藤義行

あすなろ学園における重度年長自閉症児の療育について－学習プログラムを中心に－

・・あすなろ学園　十亀史郎、国枝晃

自閉症児者の就職・職業訓練実態調査・・・・まとめ　東海敬

「心を開く」No12（1984）

米西岸、自閉症の社会生活福祉事情視察・・・・コーディネーター　十亀史郎先生

　アメリカ西海岸の施設をたずねて・・・・河合健彦（東海大医学部）

　ジェイノーランセンターについて・・・・エド・イノエウ（専務理事）

　座談会　私たちがアメリカで学んだもの

ノースカロライナ州の自閉症児療育法　TEACCHプログラムに学ぶ(1)

・・・・神奈川県小児療育相談センター　佐々木正美

英国における自閉症青年・成人の状況－ドーソンらによる調査研究の要約－

・・・・四国学院大学　久保紘章

厚生省委託　自閉症児者療育の縦断的研究

＜座談会＞自閉症児者の生活環境及び社会適応に関する研究－について

自閉症児者の生活環境及び社会適応に関する研究

「心を開く」No13（1985）

自閉症の発達評価と治療教育・・・・東京大学医学部付属病院精神神経科

太田昌孝、永井洋子

ノースカロライナ自閉症児療育法・・・・TEACCHプログラムに学ぶ(2)

・・・・神奈川県小児療育相談センター　佐々木正美

英国自閉症児者施設視察報告・・・・コーディネーター　四国学院大学　久保紘章

　豊かな心で育つ施設・・・・社会福祉法人　ゼノ少年牧場理事長　村田一男

施設訪問の記録(1)サンセット・コート・センター

　　‥‥福岡大学医学部精神医学教室　小林隆児

施設訪問の記録(2)アングレセイ・ロッジ

　　‥‥名古屋大学附属病院ソーシャルワーカー　金子寿子

施設訪問の記録(3)デディシャム・スクール‥‥国立香川小児病院医師　松浦秀雄

施設訪問の記録(4)シビルエルガー・スクール‥‥徳島県児童相談所　都築顕雄

自閉症児への手立て－心の成長を考える

‥‥兵庫県立こども病院精神神経科　黒川新二

自閉症児者の就労実態追跡調査‥‥東海敬

「心を開く」No14（1986）

追悼　十亀史郎先生をしのんで

　　　　‥‥日本児童青年精神医学会常務理事　京都府立洛南病院長　小池清廉

親たちへの手紙－故十亀史郎

特集－自閉症とは－

　その1　なぜか「自閉症」－マスコミ等の誤用・乱用事例－‥‥群馬県　加藤寛

　その2　自閉症の心因論の一面‥‥兵庫県　河盛宏明

　その3　座談会「二つの論文をめぐって」‥‥佐々木正美、高木隆郎、山崎晃資

「心を開く」No15（1987）

中川四郎先生のご逝去を悼む‥‥社会福祉法人雲柱社　賀川学園園長　長瀬又男

特集　自閉症の薬物をめぐって

　特集その1　発達障害児の薬物治療開発の現状と問題点について

　　　　　　‥‥大阪市立小児保健センター　武貞昌志

　特集その2　自閉症における薬物療法の留意点－特に親として心得るべきこと－

　　　　　　‥‥長崎大学医学部精神神経科学教室　中根允文

　特集その3　自閉症治療における薬物の意義

　　　　　　‥‥神戸大学医学部精神科　白瀧貞昭

親の会報告　自閉症児・者親の会全国協議会中央研修報告

　その1　厚生省「自閉症児に対する総合的な療育方法の体系化に関する研究」の

　　　　　概略について‥‥東京大学医学部精神医学教室　太田昌孝

　その2　自閉症の本態と治療に関する生物学的研究の動向

　　　　　‥‥東海大学医学部精神科　山崎晃資

出版事業

「心を開く」No16（1988）

特集　教育を考える

その1　「真言の会」にみる親と関係者とのパートナーシップ
　　　　‥‥四国学院大学　久保紘章

その2　ある自閉症児の6年間の記録
　　　　‥‥水戸市三の丸小学校　五藤義行、水戸市新荘小学校　石川えみ子

その3　医療現場から見た自閉症教育に関する雑感
　　　　‥‥福岡大学精神医学教室　小林隆児

その4　座談会　真言の会　A男君の記録を話の中心にして
　　　　東京学芸大学　野村東助、名古屋女子大学　宮脇修、
　　　　情緒学級担任　五藤義行、情緒学級担任　石川えみ子、
　　　　真言君の父　福里利信、全国協（文部省担当）理事　須田初枝、
　　　　全国協（広報担当）理事　横山佳子、まとめ　野村東助

全国協議会だより　厚生省専門委員会報告‥‥三宅温子

ジャーナリストの集い‥‥姜春子

「心を開く」No17（1989）

自閉症児者の療育キャンプ－その実際の取り組みから－

特集　療育キャンプ

その1　私のとってキャンプとは‥‥香川県　秋山健二

その2　自閉症児治療キャンプの現状を考える
　　　　‥‥三重県立小児心療センター　あすなろ学園

その3　生きぬく力を！‥‥埼玉県　森田研二

その4　自閉症成人施設でのキャンプへの取り組みについて
　　　　‥‥あさけ学園　永久雅晴

その5　他の障害児者と共に　ふれあいキャンプ‥‥東京都　三宅温子

中央研修会報告

教材教具イメージの再現学習(1)‥‥久保義和

教材教具イメージの再現学習(2)指導の具体的問題点と質疑応答‥‥國枝晃

「心を開く」No18（1990）

法人設立のご挨拶‥‥社団法人日本自閉症協会会長　東海敬

自閉症の診断・本態および治療を展望する‥‥東京大学医学部附属病院精神神経科
　　　　　　　　　　　　　　　　　太田昌孝、永井洋子、金生由紀子

出版事業

全国自閉症児者就労実態調査（昭和63年報告）‥‥担当責任　東海敬

中央研修　働くことについて　更生施設の現状と課題

　　その1　精神薄弱者更生施設あさけ学園　施設長　奥野宏二

　　その2　精神薄弱者更生施設初雁の家　施設長　中村武孝

　　その3　精神薄弱児施設弘済学園　指導課長　飯田雅子

　　質疑応答

社団法人　日本自閉症協会定款

「心を開く」No19（1991）

国際シンポジウム「自閉症への新しいアプローチ」司会　太田昌孝

　　1　ドナルドコーエン

　　2　ジェラルドヤング

　　3　山崎晃資

中央研修　アメリカのノースカロライナ州TEACCHプログラムに何を学ぶか

　　1　佐々木正美

　　2　太田昌孝、永井洋子、金子由紀子

　　3　永井洋子

厚生省心身障害研究報告

　　1　昭和63年度

　　2　平成元年度

青年・成人自閉症の職業訓練に関するマニュアル委員会報告

「心を開く」No20（1992）

特集　自閉症の療育を考える−自立へ向けての施設での指導

　　1　東やまた工房における自立生活へ向けての指導　通所施設の限界と家庭での
　　　　役割‥‥東やまた工房　関水実　小林信篤
　　　　　　　　　　　　小児療育相談センター太田佳孝

　　2　知的遅れが重度の自閉症児者に対する自立生活へ向けての指導
　　　　‥‥星が丘寮　寺尾孝士

　　3　福祉ホーム入寮へ向けての取組みと福祉ホームでの自立生活とその指導
　　　　‥‥うさか寮　松井宏

　　4　やまびこ製作所及び福祉ホームでの集団による自立生活とその指導
　　　　‥‥潮寮・やまびこ製作所　町田重光

　　5　グループホームでの自立とその取組みについて‥‥あさけ学園　永久雅晴

201

出版事業

教材・教具の研究
1　イメージの再現学習（概論）
　　‥‥三重県立小児心療センターあすなろ学園　久保義和
2　イメージの再現学習（具体的な指導法）
　　‥‥三重県立小児心療センターあすなろ学園　国枝晃

「心を開く」No21（1993）

特集　自閉症者の雇用と就労
1　自閉症者の就労の実態（就労実態調査から）‥‥日本自閉症協会　東海敬
2　成人期自閉症の就労の実態について（九州山口地区の201例の自閉症児追跡調査から）‥‥大分大学教育学部助教授　小林隆児
3　自閉症者の就労と自立‥‥愛媛大学附属養護学校　上岡一世
4　自閉症者の就労事例から
　(1)写植で一人前の仕事‥‥日本自閉症協会千葉県支部　古屋道夫
　(2)石の上にも三年‥‥日本自閉症協会長崎県支部　東海敬
　(3)ケーキ屋さんになる夢‥‥日本自閉症協会東京支部　姜春子
　(4)コンピュータープログラマーを目指したが
　　　‥‥日本自閉症協会東京支部　姜春子
　(5)事業主を訪ね歩いて‥‥日本自閉症協会千葉県支部　土岐邦成
5　納付金助成制度を活用するまで‥‥社会福祉法人けやきの郷　須田初枝
6　自閉症者の職業自立のために‥‥東京障害者職業センター　梅永雄二
認知障害の視点からみた教材・教具
‥‥三重県立小児心療センター・あすなろ学園　久保義和、国枝晃

「心を開く」No22（1994）

自閉症の療育－最近の動向を中心に－
1　受容的交流療法の最近の動向
　　‥‥日本社会事業大学大学院特任教授　石井哲夫
2　認知発達療法‥‥東京大学医学部付属病院精神神経科　仙田周作、太田昌孝
3　行動療法‥‥筑波大学心身障害学系教授　小林重雄
4　自閉症児のための動作法‥‥文京大学教育学部助教授　今野義孝
5　自閉症児のための抱っこ法‥‥日本抱っこ法協会会長　阿部秀雄
6　自閉症研究の最近の動向‥‥東海大学医学部精神科教授　山崎晃資、
　　　　　　　　　　　　　助手　松田文雄（松田病院副院長）

出版事業

7　TEACCHプログラム····神奈川県小児療育センター所長　佐々木正美
障害者基本法改正について

「心を開く」No23（1995）

特集　地域で生きる自閉症児者たち
　社会での経験学習を続けて12年「どっかいこう会」
　····京都女子大学助教授　高木徳子
　障害児学童保育の会「ポップコーン」····藤沢市自閉症児者親の会　寺井満
　兄弟姉妹の会を作って····佐賀県障害児兄弟姉妹の会　吉永菜穂子
　　　　　　　　　　　　　佐賀県立大和養護学校　角町泰隆
　スポーツを楽しむ「スペースクラブ」
　····日本自閉症協会秋田県支部　坂本須賀子
　土曜休日に取り組む「てぃだのふぁクラブ」
　····サンアビリティーうらそえ　富村かよ子
　働く場と居住の場を地域に求めて····あさけ学園　奥野宏二
　地域に作業所とグループホームを展開して····東やまた工房　関水実
　施設機能としての余暇サービスを提供する試み····東やまた工房　中山清司
　リサイクルで地域と交流····南材ホーム　中野文子
療育相談のまとめから····東京大学医学部附属病院精神神経科　永井洋子

「心を開く」No24（1996）

特集　知的発達障害者の権利擁護
　知的障害者の福祉と人権
　····あらゆる障害者の交流を目的とする市民の会代表代行　弁護士　長谷川泰造
　知的障害者の成年後見制度−現状と課題−····東京精神薄弱者・痴呆性高齢者権
　利擁護センター　法律専門相談員　弁護士　高村浩
　ドイツにおける成年後見制度····早稲田大学教授　田山輝明
　権利擁護センター「すてっぷ」4年の歩み
　····東京都精神薄弱者・痴呆性高齢者権利擁護センター　長谷部早苗
　親亡き後の財産管理と親権−親の立場から−
　····横浜市自閉症児・者親の会　藤村昇治
　"障害児・者人権ネットワーク"の活動から····弁護士　清水建夫
　障害者の人権110番を開設して····弁護士　関島保雄
　相談窓口にみる障害者の権利侵害····勝沼授産園長　田ヶ谷雅夫

出版事業

　生活ホームとそこでのくらし～現場からの報告～
　　‥‥生活援助グループ・高梨代表　高梨正明
　自閉症者と人権－施設の現場から‥‥北海道太陽の園　佐々木明員
　施設にオンブズマンを導入して‥‥厚木精華園園長　佐瀬睦夫
対談　自閉症と強度行動障害をめぐって‥‥宮城県知事　浅野史郎
　　　　　　　　　　　　　　　　　　白梅学園短大学長　石井哲夫
調査　障害の「診断・告知」に関する面接調査から
‥‥千葉県柏児童相談所　井上僖久和

「心を開く」No25（1997）

特集　高機能自閉症と強度行動障害を考える
　高機能自閉症について
　　高機能自閉症概論‥‥東京都立梅ヶ丘病院　内山登紀夫
　　高機能自閉症：教育における実態と援助のあり方
　　‥‥静岡大学教育学部教授　杉山登志郎
　　高機能自閉症：就労における実態と援助のあり方
　　‥‥日本障害者雇用促進協会障害者職業総合センター研究員　梅永雄二
　　親からみた実像と課題‥‥茨城県支部　細川紀久子
　強度行動障害について
　　強度行動障害に対する取り組みと展望
　　‥‥厚生省大臣官房障害保健福祉部障害福祉課障害福祉専門官　定月直樹
　　強度行動障害への基本的理解と強度行動障害特別処遇事業の展開
　　‥‥白梅学園短期大学学長、日本自閉症協会副会長　石井哲夫
　　強度行動障害とはなにか
　　‥‥（財）鉄道弘済会総合福祉センター　弘済学園々長　飯田雅子
　　強度行動障害への対応－第二おしま学園の実践－
　　‥‥おしまコロニー　第二おしま学園副園長　寺尾孝士
　　施設における対応‥‥袖ケ浦ひかりの学園　山根三江子、沼倉実
　　わが子　宣敦とともに‥‥埼玉県支部　谷雅冨
エッセイ　福祉映画祭で座頭市の映画を‥‥白井佳夫
インターネットのホームページを開局して
‥‥京都府支部情報部　めひの野園　東真盛

出版事業

「心を開く」No26（1998）

特集　自閉症児（者）の地域生活支援システムに関する研究－自閉症児（者）をもつ家族へのアンケート集計報告‥‥（社）日本自閉症協会副会長　須田初枝

エッセイ　旅を通じてもっと優しい町づくりを！

‥‥明治航空サービス株式会社　事務取締役　小野鎭

「心を開く」No27（1999）

特集　自閉症児の教育

　自閉症教育の現状と課題‥‥文部省特殊教育課　吉田昌義

　自閉症教育を見直す‥‥東京学芸大学助教授　伊藤英夫

　教育に望むこと‥‥横浜市自閉症児・者親の会　宍倉孝

　卒業後の現場からみた自閉症児教育

　‥‥（社福）電気神奈川福祉センター　志賀利一

実践報告

　TEACCHに学んだ教育システムの実践‥‥佐賀大学付属養護学校　服巻智子

　自閉症児へのVOCA適用‥‥香川大学付属養護学校　坂井聡

　教育の原点に学ぶ‥‥東京都立南大沢学園養護学校　立松英子

提言　自閉症－障害特性を配慮した教育とは？

　親から見たIEP‥‥千葉県支部　松井宏昭

　中学校生活での取り組み‥‥茨城県支部　根本与子

　高機能自閉症が普通高校に在学して‥‥東京都　増田美知子

　働くための支援‥‥東京都立足立養護学校教頭　藤田誠

　IEP研究から‥‥東京都立小金井養護学校校長　三苫由紀雄

　自閉症児の教育（通級指導教室の立場から）‥‥横浜市立八景小学校　笹森洋樹

　まとめ‥‥広報部　野沢和弘

海外の自閉症教育から学ぶ

　イギリスの自閉症事情‥‥大妻女子大学　内山登紀夫

　英国自閉症協会立学校の実践に学ぶ‥‥横浜市立市ヶ尾小学校　井上とも子

　イギリスの自閉症教育を体験して‥‥東京支部　鈴木正子

　アメリカの自閉症教育を体験して‥‥北海道支部　佐藤恵利子

　スウェーデン自閉症協会訪問記‥‥日本自閉症協会事務局　廣崎留見子

エッセイ　共に遊ぶ－車椅子でshall we dance－‥‥ワックス会員　栗田修平

出版事業

「心を開く」No28（2000）

特集　自閉症児・者の障害の評価と理解、自閉症の判定基準

　自閉症の早期発見から早期診断へ

　　‥‥横浜総合リハビリテーションセンター　清水康夫

　自閉症の社会適応障害の理解と評価‥‥静岡大学　杉山登志郎

　　　　　　　　　　　　　　　　　岐阜聖徳学園大学　辻井正次

　高機能自閉症と多動性障害・学習障害‥‥武庫川女子大学　白瀧貞昭

　自閉症の判定基準案について‥‥東京学芸大学　太田昌孝

　社会福祉援助としての自閉症の判定‥‥日本自閉症協会副会長　石井哲夫

　最近の自閉症研究の動向‥‥東海大学　山崎晃資

小論文

　自閉症の教育における連携の必要性‥‥日本自閉症協会副会長　須田初枝

　日本における自閉症教育の現状と課題‥‥全国情緒障害教育研究会参与　高橋晃

　外から見た日本の自閉症の人たちへのサービス

　　‥‥イギリスバーミンガム大学　Dr.リタ・ジョーダン

エッセイ　「渥美さんの笑い」の奥の「やさしさ」「つらさ」

　　　　‥‥映画監督　山田洋次

「心を開く」No29（2001）

メインテーマ「自閉症児者のトータルケアシステム構築のために」（その１）

　自閉症のトータルケアシステムとは、その理念と目的

　　‥‥日本自閉症協会副会長　石井哲夫

　座談会「自閉症の人たちの適応を良くした親たち」

　　‥‥日本自閉症協会副会長　須田初枝

TEACCHプログラムをめぐって

　TEACCHプログラムを見学して－親の立場で－

　　‥‥けやきの郷理事長　須田初枝、常務理事　阿部叔子

　TEACCHプログラム－第三者の評価－‥‥川崎医療福祉大学　佐々木正美

トピックス　自閉症と遺伝子－最近の研究から‥‥東海大学　山崎晃資、田宮元

エッセイ　シドニーパラリンピック－自閉症の青年は入賞した－

　　　　‥‥日本知的障害者陸上競技連盟強化委員長　生駒三男

「心を開く」No30（2002）

メインテーマ「自閉症児者のトータルケアシステム構築のために」（その２）

出版事業

1　自閉症児者のトータルケアシステム構築における日本自閉症協会の役割と
　　行政への提言‥‥社団法人日本自閉症協会会長　石井哲夫
2　自閉症児者のトータルケアシステム構築についての国内での取り組み
　①神奈川県「横浜やまびこの里」での実践
　　　‥‥社会福祉法人横浜やまびこの里理事長　藤森昇治
　　　　　同仲町台発達障害センター長　藤村出
　②北海道「侑愛会おしまコロニー」での実践
　　　‥‥おしまコロニー星が丘寮施設長　寺尾孝士
3　自閉症児者のトータルケアシステム構築について海外での取り組み
　①「ゆりかごから墓場まで〜自閉症支援−英国の場合−」
　　　‥‥バーミンガム大学自閉症学専攻　服巻智子
　②デンマークの自閉症教育・福祉
　　　‥‥東京都立青鳥養護学校久我山分校　市川裕二
　③村を拠点とするインクルージョン−ネパールでのCBR活動
　　　‥‥ネパール知的障害者福祉協会　ラビンドラ・ケーシー、
　　　　　アジア・ディスアビリティ・インスティテュート　中西由起子
4　日本自閉症協会の今日までの活動−医療・教育・福祉の時代背景の流れの中
　　で（厚生労働省心身障害研究班報告より）
　　　‥‥研究班協力者　須田初枝、石丸晃子、氏田照子

「心を開く」No31（2003）

メインテーマ「自閉症児者のトータルケアシステム構築のために」（その3）
自閉症・発達障害支援センターをめぐって
1　自閉症・発達障害支援センター発足と協会の役割
　　　‥‥社団法人日本自閉症協会会長　石井哲夫
2　各センターからの報告
成人期を豊かに生きるために−その課題と展望、「けやきの郷」の実践から考える
成年後見制度への取り組み
1　檜の里の成年後見への取り組み‥‥（社福）檜の里　石丸晃子
2　檜の里の成年後見制度策定委員会の外部委員として関わった立場から
　　　‥‥弁護士　熊田均
3　親亡き後と成年後見制度‥‥大正大学人間学部・社会福祉士　沖倉智美
4　自閉症の人の死別体験についての調査研究より
　　　‥‥法政大学大学院　佐藤繭美

出版事業

自閉症の早期療育の研究と実践
1 自閉症の超早期療育の必要性と、その基礎にある生物学的研究の概況
　　‥‥マス・スクリーニング精度管理センター　成瀬浩
　　　瀬川小児神経科クリニック　瀬川昌也
2 自閉症の早期介入の動向
　　‥‥清水康夫、今井美帆（横浜市総合リハビリテーションセンター児童精神科）
エッセイ　自閉症の孫に恵まれて‥‥ノンフィクション作家　門野晴子

「心を開く」No32（2004）

21世紀の自閉症への特別支援教育の展望と課題
　「特別支援教育」最終報告と自閉症教育
　‥‥文部科学省特別支援教育課長　上月正博
　座談会－21世紀の自閉症への特別支援教育の計画をどう受け止めるか
自閉症・発達障害支援センター立ち上げ2年目の動き
英国における自閉症支援
　英国における自閉症スペクトラム障害の子どもと大人への診断、早期介入、教育
　及びその他サポートサービスの提供と英国自閉症協会のあゆみ
　‥‥英国自閉症協会　リサーチ・ディレクター　リチャード・ミルズ
トピックス　高機能広汎性発達障害問題への所見
　　　　　‥‥日本自閉症協会会長　石井哲夫
自閉症者の作業時における作業分析
‥‥社会福祉法人けやきの郷初雁の家指導員　和田智子、伊藤広明、森田智仁

かがやき1号（2005）

特集　「発達障害者支援法」をめぐって
1．発達障害者支援法をめぐって－法案の意義について－
　　‥‥日本自閉症協会会長　石井哲夫
2．発達障害者支援法の制定の目的とその概要－行政の立場から－
　　‥‥厚生労働省社会援護局障害保健福祉課　大塚晃
3．発達障害者支援法をめぐって－医療の立場から－
　　‥‥東京都立梅ヶ丘病院　市川宏伸
4．発達障害者支援法をめぐって－発達障害児教育のこれから－
　　‥‥東洋大学　宮﨑英憲

出版事業

5．発達障害者支援法に期待すること－福祉の面から－
　　‥‥袖ケ浦ひかりの学園　柳淳一
6．発達障害者支援法をめぐって－地域生活の面から－
　　‥‥おしまコロニー　近藤弘子
7．歴史は動いた！　関係団体の連帯が生んだ大きな一歩
　　‥‥全国LD（学習障害）親の会会長　山岡修
8．発達障害者支援法成立！　さらなる連帯に向けて
　　‥‥NPO法人えじそんくらぶ代表　高山恵子

トピックス
1．イギリスにおける自閉症の子どもと若者へのサービスの進展
　　－児童のためのナショナルサービスフレームワーク（NSF）－
　　‥‥英国自閉症協会研究ディレクター　リチャード・ミルズ
2．MMRワクチンの中止は自閉症の発生率に影響を及ぼさず
　　－横浜市港北区の全人口調査による－
　　‥‥横浜市総合リハビリテーションセンター　本田秀夫、清水康夫、
　　　　ロンドン大学精神医学研究所　マイケル・ラター

かがやき情報
1．発達障害者支援法の成立と専門家の養成　自閉症スペクトラム支援士の認定
　　制度の導入‥‥日本自閉症スペクトラム学会　寺山千代子
2．発達障害者の職業リハビリテーション支援技法の開発に係る有識者検討会議
　　の開催について
　　‥‥独立行政法人高齢・障害者支援機構障害者職業総合センター職業センター
　　　　企画課

かがやき2号（2006）

特集Ⅰ「発達障害者支援法」が施行されて
1．施行に向けての日本自閉症協会の取り組み
　　‥‥日本自閉症協会会長　石井哲夫
2．発達障害者支援法の成立に関して
　　‥‥厚生労働省社会・援護局障害保健福祉部企画課　大塚　晃
3．各支部の取り組み
　A．発達障害者支援法を成立させるために
　　　‥‥宮城県支部　千葉県支部　東京都支部　熊本県支部

209

出版事業

　　B．発達障害者支援体制整備検討委員会への参画

　　　　‥‥茨城県支部　栃木県支部　福井県支部　京都府支部　高知県支部

　　　　佐賀県支部

　　C．発達障害者支援センター設立への取り組み

　　　　‥‥青森県支部　神奈川県支部　岐阜県支部　鳥取県支部

　　　　鹿児島県支部

　　D．自閉症の理解の普及・啓発への取り組み

　　　　‥‥茨城県支部　富山県支部　奈良県支部　和歌山県支部

　　E．行政及び関連団体との連携

　　　　‥‥群馬県支部　千葉県支部　長野県支部

特集Ⅱ「障害者自立支援法」の施行を前にして

　1．日本自閉症協会の取り組み‥‥日本自閉症協会会長　石井哲夫

　2．障害者自立支援法について

　　　　‥‥厚生労働省社会・援護局障害保健福祉部企画課　大塚晃

　3．障害者自立支援法　国会審議から

トピックス　発達障害者支援法を「ぼくら」のものに

‥‥日本自閉症協会愛知県支部　カイパパ

かがやき情報　日米発達障害児教育に関する国際シンポジウムから

　1．父親としての学校・地域との関わり‥‥メイヤー・マックス

　2．就労活動について−自閉症の特徴と興味を生かして

　　　　‥‥スティーブン・ショア

かがやき3号（2007）

特集Ⅰ「発達障害者支援法」を実効あるものにするために

　1．日本自閉症協会の姿勢‥‥日本自閉症協会会長　石井哲夫

　2．厚生労働省平成19年度発達障害者支援関係施策

　　　　‥‥厚生労働省社会・援護局障害保健福祉部精神・障害保健課発達障害支援

　　　係　中森秀樹

　3．発達障害者支援法への取り組み（団体）

　　①世田谷区における配慮を要する子どもへの支援の取り組み

　　　　‥‥世田谷区子ども部子ども施策担当係長　大原隆徳

　　②「かがやき」の取り組み

　　　　‥‥京都市発達障害者支援センター「かがやき」主任　松本史男

③いきいきと社会参加するために

‥‥自閉症児・者との共生ネットワーク・NPO法人アシタバ代表理事

細川紀久子

4．個人レベルの取り組み‥‥荻野ます美（愛知県支部）、竹蓋伸六（千葉県支部）、森山優子（埼玉県支部）

特集Ⅱ　特別支援教育が施行されていく中で

1．特別支援教育の目指すもの‥‥日本自閉症協会副会長　宮﨑英憲

2．特別支援教育における自閉症教育の位置づけと在り方への提言

‥‥兵庫教育大学大学院　柘植雅義

3．学校・学級の取り組み

①全校体制で取り組む特別支援教育

‥‥愛知県岩倉市岩倉南小学校特別支援教育コーディネーター　奥村寿英

②中学校（通常）における特別支援教育の取り組み

‥‥東京都杉並区立中瀬中学校　月森久江

③通級指導学級での子どもたちへの支援

‥‥東京都江戸川区立下鎌田小学校　有澤直人

④情緒障害学級（固定制）における自閉症など発達障害児への特別支援教育

‥‥広島県広島市立三篠小学校　小早川知代子

資料　文部科学省平成19年度特別支援教育関連予算

トピックス

1．広汎性発達障害日本自閉症協会評定尺度「PARS」とは

‥‥北海道教育大学旭川校特別支援教育分野　安達潤

2．共に暮らしやすい社会を求めて‥‥千葉県支部　古屋道夫

かがやき情報　アメリカ・ミシガン州の自閉症支援‥‥東京都支部　鈴木正子

本人の声

1．私の場合〜独自の読字〜‥‥岐阜市立岐阜養護学校　神山忠

2．地域で自立生活していて‥‥グループホーム「春のひかり」　飯田真奈子

子育ての工夫

‥‥橋本正美（和歌山県支部）、平山淳子（東京都支部）、朝倉潤一（千葉県支部）、河野信子（横浜市支部）、小材由美子（埼玉県支部）、明石洋子（川崎市支部）

かがやき 4 号（2008）

特集Ⅰ　自閉症の我が子とどう向き合ってきたか

出版事業

トピックス　40歳を超えた自閉症の人たちは今どこに

‥‥全国自閉症者施設協議会研究代表者　石丸晃子

特集Ⅱ　自閉症の人への就労支援

　障害者雇用施策の動向

　　‥‥厚生労働省職業安定局高齢・障害者雇用対策部障害者雇用専門官　市川浩樹

　問題提起①将来の就労を考えた、後期中等教育の学校選択について

　　‥‥学校法人武蔵野東学園武蔵野東技能高等専修学校校長　清水信一

　問題提起②就労継続のための支援体制について

　　‥‥（社福）電機神奈川福祉センター　志賀利一

　実践例

　・教育からの就労－知的障害が軽い生徒の就労に向けて

　　‥‥東京都立永福学園　山内俊久

　・「地域で働く」を作り出す－Ｃ・ネットふくいの取り組み

　　‥‥（社福）コミュニティーネットワークふくい理事長　田中善隆

　・通所授産施設での就労支援－一人ひとりに適した方法で

　　‥‥（社福）けやきの郷ワークセンターけやき支援員　堀口久美子

　・グループ実習－今、何故グループ実習なのか

　　‥‥（社福）槇の里いすみ学園支援主任　堂下勉

　・一般企業での就労－日本マクドナルド（株）

　・特例子会社での就労－（株）ファンケルスマイル

　自閉症の人の雇用の継続すること－保護者と企業との連携

　‥‥帝京大学文学部教育学科　吉田昌義

トピックス

自閉症とてんかん‥‥NPO法人心の発達研究所所長　太田昌孝

かがやき情報　「防災」－日頃から防災意識を高めるために

　・施設同士の拠点づくり、日常の大切さ－緊急に支援手配を

　　‥‥（社福）愛心園　福田和臣

　・新潟中越大震災を経験して　新潟県支部　坂内正文

　・東海豪雨による水害と避難への備え～当事者の立場から～

　　‥‥愛知県支部　大森隆太

本人の声

　１．母の祈り‥‥星空千手

　２．私が伝えたいこと‥‥藤原あかり

出版事業

かがやき5号（2009）

特集1　今後の自閉症児・者支援について、日本自閉症協会の基本的な考え方
　　　　－障害者基本法、発達障害者支援法及び障害者自立支援法の見直しに向けて－
　　　　‥‥社団法人日本自閉症協会会長　石井哲夫

特集2　教育・福祉・医療の立場から

　通級による指導を通して関わった二人

　‥‥東京都文京区立小日向台町小学校　黒川君江

　就労定着支援－関係機関が連携して‥‥東京都立中野特別支援学校　小野寺肇

　本人理解とニーズ‥‥東京都立あきる野学園　菊地直樹

　「自己抑制力をつける」「現実と向き合わせる」ためのアプローチ

　‥‥社会福祉法人「檜の里」あさけ学園支援員　三宅光子

　本人の行動の本質を見きわめ、支援へ

　‥‥社会福祉法人「嬉泉」袖ケ浦ひかりの学園園長　石井啓

　福祉工場やまびこ製作所での成長－「働くこと」「仲間・集団」の力

　‥‥社会福祉法人「けやきの郷」やまびこ製作所所長　伊得正則

　自閉症と長く関わって、発達したケース

　‥‥NPO心の発達研究所所長　太田昌孝

　成長を見守り16年が経って

　‥‥横浜市総合リハビリテーションセンター副センター長（発達精神科）
　　　清水康夫

特集3　座談会　「障害者のある人の権利に関する条約」について　－自閉症にとっ
　　　　て権利条約とは？－
　　　　‥‥NPO法人東京都自閉症協会理事　今井忠、埼玉県立大学学長　佐藤
　　　　　　進、東京大学大学院経済学研究科特任准教授　長瀬修、道央法律事務
　　　　　　所　弁護士　西村武彦、社団法人日本自閉症協会会長：司会　石井哲
　　　　　　夫

トピックス　第5回アジア児童青年精神医学会に参加して　－世界自閉症啓発デー
に向けて－
‥‥目白大学大学院生涯福祉研究科教授‥‥山崎晃資
　　宮城県保健福祉部技術副参事兼宮城県子ども総合センター技術次長　小野善郎
かがやき情報　40歳を超えた自閉症の人たちの現況調査を終えて
‥‥全国自閉症者施設協議会研究者代表　石丸晃子
子育ての工夫
　家族の「今」の支援を－予防的支援の必要性

213

出版事業

　　‥‥NPO法人東京都自閉症協会　秋山和平

　チャレンジ子育て‥‥徳島県自閉症協会　堀内宏美

本人の声

言葉に込められた思い‥‥アットマーク国際高等学校　東田直樹

僕のこころが見ている風景‥‥高野善郎

かがやき6号（2010）

特集1　座談会　「今後の自閉症教育の充実を願って」

　　‥‥東洋大学教授・日本自閉症協会理事　宮﨑英憲

　　　　星槎大学客員教授・日本自閉症スペクトラム学会事務局長　寺山千代子

　　　　帝京大学教授・日本自閉症スペクトラム学会理事　　吉田昌義

　　　　日本自閉症協会副会長・（社福）けやきの郷理事長　須田初枝

　　　　東京都立田園調布特別支援学校校長：司会　横倉久

特集2　これからの福祉に望むこと

　包括的な支援の仕組みと拠点づくりを－施設の立場から

　‥‥札幌すぎな園園長　寺尾孝士

　制度や時代が変わっても求められるもの－施設の支援者として

　‥‥ワークセンターひのき施設長　西野公

　専門的な人材養成、療育環境の整備を！－施設を作った親の立場から

　‥‥（社福）信濃の郷理事長　小林真理子

　福祉サービスの充実と、自閉症に対する正しい理解を－自閉症者の父親として

　‥‥千葉県　朝倉潤一

　本人の声に耳を傾けて！　誇りを持って生きることができる社会に－親の立場から

　‥‥NPO法人東京都自閉症協会理事高機能自閉症・アスペルガー部会運営委員
　　尾崎ミオ

　自閉症児者の理解者となって、共に幸せになる道－親の立場から

　‥‥徳島県　堀内宏美

トピックス　医学情報　自閉症（ASD）のカタトニア

‥‥心の発達研究所所長　太田昌孝

かがやき情報

　大学における発達障害を持つ人たちへの支援

　富山大学での取り組み－就労支援を含めて

　‥‥富山大学保健管理センター准教授　西村優紀美

　発達障害を有する学生に対するキャリア支援

出版事業

・・・・プール学院大学国際文化学部准教授　森定玲子

まとめ－大学における発達障害の学生支援の現状

・・・・朝日新聞大阪本社生活文化グループ記者　太田康夫

本人・親の声

　自分の発達の偏りと向き合いながら無理せずに楽しんでいきたい・・・・三國慎平

　ある自閉症児の親からの訴え・・・・宮崎裕美子

かがやき7号（2011）

特集1　座談会　「自閉症の医療について」

　目白大学大学院生涯福祉研究科教授　山崎晃資（司会）

　（社）日本自閉症協会出版部会部長　須田初枝（司会）

　東京都立小児総合医療センター顧問　市川宏伸

　NPO法人心の発達研究所所長　太田昌孝

　国立精神・神経医療研究センター精神保健研究所児童・思春期精神保健研究部部
　長　神尾陽子

　横浜市総合リハビリテーションセンター副センター長　清水康夫

特集2　米国・英国における自閉症支援の立法について

・・・・前衆議院議員・羽衣国際大学人間生活学部局員教授　福島豊

トピックス　発達障害概念の再考

・・・・目白大学大学院生涯福祉研究科教授　山崎晃資

かがやき情報　家族の暮らす街で、強度行動障害のある人も楽しく生きて行くために

・・・・社会福祉法人青葉会設立準備委員会代表　松井宏昭

本人・家族の声

　今日は振り返ってみました、あしたのため・・・・中島直美

　幼児期に一緒に楽しんだことが40歳すぎに大きな財産に・・・・田村紀子

　多くの人に支えられて・・・・幡本建祐

KIRA・KIRA　子どもたちのかがやきをみつけよう

かがやき8号（2012）

特集1　東日本大震災その後

　東日本大震災から見えてきたもの・・・・朝日新聞東京本社社会部　赤井陽介

　地域との連携・・・・宮城県発達障害者支援センター「えくぼ」　小野浩子

　災害と発達障害の子どもの支援について思うこと～今までの振り返りと次のステッ
　プをめざして・・・・宮城県子ども総合センター所長　本間博彰

215

出版事業

　学校の対応の今とこれから‥‥宮城県立石巻支援学校校長　櫻田博

　福祉避難所ってなに？‥‥宮城県自閉症協会会長　目黒久美子

　本人・家族は今－自閉症の弟と共に－‥‥筑波大学大学院人間総合科学研究科・

　障害科学専攻　日本自閉症スペクトラム学会会員　松本直美

特集2　制度改革について－日本自閉症協会の立場から－

　総論として～課題～‥‥日本自閉症協会顧問　石井哲夫

　障害者総合福祉法における医療に関する問題点

　‥‥日本自閉症協会会長　山﨑晃資

　障害者総合福祉部会の骨格提言を検証する

　‥‥日本自閉症協会副会長　五十嵐康郎

　総合福祉法の人権、権利擁護について

　‥‥日本自閉症協会理事・弁護士　辻川圭乃

トピックス

　①障害者年金および障害者手帳についての最近の動き

　　‥‥日本自閉症協会副会長・医師　市川宏伸

　②自閉症の併存障害と二次障害

　　‥‥名古屋大学医学部附属病院親と子どもの心療科講師　岡田俊

かがやき情報

　①山梨県立こころの発達総合センター～次世代型の発達障害児支援を目指した

　　医療と福祉の総合センター～

　　‥‥山梨県立こころの発達総合支援センター所長　本田秀夫

　②自閉症の人たちの死別経験の調査研究から

　　‥‥法政大学現代福祉学部准教授　佐藤繭美

本人の声・親の声

　本人の声　その時私は～東日本大震災のこと～‥‥渡邉美穂

　親の声　制度改革について親として考える

　　①「障害者福祉法」（仮称）への期待

　　　‥‥朝日新聞大阪本社編集センター　太田康夫

　　②私の子育てから‥‥北海道自閉症協会会長　上田マリ子

　親の声　息子との暮らしを振り返って‥‥黒谷澄子

かがやき9号（2013）

特集1　自閉症の人たちの高齢化・親亡き後の問題について

　老齢期・親亡き後・看取りを支援する

‥‥自閉症総合援助センター「めぶき園」　五十嵐康郎

自閉症の人たちの高齢化について

‥‥日本自閉症協会、医療法人弘徳会愛光病院　山﨑晃資

高齢知的障害者支援の課題‥‥障害者支援施設侑愛荘　祐川暢生

親亡き後の備えについて‥‥千葉県自閉症協会　辰巳鉄次郎

親亡き後のわが子のために‥‥一般社団法人親泉会　田村紀子

特集2　自閉症の人たちへの支援の充実のための各機関の連携について

自閉症のある人たちへの支援の充実のための連携の問題をどう解決するか

‥‥鳥取大学　井上雅彦

乳幼児期における地域連携の新たなニーズ

‥‥横浜市総合リハビリテーションセンター　三隅輝見子

コーディネーターの目に映るもの

‥‥筑波大学附属大塚特別支援学校　安部博志

自閉症の生徒の支援と「キャリ教育」

‥‥東京都立白鷺特別支援学校　山口学人

生徒の変化をどう見守り、どう活かすか

‥‥大阪府立泉北高等支援学校　山瀬良二

自閉症の人たちへの支援の充実のために

‥‥社会福祉法人進和学園サンシティひらつか（相談支援事業）　勝田俊一

自閉症の人たちの「地域生活」充実に向けての支援者連携

‥‥鹿児島県こども総合療育センター　田邊貴仁

トピックス

①障害者虐待防止法の施行と活用、課題について

‥‥日本自閉症協会・弁護士　辻川圭乃

②障害者虐待防止法の施行と教育の現場における課題

‥‥埼玉県教育局特別支援教育課　渡部庄一

かがやき情報

①子どもたちの可能性を伸ばし、広げる〜支援機器の活用

‥‥香川大学教育学部　坂井聡

②子どもたちの可能性を伸ばし、広げる〜支援機器の活用

‥‥香川大学教育学部附属特別支援学校　山内雅子

③音楽を通しての自閉症者の可能性について

‥‥ムジカジョイ音楽研究所　平岡あや子

④音楽（ピアノ）を学んで‥‥保護者　相澤紀子

出版事業

⑤音楽治療教育の可能性と楽しみ方‥‥山口音楽教育センター　山口元久

⑥音楽を学ぶことを通して‥‥保護者　本間桃子

本人の声・親の声

　本人の声

　　①僕の1日‥‥匿名

　　②現在の生活、今思うこと、将来への展望‥‥酒井慶二郎

　親の声

　　①雅浩と刺し子‥‥増井紀子

　　②家族みんなで幸せになろう‥‥秀川修

かがやき10号（2014）

特集1　自閉症支援の今後の展望

　日本自閉症協会の歴史と展望‥‥日本自閉症協会前会長　石井哲夫

　自閉症児者への支援のこれまので歩みと今後の展望

　日本自閉症協会会長　山﨑晃資

　「いとしご」100号からの転載

　　喜怒哀楽の四十年‥‥日本自閉症協会元副会長　須田初枝

　　原点をみつめ子どもに向き合って‥‥横山佳子

　　私も息子に育てられた‥‥日本自閉症協会元副会長　石丸晃子

　　日本ではじめての情緒障害学級「堀之内学級」をつくって‥‥河村富子

　　あの日を忘れない「いとしご」とともに歩んだ道‥‥姜春子

　　広がる世界規模での理解啓発と自閉症支援ネットワーク

　　‥‥日本自閉症協会元副会長　氏田照子

　　自閉症児の教育の現状とこれから求められること（提言に代えて）

　　‥‥日本自閉症協会元副会長　宮﨑英憲

　　自閉症支援のスーパーバイザーを養成する

　　‥‥日本自閉症協会副会長　五十嵐康郎

　　自閉症児者への支援のこれまでの歩みと今後の展望

　　‥‥日本自閉症協会副会長　市川宏伸

　　先輩方への感謝と今後について

　　‥‥日本自閉症協会副会長　新保文彦

　　年を重ねた親からの素朴な提言

　　‥‥日本自閉症協会監事　水野佐知子

　　○歴史の重み‥‥日本自閉症協会元理事　岩本四十二

自閉症児の早期療育にチャレンジ！

・・・・日本自閉症協会理事　横田敬一郎

日本自閉症協会の出版に関わって、行ってきたこと、これからの協会活動への
提言・・・・出版委員会前委員　阿部叔子・白井和子・古屋道夫

我が国の自閉症支援および日本自閉症協会の歴史

特集2　強度行動障害への支援

強度行動障害施策の経過と今後の予定・・・・厚生労働省社会・援護局障害保健福祉
部障害福祉課地域生活支援推進室虐待防止専門官／障害福祉専門官　曽根直樹

強度行動障害と親の会の活動

・・・・青森県自閉症協会強度行動障害検討部会　木村ひとみ

強度行動障害への取り組みの歴史と現状

・・・・総合福祉センター弘済学園園長　高橋潔

地域で行動障害が著しい人を支える社会に向けて

・・・・独立行政法人国立重度知的障害者総合施設のぞみの園部長　志賀利一

強度行動障害の取り組み〜通所施設における支援

・・・・社会福祉法人横浜やまびこの里東やまた工房施設長　中村公昭

強度行動障害の取り組み〜入所施設における支援

・・・・社会福祉法人北摂杉の子会萩の社施設長　勝部真一郎

強度行動障害と医療・・・・西多摩療育支援センター医師　吉野邦夫

特集3　地域における連携

地域における相談支援〜行政の立場からの相談支援の現状と課題

・・・・厚生労働省社会・援護局障害保健福祉部障害福祉課障害児・発達障害者支援
室発達障害対策専門官　日詰正文

相談支援の現状と課題〜「サービス等利用計画」作成の時代を迎えて〜

・・・・日本相談支援専門員協会副代表　福岡寿

地域における相談支援の充実を目指して親の会は何ができるか

・・・・長野県自閉症協会代表　新保文彦

かがやき11号（2015）

特集1　自閉症の教育の取り組み

自閉症スペクトラム教育の現状

・・・・兵庫教育大学大学院特別支援教育専攻准教授　岡村章司

出版事業

通常学級における教育実践〜「ユニバーサルデザイン」の視点を取り入れた、どの生徒にも「わかる授業」を目指して〜

‥‥横浜市立美しが丘中学校特別支援教育コーディネーター　鬼木勝

学習評価シートを活用した自閉症・情緒障害特別支援学級の教育実践

‥‥神奈川県伊勢原市立中沢中学校　深澤しのぶ

豊かな社会参加につながる授業づくり　〜地域と協働した授業づくりを目指して〜

‥‥東京都立矢口特別支援学校中学部　大河内綾子

自閉症スペクトラム教育の今後の課題

‥‥横浜国立大学教育人間科学部教授　渡部匡隆

特集2　自閉症の地域生活を支える

横浜市　発達障害の人へのひとり暮らしに向けた支援〜サポート事業から〜

‥‥特定非営利活動法人PDDサポートセンター

グリーンフォーレストサポートホーム事業コーディネーター　浮貝明典

横浜市地域療育センターの地域支援について〜ソーシャルワーカーの視点から〜

‥‥横浜市北部地域療育センターソーシャルワーカー　齊藤共代

狛江市　顔の見える機関連携で地域ネットワークづくり〜発達障がい・子育てを入り口に支えあう社会を〜

‥‥狛江市教育研究所専門教育相談員（臨床心理士）　栗原はるみ

特集3　自閉症と専門性研修

日本モデルの総合的な支援体制構築を〜発達障害支援スーパーバイザー養成研修の取り組み　‥‥全国自閉症者施設協議会会長　五十嵐康郎

支援者育成のための実践的アプローチ〜自閉症 e サービスの取り組み

‥‥自閉症 e サービス代表　中山清司

日本自閉症スペクトラム学会における自閉症に関する研修

‥‥日本自閉症スペクトラム学会事務局長　寺山千代子

ペアレントメンターインストラクター研修

‥‥日本自閉症協会事業企画委員　江口寧子

Kira☆Kira　子どもたちのかがやきをみつけよう

自閉症の若者が海を越えて交流するとき

‥‥「おお宙ストリングス」指導者　荒井俊子

かがやき12号（2016）

特集　自閉症と医療

自閉症スペクトラム障害に対する有効な治療は存在するか？

・・・・虎の門病院精神科　田中容子

診断から治療までの流れ

・・・・東京都立小児総合医療センター児童思春期精神科　大倉勇史

薬物療法・・・・国立国際医療研究センター国府台病院児童精神科　宇佐美政英

自閉スペクトラム症を持つ人への心理療法

・・・・北里大学大学院医療系研究科教授・日本精神分析学会会長　生地新

自閉症治療（セクレチン、軽度三角頭蓋手術、オキシトシン）から学ぶべきこと：

ピグマリオン効果による行動変容

・・・・鹿児島大学保健管理センター　伊地知信二

　　　EGT研究所　伊地知奈緒美・伊地知由貴奈

入院治療・・・・多摩あおば病院精神科　木村一優

トピックス

情緒障害等通級指導学級から特別支援教室へ

・・・・教育庁都立学校教育部主任指導主事　市川裕二

発達障がい者支援センターの今までとこれからの役割

・・・・熊本県北部発達障がい者支援センター‘わっふる’センター長　田邊剛政

相談支援の現状と今後の展望について〜計画相談を中心に〜

・・・・特定非営利活動法人日本相談支援専門員協会代表理事　菊本圭一

かがやき13号（2017）

特集　自閉症と制度

自閉症と制度・・・・新潟大学教育学部　有川宏幸

乳幼児期の支援制度と活用

・・・・こども発達支援センターやわた・たんぽぽ相談室　保戸塚陽一

学齢期（小学生・中学生）の支援制度と活用

・・・・大分大学教育学部　衛藤裕司

発達障害における学齢後期に必要な支援〜自らの可能性に期待しながら将来像を
描ける進路選択に向けて〜

・・・・富山大学教育・学生支援機構学生支援センター　日下部貴史

青年期・成人期の自閉症スペクトラム（ASD）の人たちのための支援制度や
社会資源について・・・・横浜市発達障害者支援センター　西尾紀子

中年期・高齢期における支援制度

・・・・独立行政法人国立重度知的障害者総合施設のぞみの園　志賀利一

出版事業

トピックス

初期症状を見逃さない

‥‥社会福祉法人フロンティアいけぶくろ茜の里　根本昌彦

津久井やまゆり園の殺傷事件に思う‥‥東京都自閉症協会　今井忠

かがやき14号（2018）

特集　自閉症と家族

親の思い　私の天職‥‥ササキユミコ（母）

親の思い　自閉症と家族（私の場合）‥‥川崎市自閉症協会　永井康幸（父）

アーカイブ　オンブおばけの次男坊‥‥姜春子（母）

本人の思い　ありのままの自分を示すことができる存在

‥‥NPO法人リトルプロフェッサーズ　代表臨床発達心理士　綿貫愛子

本人の思い自分にとっての家族－「安心感」と「経験」が成長につながる－

‥‥NPO法人勤務　アポロン（男性）

姉の思い　姉弟として‥‥新潟県　鈴木里奈

兄の思い　きょうだいとしての葛藤と人との出会い

‥‥映画『ちづる』監督　赤﨑正和

兄弟の思い自閉症の兄弟と歩む‥‥　福岡仁敏

アーカイブ　三つ子ちゃん　ドキドキの一年生　「ひろば」を読んで

‥‥熊本県自閉症協会　福岡順子（母）

トピックス　自閉症に関わる情報

グループホームと子どもの幸せな生活を考える～グループホームの基礎知識と課題～‥‥静岡県自閉症協会会長　特定非営利活動法人クローバー会長　津田明雄

高齢期の自閉症スペクトラム障害者に関するアンケート調査

揺りかごから墓場までのライフステージで考える

～高齢期アンケートに寄せる親の思い～

‥‥岐阜県自閉症協会会長　水野佐知子

高齢期の自閉症スペクトラム障害者に関するアンケート調査結果報告

‥‥日本自閉症協会高齢期対策委員会

出版事業

「いとしご」（一般社団法人日本自閉症協会機関紙　平成2年1月20日～現在に至る）

いとしご1号～5号（1990）

日本自閉症協会社団法人発足　社団法人認可　第1回総会

第11回全国大会札幌で開催

協会設立記念自閉症シンポジウム（東京）

国際シンポジウム「自閉症の療育」国際児童青年精神医学会－京都－

第10回世界会議　国際精神薄弱者育成会連盟

自閉症への新しいアプローチ－海外の著名研究者を迎えて－

教師のための自閉症短期集中セミナー

中央研修会開催（静岡県伊東市）

講演会　新薬をめぐって（北海道、名古屋、兵庫、九州）

就労実態追跡調査

いとしご6号～11号（1991）

福祉法改正と自閉症対策中央研修会で討議

学齢自閉症児の現状と問題

施設職員・教師のための自閉症短期集中セミナー

第12回全国大会　兵庫県姫路市

自閉症児のリハビリテーションのための教材　研修会

いとしご12号～17号（1992）

巡回療育相談事業（山形共催）（高知共催）

ノースカロライナEACCHプログラム視察旅行

自閉症児療育指導者研修会（和歌山県）

発達障害セミナー（全自者協共催）

自閉症療育の新たな展開を求めて　岡山県でセミナー開催

いとしご18号～23号（1993）

中央研修会「自閉症の学校教育をめぐって」（群馬県）

第13回全国大会（富山県）

巡回療育相談（大分県）（青森県）

英国自閉症協会役員らと懇談

経団連1％クラブへの登録

出版事業

施設職員・教師のための自閉症短期集中セミナー（北海道）
自閉症トロント国際会議に出席
自閉症児療育指導者研修会（兵庫県）

いとしご24号〜29号（1994）

巡回療育指導・相談会（長崎）（岐阜県）
自閉症の就労援助をめぐって－シンポジウムで討論－中央研修会
TEACCHプログラム短期集中セミナー参加者募集
自閉症対策で厚生省に要望　法制化や自閉症加算など
自閉症対策の確立を目指して　法制化特別委員会を開催
親の作った施設問題を考える研修会開催
地域療育拠点施設事業についての第5回・6回法制化特別委員会
療育指導者研修会（福井県）（愛媛県）

いとしご30号〜35号（1995）

中央研修会「自閉症の内的世界を探る」
第14回全国大会（熊本県）
チャールズハート自閉症講演会
自閉症児者の家族への療育相談、相談事例まとめ
自閉症児者の巡回療育相談会実施（群馬県）
自閉症幼児対象に地域療育モデル事業（岩手県）

いとしご36〜41号（1996）

自閉症児療育指導者研修会
ジェラルディン・ピーコック氏講演会「英国自閉症協会の活動について」
中央研修会「高機能自閉症」
親の作った施設問題を考える研修会
施設職員・教師のための自閉症短期集中セミナー（新潟市）
自閉症児療育指導者研修会（青森県）
自閉症児・者の巡回療育相談会（広島）（愛知）
自閉症協会セミナー（山形）

いとしご42号〜47号（1997）

中央研修会（東京）

第15回全国大会（岩手県）
自閉症児療育指導者研修会
施設職員・教師のための自閉症短期集中セミナー
日本自閉症協会セミナー（福岡）

いとしご48号～53号（1998）
「自閉症の教育を考える」講演会
第1回研究部会専門委員会
これからの障害者福祉における自閉症者施設の役割　施設部会研修会
施設職員と教師のための自閉症短期集中セミナー
研究部会セミナー

いとしご54～59号（1999）
「家族と地域」活動からの提言（千葉）施設部会研修会
全国支部役員連絡会開催
自閉症児・者の不適応行動の評価と療育指導に関する研究
自閉症の手引きの無料配布
自閉症の治療教育　教師のためのトレーニングセミナー
第16回全国大会（東京都）
第1回自閉症顕彰　自閉症教育実践賞　論文募集
厚生科学研究「自閉症児・者の不適応行動の評価と療育指導に関する研究」
第10回記念特別セミナー　自閉症の人たちの援助システム
自閉症児・者の療育相談会開催

いとしご60～65号（2000）
第7回施設部会研修会開催
第2回日本自閉症協会顕彰事業　作品募集
第8回施設部会研修会開催
自閉症児・者の療育相談会
第1回　自閉症教育実践賞入選作品表彰式・発表会
第17回自閉症実践療育セミナーの報告

いとしご66～71号（2001）
日本自閉症協会顕彰事業　第2回自閉症支援実践賞発表

出版事業

第 9 回施設部会研修会

第 7 回自閉症セミナー

いとしご72〜77号（2002）

支援費制度について厚生労働省へ要望

文部科学省に「学校教育法施行令の一部を改正する政令案」に関する要望書を提出

第17回全国大会（香川県）

第 3 回日本自閉症協会顕彰事業－自閉症支援実践賞－発表

自閉症ガイドブック「乳幼児期編」発行（読売新聞に掲載される）

第10回日本自閉症協会研修会

自閉症児・者の療育相談会

ホンデュラス訪問記

いとしご78〜83号（2003）

自閉症支援システムシンポジウム開催

アスペルガー報道に関するお願いをマスコミ各社に提出

高機能広汎性発達障害研究の全体会議

高機能自閉症児と発達障害児の本人及び親の活動支援事業の情報交換会

第 4 回日本自閉症協会顕彰事業「自閉症支援実践賞」入選作品決定

支部役員連絡会

第15回中央総会

第 9 回自閉症セミナー

イギリス自閉症協会から学ぶ講演会（仙台、京都、熊本）

自閉症・発達障害支援センターの設置についての要望書提出

障害者基本法改正について（要望）自閉症学校実現へ

自閉症者の雇用問題について　参議院厚生労働員会にて質疑

障害児に普通学級の籍を

コミュニケーション支援ボード

協会新ＨＰ

「自閉症児を家族にもつ医師・歯科医師の会」活動開始

いとしご84〜89号（2004）

第18回全国大会（静岡県）

自閉症発達障害者支援センター設置要望等

高機能自閉症・アスペルガー症候群（緊急シンポジウム）

グループホームに対する支援費削減案についてを各地方に提示

日本自閉症協会政策委員会設置

自閉症児・者支援にかかる施策の充実と予算の拡充に関する要望書提出

自由民主党に要望書を提出、説明

「障害保健福祉施策改革のグランドデザイン」についての見解

障害者の防災・避難訓練支援と自閉症支援のシンポジウム

発達障害者支援法における声明文

発達障害者に対する今後の制度・施策についての要望書提出

厚生労働科学研究「高機能広汎性発達障害にみられる反社会的行動の成因の解明と社会支援システムの構築に関する研究」概要報告（継続）

いとしご90号～95号（2005）

第6回自閉症協会顕彰事業　自閉症支援実践賞

高機能自閉症＆アスペルガー症候群　ネットワーク会議開催

PDD（広汎性発達障害）行動評価尺度の保健師等のスペシャリスト向け普及講習会開催（全国5箇所）

障害者自立支援法を考えるみんなのフォーラムにて意見表明

平成18年度特別支援教育の推進と自閉症に特化した教育の実現に向けて（要望申請）

組織運営等検討委員会によるアンケート調査

障害者自立支援法に関する緊急要望書の提出

ペアレントメンター養成講座（2回開催）

自閉症・発達障害に関する一般への啓発推進事業（DVDの作成）

厚生労働科学研究「高機能広汎性発達障害にみられる反社会的行動の成因の解明と社会支援システムの構築に関する研究」概要報告（継続）

メディアガイドの作成

いとしご96号～101号（2006）

自閉症・アスペルガー症候群ネットワーク会議（九州・関西・東海関東）

第7回自閉症協会顕彰事業　自閉症支援実践賞　入選作品決定

自閉症ガイドブックシリーズ4「成人期編」発行

第19回全国大会（岐阜県）

ペアレントメンター養成事業（全国3箇所）

発達障害者支援法の実現と障害者自立支援法の改善を求め要望事項提出

出版事業

AC公共広告機構活用による啓発活動

厚生労働科学研究「高機能広汎性発達障害にみられる反社会的行動の成因の解明と社会支援システムの構築に関する研究」概要報告（継続）

いとしご102号～107号（2007）

自閉症の手引き　改訂版　発行

第8回顕彰事業　受賞作品決定

「自閉症」理解と支援のキャンペーン実施

自閉症者に対する一般社会の人たちの意識調査－全国6000人のアンケート－

厚生労働科学研究「高機能広汎性発達障害にみられる反社会的行動の成因の解明と社会支援システムの構築に関する研究」概要報告（継続）

AC公共広告機構　支援キャンペーン

「障害児政策への協会意見」厚生労働省へ提出

「障害者基本計画、重点施策実施5ヵ年計画のためのヒアリング要望書」を内閣府へ提出

「特別支援教育の推進と自閉症に特化した教育の実現に向けて」の要望事項を文部科学省へ提出

北京市自閉症協会国際会議に出席

本部・支部役員情報共有システム設置

いとしご108号～113号（2008）

高機能自閉症とアスペルガー症候群の新規地域グループ活動促進事業

第20回　全国大会（熊本県）

世界自閉症啓発デー国連にて制定

第9回日本自閉症協会顕彰事業表彰式・発表式開催

日本、フランスで自閉症の情報交換

発達障害に関する報道についての要望を報道機関に要望書を提出

自由民主党障害者特別委員会での勉強会

防災ハンドブック・支援者編発刊

防災ハンドブック・本人家族編を発行

いとしご114号～119号（2009）

事業報告

・指導相談事業

出版事業

・在宅心身障害児・者療育研修事業　保護者研修会　（石川、京都）

・在宅重度障害児集団療育事業　集団療育キャンプ　（栃木、長崎、鹿児島）

・治療教育相談事業

無料検診相談事業（北海道、青森、神奈川、川崎、富山、愛知、岡山、熊本）

集団指導キャンプ（茨城、東京、愛知、兵庫、和歌山）

・高機能自閉症とアスペルガー症候群の地域サポート事業

ネットワーク会議（北海道、青森、山梨、三重、新潟、奈良、島根、徳島、鹿児島）

活動グループ支援事業（北海道、山梨、鹿児島）

自閉症の人たちのライフステージサポート事業

研究者、教職員等の実践研究に関する助成及び顕彰

世界自閉症啓発デーシンポジウム開催

第10回日本自閉症協会顕彰事業　表彰式　発表会開催

厚生労働省関係予算要望事項提出

文部科学省関係予算要望事項提出

「ぼくはうみがみたくなりました」上映会開催（全国11箇所）

「新型インフルエンザワクチン接種の優先順位について」厚生労働省へ要望書提出

いとしご120～125号（2010）

第3回世界自閉症啓発デーシンポジウム開催

在宅心身障害児・者研修・福祉相談事業

在宅重度障害児集団療育事業

治療教育相談事業

高機能自閉症とアスペルガー症候群の地域サポート事業

第21回全国大会（和歌山県）

第15回自閉症セミナー

研究部会

地域における自閉症児者の家族支援システム事業

国際情報の収集

研究者、教職員等の実践研究に関する助言及び顕彰

第11回日本自閉症協会顕彰事業～自閉症支援実践賞～表彰式

障害者自立支援法改正案成立に関しての文書提出

いとしご126号～131号（2011）

事業報告

出版事業

指導相談事業

在宅心身障害児・者療育研修事業

在宅重度障害児集団療育事業

治療教育相談事業

高機能自閉症とアスペルガー症候群の地域サポート事業

地域における自閉症児者の家族支援システム事業

いとしご132号～137号（2012）

世界自閉症啓発デー2012・シンポジウム「私たちの育ちを信じて！愛して！」

第22回全国大会（北海道）「はじめよう、自分らしい暮らしを自分のまちで」

指導相談事業

在宅心身障害児・者療育研修事業

在宅重度障害児集団療育事業

治療教育相談事業

地域サポート事業

ペアレントメンター事業インストラクター養成研修会開催（大阪、東京）

いとしご138号～143号（2013）

世界自閉症啓発デー2013「共に支え合う－かけがえのないみんなの生命」

指導相談事業

在宅心身障害児・者療育研修事業

在宅重度障害児集団療育事業

治療教育相談事業

地域サポート事業（大阪）（山形）

ペアレントメンター事業

国際情報の収集

いとしご144号～149号（2014）

第23回全国大会（山形県）

世界自閉症啓発デー2014・シンポジウム「共に支え合う－みんなで作ろう、やさしい街を－」

指導相談事業

在宅心身障害児・者療育研修事業

在宅重度障害児集団療育事業

全国特別支援学校（知的障害）に対するアンケート調査の実施

平成27年度予算要望書を厚生労働省、文部科学省に提出

ペアレントメンターのインストラクター養成研修の実施

地域サポート事業シンポジウムを開催（群馬、広島）

ベトナム自閉症ネットワークに対し、メディアガイドの提供

マカオ精神障害者協会による視察支援の実施

ウクライナ商工会議所協力要請に対する対応

アジア太平洋障害者センターよりの協力依頼に対し面談の実施

いとしご150号〜155号（2015）

世界自閉症啓発デー2015・シンポジウム「共に支え合う〜一人ひとりのつながりが大きな輪に〜」

全国心身障害児福祉財団助成事業

公益財団法人JKA事業

「自閉症のある児童生徒の教育・支援に関する調査」集計

ペアレントメンター事業

地域サポート事業

アセアン自閉症ネットワーク会議スポーツに関するイベントに参加

いとしご156号〜161号（2016）

世界自閉症啓発デー2016・シンポジウム「つながる、世界とみんなの青い光」

自閉症の手引きの改訂

第24回全国大会（長野県）

津久井やまゆり苑の事件を受けての意見交換会と声明

全国心身障害児福祉財団事業

在宅心身障害児（者）療育研修事業

公益財団法人JKA補助事業

「自閉症のある児童生徒の教育・支援に関する調査集計

「高齢期を迎える自閉症者の健康・生活状況調査」集計

平成29年度予算要望を厚生労働省と文部科学省に提出

ペアレントメンター事業

国際交流ミャンマー自閉症スポーツ大会

熊本地震の対応

出版事業

いとしご162号〜167号（2017）

世界自閉症啓発デー2017・シンポジウム「たいせつなことをあなたにきちんとつたえたい〜発達障害のこと〜」

自閉症のある児童生徒の教育・支援に関する調査を実施

高齢期を迎える自閉症者の健康・生活状況調査結果に基づき、課題に対する取り組みの検討

就労支援に関する現状調査

全国の自閉症教育に関する最新の動向調査

ペアレントメンター事業

成年後見制度改革への取り組み

発達障害支援者の養成研修事業

教育に関するシンポジウム

平成30年度予算要望提出（厚生労働省、文部科学省）

中国上海の自閉症応援イベントへの参加

いとしご168号〜173号（2018）

第25回日本自閉症協会全国大会（広島大会）開催

世界自閉症啓発デー2018・シンポジウム（青で伝えたい　私たちの想い）

第25回全国大会（広島県）

書籍

自閉症ガイドブックシリーズ1　　「乳幼児編」（初版2001）

自閉症ガイドブックシリーズ2　　「学齢期編」（初版2003）

自閉症ガイドブックシリーズ3　　「思春期編」（初版2004）

自閉症ガイドブックシリーズ別冊　「海外の自閉症支援編」（初版2005）

自閉症ガイドブックシリーズ4　　「成人期編」（初版2006）

小冊子「こんなとき　どうしたらいい？」（初版2006）

自閉症の手引き（2004）改訂版（2007）

防災ハンドブック・支援者編（2008）

防災ハンドブック・本人家族編（2008）

メディアガイド（2005）

役　員　名　簿

自閉症児者親の会全国協議会（1968（昭和43）年〜1989（平成元）年）　　　（順不同）

嶋田　豊	澄川　智	淀野寿夫	荒生　司	稲葉豊司
東海　敬	田中勝広	三井晃司	久保田武四	河野　勉
上田和男	神山玲子	高信敏枝	君和田史枝	三井喜晃
宇佐美昌司	府川昌治	高橋通方	須田初枝	横山佳子
三宅温子	宇佐美昌司	楠瀬義雄	戸田栄輔	姜　春子
大貫　満	市川洋一	塚崎映子		

（事務局長含む）

社団法人日本自閉症協会（1989（平成元）年〜2018（平成30）年）　　　（順不同）

東海　敬	市川洋一	須田初枝	三宅温子	大野智也
田中勝廣	横山佳子	木元六郎	森田研二	富川水門
久保田武四	鈴木寿夫	加藤隆夫	岩本四十二	槙坪　仏
宗崎　強	福本不二夫	竹内嘉巳	江草安彦	伊藤　洋
石井哲夫	太田昌孝	佐々木正美	山﨑晃資	川口政雄
日野君子	古野晋一郎	須賀和夫	太田　茂	水野佐知子
氏田照子	石丸晃子	相原良平	古屋道夫	前橋克次
杉浦宏章	鵜木敬憲	穴倉　孝	杉原　武	瀧川雄治
小林真理子	西崎里志	原　明久	松原　廣	馬渕豊美
宮﨑英憲	小林哲弥	横地利博	三浦　貢	市川宏伸
今泉昭雄	上田和俊	大橋一予	小玉　仁	草間達哉
佐藤辰男	高見澤　馨	中野喜美	松永　昂	矢鋪　渉
野原安雄	山本　衛	杉目厚子	笠松敦子	高橋敏明
大屋　滋	水口達雄	碓井宏政	日笠真理子	大平　薫
奥野宏二	上田マリ子	深瀬幸敏	佐藤彰一	中村文子
柳場秀雄	野尻美夏	濱田徹哉	横田敬一郎	岡田稔久
藤好優臣	河島淳子	三苫由紀雄	高山孝信	清水明弘
白水幹久	杉山雅治	新保文彦	榊　利之	大久保尚洋
阿部　泉	西村章次	森山光子	酒主照之	向井幹男
江口寧子	辻川圭乃	山浦正市	五十嵐康郎	石井新也
内田照雄	目黒久美子	今井　忠	中島章雄	河村舟二
花輪敏男	北山輝幸	柴田洋彌	熊本葉一	鈴木　寛
石原秀郎	小野塚　剛	小林義則	石井　啓	井上雅彦
本田秀夫	津田明雄	渡部匡隆	福本康之	小松しのぶ
堀内宏美	内山登紀夫	志賀利一	髙木正二郎	竹内貞雄
津田明美	山本剛志	辻本真司		

参考文献等

野村東助・村田保太郎・大南英明監修　全国情緒障害研究会編著（2011）『自閉症教育のあゆみと今後の展望』ジアース教育新社

砥柄敬三・中村雅子監修　全国情緒障害教育研究会編著（2017）『自閉症教育のあゆみと今後の展望』ジアース教育新社

渡邉健治・宮﨑英憲　監修（2014）『戦後日本の特別支援教育と世相』ジアース教育新社

発達障害の支援を考える議員連盟（2005）『発達障害者支援法と今後の取組み』ぎょうせい

山崎晃資・須田初枝・宮﨑英憲（2008）『発達障害の基本理解』金子書房

古野晋一郎（2017）「日本自閉症協会」の発足『ノーマライゼーション　障害者の福祉』2017年4月号

日詰正文（2016）「発達障害者の支援について」厚生労働省

大南英明（2005）「自閉症児の教育の現状と今後の展望」『帝京大学文学部教育学科紀要30』

中山忠政（1999）「わが国における自閉症福祉施策の変遷に関する研究」『社会福祉学』40巻1号

社会福祉法人けやきの郷ＨＰ　http://keyakinosato.net/

全国自閉症支援者協会ＨＰ　http://zenjisyakyo.com/

全国社会福祉協議会ＨＰ「障害者施策の主な歩み」　https://www.shakyo.or.jp/

発達障害情報・支援センターＨＰ「【資料】強度行動障害に関する研究と支援の歴史」
http://www.rehab.go.jp/ddis/

社会福祉法人はるにれの里ＨＰ　http://www.harunire.or.jp/

三重県立子ども心身発達医療センター　あすなろ学園ＨＰ
http://www.pref.mie.lg.jp/CHILDC/index.htm

各自閉症協会ＨＰ　他

あとがき
全国大会スローガンに込められた願い

　日本自閉症協会では、1968年の創立以来、ほぼ2年ごとに全国大会を開催しています。各大会のスローガンに、協会の活動の主眼、会員の思いが示されています。第2回全国大会では、「学齢前児童には通園を　学齢期児童には教育を　年長者には自立の道を　自閉症の治療に健康保険の適用を」をスローガンとし、第3回全国大会では「自閉症児(者)に生涯治療・生涯教育、生涯生活の保障を　幼児に早期の療育を　学齢期に教育を受ける権利の保障を　年長児（者）に職業を、重度者には親がわりの施設を」としています。こうしたスローガンのもと、全国の会員が一堂に会する機会として開催されています。

　2018年（平成30年）の第25回全国大会（広島大会）は、7月の豪雨被害からまた完全復帰していない広島で、「つながろうや　わかりあおうや　平和のまち広島じゃけぇ」を大会スローガンとして行われました。広島には、"平和"への熱い想いと、この想いを「次世代につなぐ」「全国につなげる」強い願いがあります。私たちの自閉症スペクトラムを取り巻く環境についても共通するものではないでしょうか。今後も地域で豊かな生活をどの人もおくれる平和な社会を目指していきたいと思います。

自閉症 過去・現在・未来
―50年を共にあゆんで―

2019年1月23日　初版第1刷発行

編　著　一般社団法人　日本自閉症協会
　　　　会　長　市川　宏伸
　　　　〒104－0044　東京都中央区明石町6－22
　　　　Tel.03－3545－3380
　　　　Fax.03－3545－3381

発行者　加藤　勝博
発行所　株式会社　ジアース教育新社
　　　　〒101－0054
　　　　東京都千代田区神田錦町1－23 宗保第2ビル
　　　　Tel.03－5282－7183
　　　　Fax.03－5282－7892
　　　　E-mail:info@kyoikushinsha.co.jp
　　　　URL:http://www.kyoikushinsha.co.jp/

©一般社団法人　日本自閉症協会 2019
表紙デザイン　宇都宮　政一　　　　　　　　Printed in Japan
印刷・製本　　株式会社 創新社
○無断転載・複製を禁じます。
○定価は表紙に表示してあります。
○落丁本・乱丁本はお取替えいたします。
ISBN978-4-86371-483-0